제2판

이판사판 교육방법 및 교육공학

신나민 · 하오선 · 장연주 · 박종향

박영story

머리말

독자들이 아마도 가장 궁금해 할 점은 제목에 붙은 '이판사판'이라는 용어일 것이다. 왜 '교육방법 및 교육공학'이라는 교재 제목에 이판사판인가? 첫째, 우리(저자들)가 정말 이판사판으로 이 책을 썼기 때문이다. 그 이유는? 사실 비슷한 교재들이 넘쳐 나는데 내가 굳이 이 교재를 써야 할 필요는 없었다. 그런데 저자들 중 한 명이 출판사의 작업(?)에 넘어가 그만 계약을 하고 온 것이다. 그래서 저자들은 이판사판의 비장함으로 시작부터 마무리까지 갈 수밖에 없었다. 둘째, 여러분이 이판사판 정신으로 끝까지 공부하시라는 뜻에서이다. 경험에 의하면, '교육공학'이나 '교육방법 및 교육공학' 과목이 '재미있어서' 혹은 '공부하고 싶어서' 수강하는 학생은 거의 없었다. 대부분 전공이나 교직이기 때문에 '들어야 하는 것'이었다. 그런 과목이니 교재라도 좀 산뜻하고 따뜻한 느낌으로 만들고 싶었다. 독자들에게 '이 과목 그렇게 재미없지 않아요', '정말 중요하고 누군가를 가르치는 사람들에게 꼭 필요한 내용이에요'라고 말하고 싶었다. 그런데 이런 느낌은 독자들이 이 책을 진지하게 다 공부했을 때 올 수 있는 것이다. 시작할 때는 인내심이 필요하고 완주를 위해서는 이판사판 정신이 필요하다.

그래도 이 책을 쓸 때 몇 가지 원칙은 있었다.

첫째, 임용고사나 시험에 자주 나올 내용은 모두 담자.

둘째, 다른 부교재가 필요 없도록 필요한 내용은 모두 각 장에 포함시키자.

셋째, 최근에 주목 받는 이론이나 실천을 포함시키자.

넷째, 되도록 쉬운 용어를 사용하여 혼자서도 학습이 가능한 교재로 만들자.

다섯째, e-book을 실험적인 수준이라도 시도해 보자.

여섯째, 저자의 목소리가 느껴지는 책을 만들자.

미흡한 수준이지만 나름대로 이 원칙들을 지키려고 노력하였다. 예를 들어, 다섯 번째 원칙을 위해서는 이 책의 두 장을 PDF 파일로 만들어 QR 코드를 통해 제공하기로 하였다. 여러분이 편한 시간에 편한 곳에서 볼 수 있도록 하자는 취지였다. 각 장의 마지막에 첨가된 '이판사판 질문하기'에서는 아마도 여섯 번째 원칙, 즉 저자의 목소리를 직접 들으실 수 있을 것이다. 책의 내용에 대한 소개는 생략한다. 목차를 한

번 보면 단박에 알 수 있기 때문이다.

오늘 가우디의 건축물들을 보면서 그가 얼마나 '보는 사람의 시선'으로 사용하는 사람의 입장을 고려하여 디자인했는지 알게 되었다. 이것이 저자들이 원하던 바였는데 이 책은 아직 고전적 교과서의 틀을 벗어나지 못했다. 어쨌든 이제 이 책은 여러분의 것이다. 저자들의 실수나 미흡한 점이 발견되면 바로 저자들의 이메일로 연락을 주시면 좋겠다. 그래서 이 책이 2판, 4판을 거쳐 더 나은 교재로 진화하는 데 독자와 저자가 함께 하기를 소망한다. 아, 그리고 이판사판의 어원은 생각보다 더 치열한 뜻이 있는데 이 부분은 독자들이 탐구하는 것으로 남긴다. 그리고 이 책이 나오기까지 수고해 주신 박영스토리의 이영조 팀장님과 배근하 대리님께 진심으로 감사드린다. 양서 출간의 사명으로 진지하게 일하시는 두 분을 만난 것은 큰 행운이었다. 마지막으로 어려운 조건 속에서도 끝까지 서로 도우며 집필했던 공동 저자들에게 감사와 진한 동지애를 보낸다.

2019년 2월

바르셀로나에서 저자들을 대표하여, 신나민

2판 머리말

초판을 너무 적게 찍어 6개월 만에 2판을 찍게 되었다. 한 학기 동안 이 책으로 수업 하면서 학생들로부터 받은 피드백과 교재를 사용해 본 다른 교수님들이 주신 말씀들을 반영하였다. 앞으로도 독자와 사용자의 경험을 소중히 여기고 보다 나은 교재가 되도록 계속 다듬을 예정이다. 초판 머리말에서는 배근하 "대리님"이었는데 이제 "과장님"으로 수정해야 하는 것도 기쁜 일이다. 이게 모두 초판을 조금만 찍자고 결정해 주신 이영조 팀장님의 혜안 덕분이다. 독자들, 제작에 힘써 주신 분들 그리고 재판을 위해 수정해 주신 공동 저자들, 모두에게 감사드린다.

2019년 8월

동국대 교정에서 저자들을 대표하여, 신나민

차 례

▲ e-book 바로가기

이 책의 8장, 11장은 e-book으로 보실 수 있습니다.

교육공학 및 교육방법의 이해

1절 용어의 이해

교육방법과 교육공학

이 교재의 제목에도 나와 있듯이 '교육공학'과 '교육방법', 이 두 용어는 보통 전문 서적이나 교과명에서 함께 제시되는 경향이 있다. 이러한 현상은 국내 대학의 교직과정에 '교육방법 및 교육공학'이라는 과목이 개설되어 이 제목을 가진 교재들이 보급되기 시작하면서부터 비롯된 것이라고 할 수 있다. 이 두 용어는 이렇게 혼용되기도 하고 관점에 따라 교육공학을 상위 개념으로 보기도 하고 교육방법을 더 포괄적인 개념으로 보기도 한다.

교육공학이 교육방법의 개념을 포괄하고 있다는 입장은 교육방법을 공학의 산출물 가운데 하나로 인식하는 경우이다. 교육공학이 가장 상위의 체제 수준에서 각종 교육환경과 관련된 문제의 해결을 위해 구체적이고 실무적인 지침을 제공하기 위한 안목과 교육방법을 제공한다는 체제적 접근에서 교육공학을 상위범주로 인식하는 것이다(변영계, 김영환, 손미, 2007). 이러한 시각에서 교육방법은 실제 수업현장에서 설정된 교육목표와 교육내용을 학습자에게 효과적으로 전달하기 위한 수단이라는 좁은 의미의 교육방법을 의미한다(이화여자대학교 교육공학과, 2001). 교육방법을 학습자들이 목표를 달성하거나 내용과 메시지를 내면화 할 수 있도록 선택된 수업의 절차로 기술하거나(Heinich et al., 1996), 설정된 교육목표를 성공적으로 달성하기 위하여 선정된 교육내용을 학습자에게 효과적으로 전달하기 위한 수단으로 정의하는 것(이화여자대학교 교육공학과, 2001)이 그 예라고 할 수 있다.

교육공학과 교육방법이라는 용어는 국내 교직 과목에서 '교육방법 및 교육공학'이라는 교과목 개설로 인하여 함께 혹은 혼용되어 사용되고 있다. 그러나 교육방법을 수업에 필요한 절차나 수단으로 보고 교육공학을 더 포괄적으로 보는 관점과 교육방법을 교육에 필요한 방법적 원리로 보아 교육공학보다 더 상위의 개념으로 보는 관점 둘 다 존재한다.

반면, 교육방법이 교육공학의 상위에 있다는 입장은 교육방법의 역사를 교육의 역사와 동일선으로 보는 관점과 연관되어 있다. 교육이 이루어지는 곳에 반드시 교육방법이 존재하기 때문에 교육방법은 고대 희랍시대의 소피스트와 소크라테스까지 거슬러 올라가 확인할 수 있다. 이에 비해 교육공학의 역사는 1920년대 초에 시작되어 채 100년이 되지 않은 학문이기에 교육공학이라는 학문이 등장하기 훨씬 이전부터 교육방법이 시작되었다고 볼 수 있다(백영균 외, 2010). 예를 들어, 1980년대 말부터 1990년대 중반까지 국내 대학원의 일부 교육학과에서는 '교육방법전공'으로 석·박사 과정을 개설하여 방법적 원리를 교육공학이라는 용어보다 더 포괄적인 의미로 보았다. 이후 대부분의 대학에서 학위 명칭을 '교육공학전공'으로 변경하였으나 아직도 몇몇 대학에서는 '교육방법전공'을 학위 과정으로 제시하고 있다.

교수공학과 교육공학

교육공학과 함께 사용되는 또 다른 용어로 교수공학이라는 용어가 있다. 사실 교육공학이 발달한 미국에서는 교육공학(Educational Technology)이라는 용어보다 교수체제공학(Instructional systems technology), 교수체제(Instructional systems), 혹은 교수공학(Instructional Technology)이라는 용어가 더 보편적으로 사용된다(조규락, 김선연, 2006). 근래에는 학습자의 수행과 학습이 강조되면서 수행공학(Performance Technology) 혹은 학습 공학(Learning Technology)이라는 용어가 사용되기도 한다.

교육공학이 교수-학습, 행동주의, 인지주의 등의 다양한 이론을 기반으로 연구와 실천을 아우르는 학문 분야라면, 교수공학은 특정한 학습 결과를 얻기 위해 문제를 분석하고 그 문제를 해결하기 위한 설계, 개발, 관리, 평가의 과정을 의미한다. 즉, 교수(Instruction)란 교육보다는 좀 더 구체적인 개념으로, 교수공학은 교수-학습이 이루어지는 구체적인 상황을 염두에 둔다. 이러한 입장에서 교수공학에서는 교수자가 학습자에게 무엇인가 전달하여 원하는 행동의 변화를 가져오려 하는 교수자의 관점이 강조되었다. 다시 말해, 교수공학의 목적은 설정된 교수목표를 달성하기 위하여 과학적 지식과 기술을 적용하고 문제 해결을 위한 최적의 수단과 방법을 제공하는 데 있다. 반면에 교육공학은 인간학습에 관련된 문제를 다루며 학습자의 학습 촉진과 수행의 향상을 목적으로 하는 이론과 실제를 포괄하는 의미를 갖는다. 교육공학의 정의와 영역에 대해서는 다음에서 더 자세히 알아보도록 하자.

'교수'(Instruction)란 수업보다는 좀 더 포괄적인 개념이고 교육보다는 좀 더 구체적인 개념으로써 교수-학습에 대한 처방이 이루어져야 하는 구체적인 상황을 상정한 개념이라고 할 수 있다. 우리가 일상적으로 잘 사용하지 않는 용어이지만 교육방법 및 교육공학 분야에서는 아주 많이 사용된다. 새로운 기기를 사면 사용 방법에 대한 Instruction이 매뉴얼에 들어있다. 즉, Instruction은 어떻게 해야 하는지를 처방하는 개념이라고 할 수 있다. 이걸 주는 사람이 Instructor, 번역하면 강사 혹은 교수자이다. 교수(Professor)와는 다른 개념이다.

2절 교육공학의 정의와 영역

교육공학의 정의

미국교육공학회(Association for Educational Communication and Technology: AECT)는 교육공학에 대한 정의를 1963년에 처음 발표한 이래로 여러 차례의 검토와 개정을 거쳐 교육공학에 대한 정의를 정립하고 있다. 이 가운데 1994년과 2004년에 시도한 정의가 가장 널리 인용되고 있다. 1994년 정립된 정의에 따르면 교육(교수)공학은 "학습을 위한 과정과 자원을 설계(design)하고 개발(development)하며 활용(utilization)하고 관리(management)하며 평가(evaluation)하는 이론과 실제이다(Seels & Richey, 1994; AECT, 2001)".

2004년 시카고에서 열린 AECT 국제학술대회에서 교육공학정의연구위원회가 발표한 정의는 다음과 같다.

> "교육공학은 적절한 공학적 과정과 자원을 창출 · 활용 · 관리함으로써 학습을 촉진하고 수행을 개선하는 연구와 윤리적 실천이다(AECT, 2004; 백영균 외, 2010)."

이러한 정의를 통해 교육공학은 학습자의 학습을 촉진하는 방안 및 환경의 구축에 대한 연구와 실천을 강조하고 있음을 알 수 있다(정현미, 양용칠, 2005). 또한 교육공학은 단순히 시청각매체의 개발 혹은 활용에 관한 실천을 넘어 연구하는 학문 분야이고 이 분야의 전문인은 높은 수준의 윤리강령을 준수해야 한다는 것을 알 수 있다.

> 교육공학의 정의 가운데 '윤리적 실천'이라는 부분에 대해 질문하는 학생들이 많이 있다. 이때의 윤리적 실천이란 변호사나 의사 등의 전문직(profession) 종사자들이 지켜야 될 윤리적 코드(ethics code)를 의미한다. 윤리적 코드는 교육공학 전문가들이 개별적, 그리고 집단적으로 높은 수준의 전문적 행동을 유지하는 데 도움을 주는 규정이다(Welliver, 2001; AECT, 2004). 예를 들면, 교육공학자들은 새로운 학습 솔루션 개발 과정에서도 기술의 효율성이나 효과성뿐만 아니라 그들의 실천이 진정으로 학습자에게 도움을 줄 수 있는지 고민해 보아야 한다.

교육공학의 영역

교육공학의 정의에서 살펴보았듯이 교육공학의 연구와 실천 영역은 설계, 개발, 활용, 관리, 평가의 5개 하위 영역으로 구분된다. 이들 다섯 가지 영역 간의 관계는 상호의존적이고 보완적이어서 각 영역은 다른 영역으로부터 관련 아이디어를 활용할 수 있다.

설계(Design)

설계란 효과적인 수업 개발을 위해 학습의 조건을 분석하여 구체화하는 과정으로써 교수체제설계, 메시지 디자인, 교수전략, 학습자 특성 등의 영역으로 구분된다.

그림 1-1 교육공학의 하위 영역

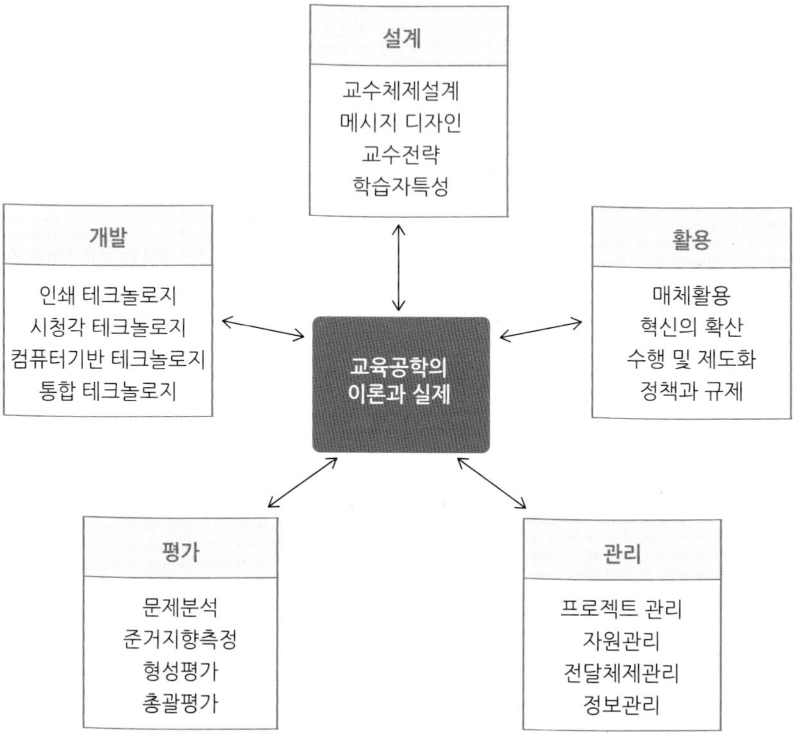

출처: 백영균 외(2017; 27).

교수체제설계

효과적인 수업 개발을 위해 학습에 관한 과학적 이론 및 처방적 지식을 교수프로그램의 설계 혹은 개발 과정에 체계적으로 활용하는 분야이다.

메시지 디자인

학습의 효과를 높이기 위해 메시지의 물리적 형태를 조작하고 계획하는 영역이다. 활자의 크기, 페이지의 편집, 색상의 결정 등이 메시지 디자인의 예이다.

교수전략

수업 내에서 교수활동을 선택하고 순서화하는 작업으로 학습과제 유형, 학습상황, 학습내용 등 실제적인 처방을 제시하는 분야이다.

학습자 특성

수업 설계 시 고려해야 하는 학습자의 특성을 연구한다. 나이, 지능, 성격, 학습수준 등 개별적 특성이 학습에 영향을 미치는 예이다.

개발(Development)

설계에서 구체화된 내용을 완성해가는 영역으로 인쇄기술, 시청각기술, 컴퓨터기반 기술, 통합기술 등을 활용하여 교수자료나 교수매체의 개발을 실행하는데 지식과 실제를 제공한다. 영화, 텔레비전, 컴퓨터, 멀티미디어 등의 매체를 활용하여 교수–학습 자료를 개발한다. 이러한 매체 개발에는 내용이 중심이 되는 메시지가 있어야 하며, 이론에 기반한 교수전략이 포함되어야 하고, 하드웨어, 소프트웨어, 교수자료 등 물리적 실재가 있어야 한다.

인쇄 테크놀로지

문서자료 또는 시각자료 등을 의미하는 테크놀로지이다. 이 자료는 선형적, 일방적, 정적, 학습자 중심의 특징을 가진다.

시청각 테크놀로지

전자기기를 이용하여 문자를 포함한 음성, 음향 및 시각자료를 제공하는 테크놀로지이다. 교수-학습자료로 필름, 슬라이드, 영화, 텔레비전, 오디오, 컴퓨터, 디지털 카메라 등이 활용되기도 한다.

컴퓨터기반 테크놀로지

컴퓨터를 이용하여 디지털화된 자료를 전달하는 테크놀로지다. 컴퓨터보조수업(Computer Assisted Instruction), 컴퓨터관리수업(Computer Managed Instruction), 컴퓨터기반학습(Computer Based Instruction) 등의 형태로 구현될 수 있다. 1990년대 중반까지 개인교수형(tutorial)이나 게임형 소프트웨어 등이 개발되어 가정이나 학교의 컴퓨터에서 활용되었고 2000년대부터 인터넷 확산으로 웹기반수업(Web Based Instruction)이나 e-러닝 그리고 최근에는 u-러닝, m-러닝 등으로 확산되고 있다.

통합테크놀로지

테크놀로지의 발전으로 현재로서는 그 의미가 명확하지 않지만 여러 매체를 통합하여 사용하는 테크놀로지를 의미한다. 컴퓨터기반 테크놀로지와 통합테크놀로지는 개발자의 의도와 달리 학습자가 자신의 필요에 따라 정보를 탐색하고 자유롭게 활용하는 것이 가능하다.

활용(Utilization)

설계와 개발을 통해 만들어진 프로그램이나 매체를 효과적으로 사용하는 데 중점을 둔 영역으로, 매체활용과 보급, 실행 및 제도화, 정책과 규제 등을 다룬다. 활용은 교육매체를 단순히 사용하는 개념을 넘어 하나의 혁신으로 인식하고 보급하는 데 관심을 갖기도 한다. 그리고 교육매체나 교수전략을 현장에 실행하도록 제도화하는 정책, 규제 등을 다루기도 한다.

매체활용

학습을 위해 매체를 체계적으로 활용하는 것을 의미하며 이와 관련된 연구들도 있다.

혁신의 확산

새로운 관점, 아이디어, 기술, 방법 등 혁신이 현장에 보급되어 사용되도록 연구하는 분야이다.

실행 및 제도화

교수자료나 전략을 실제 현장에 적절하게 적용되도록 지원하는 것을 의미한다.

정책과 규제

교육공학의 보급과 확산에 영향을 미치는 사회의 규칙과 행위를 의미한다. 예를 들면, 교육방송, 인터넷 관련 교육, 교육용 소프트웨어 등의 규제가 이에 해당한다.

관리(Management)

설계와 개발을 통해 프로그램 및 매체가 지속적으로 활용되기 위하여 프로젝트 관리, 자원관리, 전달체제관리, 정보관리를 체계적으로 지원하는 영역이다.

프로젝트관리

교수설계 및 개발 프로젝트를 기획, 조직, 조정, 감독하는 일련의 활동과 관련된 영역이다. 이러한 활동을 위해 프로젝터의 목적을 설정하고 설계와 개발과정을 세분화하고 진행 과정을 점검, 조정하는 작업이 요구된다.

자원관리

자원을 지원하기 위한 체제와 서비스를 개선하고 조정하는 활동 영역이다. 자원에는 인적자원, 예산, 시간, 물리적 시설, 교수자원 등이 해당된다.

전달체제관리

교수자료를 효과적으로 전달할 수 있는 시스템을 구축하고, 실행하고, 통제하는 활동에 관한 영역이다. 원격교육기관을 예로 들면, 학습자와 교수자를 위한 소프트웨어 및 하드웨어의 기술적 지원, 교·강사를 위한 지침 제시 등이 해당된다.

정보관리

학습을 위한 자원을 제공하기 위해 정보를 저장, 전달, 처리하는 과정과 방법을 기획, 조직, 조정, 감독하는 활동과 관련된 영역이다. 최근에는 다량의 인터넷 정보 자료가 개발, 보급되고 있는데 이러한 학습정보를 체계적으로 분류하고 관리할 수 있어야 학습자가 정보를 편리하게 활용하도록 지원할 수 있다.

평가(Evaluation)

개발과정 및 절차, 개발된 프로그램 및 자료 등의 적절성과 타당성 등에 대해 심사, 평가하는 영역이다. 개발과정 및 절차, 개발된 프로그램, 프로그램 자료 등을 평가하기 위한 요구분석, 준거지향평가, 형성평가, 총괄평가 등이 이에 해당된다.

문제분석

문제의 성질과 변인을 결정하는 작업으로, 교육적 요구와 문제가 무엇인지 분석하고, 학습자의 특성을 확인하여 문제 해결의 우선 순위를 결정하는 영역이다.

준거지향평가

학습자의 지식, 기술, 태도가 미리 설정한 기준에 비하여 얼마나 이루어졌는지 평가가 이루어지는 영역이다.

형성평가

향후 교수자료나 프로그램 등의 활용을 위해 지금 이루어지는 자료, 프로그램, 교수방법 등의 적절성과 효과성을 조사하는 과정이다.

총괄평가

수업을 종결한 후 수업의 적절성에 관한 정보를 수집하고, 이를 이용하여 향후 지속적인 활용 및 수정을 판단하는 평가활동이 이루어지는 영역이다. 총괄평가는 프로그램(수업)이 완료된 이후, 내부요원과 외부요원에 의해 함께 이루어지기도 한다.

전통적으로 위와 같은 5개 영역(설계, 개발, 활용, 관리, 평가)이 제시되었지만 교육공학 학문 영역의 범위가 확장되고 연구 문제가 진화하면서 실천 분야 역시 변화하고 있다. 예를 들어, 초기 교육공학이 매체 설계, 메시지 설계, 교수내용 설계에 관심을 집중했던 것에 반해 최근에는 학습 환경 설계, 학습생태계 설계로 그 영역을 확대하고 있다(권성호, 임철일, 2006). 또한 테크놀로지의 개념 역시 교수매체나 도구와 같은 매개 수단의 의미에 국한되었으나 최근에는 정보의 생산, 저장, 공유의 방식으로 학습을 지원하는 학습자원, 학습 환경의 의미로 확장되면서 교육공학의 영역은 확장되고 있다(신나민 외, 2018).

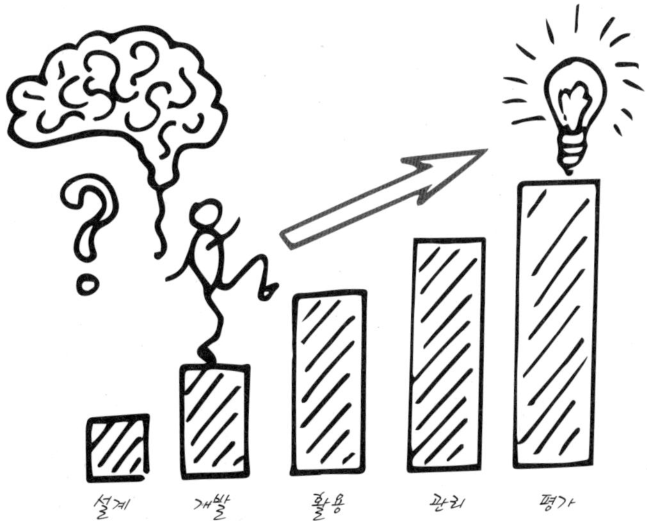

3절 교육공학의 역사적 흐름

교육에 공학적 아이디어를 적용한 역사는 오래되었지만 일반적으로는 1920년대 후반 미국에서 교육공학의 역사가 시작되었다고 본다. 이후 과학의 발전과 함께 교육공학은 학습이론의 발전, 커뮤니케이션이론과 체제이론의 활용, 그리고 컴퓨터 테크놀로지의 도입 등을 바탕으로 빠르게 성장되고 확대되었다. 본 책에서는 교육공학의 역사적 흐름을 시각교육, 시청각교육, 시청각통신, 교수공학, 교육공학의 5단계로 구분하여 정리하였다.

시각교육(Visual Education)

현대적 의미의 교육공학은 시각교육에 그 뿌리를 둔다. 시각교육은 1923년 미국 시각교육국(Department of Visual Instruction: DVI)을 중심으로 일어난 시각교육운동에서 시작되었다. 시각교육운동은 언어중심의 기존 교육방법을 탈피하고 구체적인 학습경험을 일으키는 시각자료를 보조물로 사용하고 활용할 것을 강조한다. 이 운동의 목적은 학습자의 흥미 유발과 학습 활동을 자극하여 효과적인 학습효과를 일으키는 데 있었다. 호반(Hoban)과 그 동료들은 시각자료를 독립적으로 사용하기보다 교육과정과 통합하기를 주장하였다. 이 부분은 본서의 7장 교수매체 편에서 다시 설명될 것이다. 시각교육운동은 학습의 효율성을 위하여 교육방법을 혁신하고자 하는 아이디어를 구체적으로 제시했다는 점에서 그 의의가 있다. 하지만 실제 시각자료는 교사의 보조물로 활용되는데 그쳤고, 현재의 교육공학처럼 교수체제를 아우르는 교수설계로 연결되지 못했다는 한계가 있었다.

시청각교육(Audiovisual education)

1947년 미국 시각교육국(DVI)은 시청각교육국(Department of Audio-Visual Education: DAVI)으로 확대 개편되었다. 시대적으로 1930년 말부터 음향녹음, 축음기의 보급, 유성 영화가 출현하고 기존의 시각자료에 영화, 슬라이드, 녹음, 라디오, 텔레비전 등의 시청각교재와 교구가 더해지면서 시청각매체의 활용이 강조되었다. 특히 제2차 세계대전 시기에는 단기간에 많은 군인과 전문 기술자를 효과적으로 훈련하고 양성하기 위해 시청각교재가 군사교육 현장에 도입되어 효과를 발휘하였다. 시청각교육이 대두되면서 데일(Dale)의 '경험의 원추(Cone of experience)' 이론이 제기되었다. 이 이론에서는 교수자료가 가진 추상성과 구체성을 기준으로 학습자의 학습 활동과 학습효과가 다르게 이루어질 수 있다는 것을 원추(Cone)모형으로 제시하여 설명하고 있다. 시청각교육은 시각교육에서 좀 더 발전하였으나 여전히 시청각교재가 교사의 보조물로 간주되었고 교사 중심의 교수-학습과정에서 교사의 매체 선택과 활용에 중점을 둔다는 한계점이 있다.

시청각통신(Audiovisual Communication)

1963년 시청각교육국(DAVI)은 학문의 발전에 따라 시청각통신(Audiovisual communication)으로 명칭을 바꾸고 관련 활동을 시작하였다. 시청각통신은 제2차 세계대전 이후 교육을 양방향 소통 과정으로 보는 커뮤니케이션 이론과 교수-학습 과정을 일련의 체제(system)로 보는 체제이론에 기반한다. 커뮤니케이션 이론에서는 시청각 교재에 초점을 두기보다는 송신자인 교수자와 수신자인 학습자 사이에 이루어지는 학습정보의 전달과정과 이 커뮤니케이션 과정의 구성요소에 초점을 두었다. 또한 체제이론에서는 시청각자료가 독립적인 요소로 간주되기 보다는 수업이라는 전체 체제를 구성하는 하나의 산물로써 자리매김하게 되었다. 이러한 커뮤니케이션 이론과 체제이론이 통합되어 시청각통신은 교수매체를 효과적으로 이용해 학습자의 능력을 최대한 개발시키는 방법에 중점을 두게 되었다. 이 커뮤니케이션 이론과 체제이론은 제3장 교수설계 이론에서 자세히 다루고 있다. 시청각통신은 교육공학을 포괄적이고 역동적으로 발전시키는 데 기여하였으나 체제접근의 개념을 완전히 적용하지 못했다는 측면이 있다.

교수공학(Instructional Technology)

1970년 시청각교육국은 미국교육공학회(Association for Educational Communication Technology: AECT)로 명칭을 개정하였다. 그리고 당시 과학기술 및 문화의 발달, 지식 및 인구의 팽창 등의 시대적 흐름에 따라 교육과정에 과학기술이 도입되면서 교수공학(Instructional Technology)이 본격적으로 시작되었다.

교수공학 분야는 시청각통신과 비교해 패러다임 측면에서 많은 변화를 가져왔다. 단순히 매체, 장치(device), 산물(production)의 각 부분을 강조하는 관점에서 탈피하여 교수공학을 과정(process)으로 보며 커뮤니케이션 이론, 체제이론, 학습이론 및 프로그램 학습에서 나온 개념들을 보완하고 발전시켰다. 특히 시청각통신이 교수공학으로 발전되는 과정에서 행동과학이론과 학습이론이 이론 및 개념형성에 큰 기여를 하였다. 특히 스키너(Skinner)의 학습이론은 학습자의 반응 행동에 대한 피드백과 강화의 개념을 기초로 프로그램 개발이나 티칭머신(Teaching machine) 개발에도 많은 영향을 미쳤다.

교수공학은 교수개발 이론이 교수-학습에 적용되어 확대된 개념으로 복합적이고 통합적인 조직의 개념을 강조한다. 이는 미국교육공학회(AECT)가 제시한 교수공학(교육공학)의 정의에서 명확하게 드러난다.

> "교수공학은 인간 학습 및 의사소통에 대한 연구를 기반으로 보다 효과적인 수업을 이끌어내기 위해 인적, 비인적 자원을 결합하여 특정 목표에 교수-학습의 전 과정을 설계, 실행, 평가하는 체계적인 방법이다(AECT, 1970; 21, Ely, 1983)."

교수개발과 교수공학에 대한 이러한 정의에는 체제이론이 큰 영향을 미쳤다. 체제이론은 초기 체제이론과는 달리 과정을 강조한 개념으로, 교수개발을 교수체제의 설계, 제작, 평가, 적용 단계로 보는 접근이다. 그러나 위에서 언급한 '체계적 방법'이라고 하는 부분에 대해 명료하게 설명하지 못했다는 비판이 있다.

교육공학(Educational Technology)

미국교육공학회(AECT)를 중심으로 교수공학과 관련된 분야에 대한 재정비 작업이 실시된 결과, 1977년 교육공학이라는 명칭으로 이 분야는 재정립되었다. 새로운 접근의 교육공학에서는 교육문제를 설계, 제작, 관리 등으로 구분하여 각각의 문제를 위한 특정 기술을 모색하는 것이 아니라, 관련 문제를 총체적인 맥락에서 접근하여 사람, 절차, 기기, 아이디어, 조직 등을 체계적으로 통합하여 문제분석과 해결방안을 도출해야 함을 강조한다. 또한 교수공학은 목적적이고 통제적인 학습상황을 다루었지만, 교육공학은 인간학습의 모든 국면을 포함한 문제를 다루는 것으로 이 분야를 설정했기 때문에 차별적이라고 할 수 있다.

그러나 1977년 이래 사회의 발전에 따라 학문적 성격, 개념적 정의, 활동영역에 대한 연구와 논의가 이루어졌고, 그간의 교육공학 관련 학문과 테크놀로지 발달의 결과 1994년 정의에서는 1977년 교육공학으로 호칭한 것을 '교수공학'으로 바꾸어 정의하였다(진위교, 2000). 그 당시 이 두 용어는 동의어로 간주하여 혼돈하여 사용되기도 하였다(이인숙, 한승연, 임병노, 2010). 1977년에 교육공학이 교수관리, 교수개발, 교수체제 등의 세 영역으로 구분되었지만, 1994년에는 설계, 개발, 활용, 관리, 평가의 다섯 영역으로 구분되었고, 이론과 실제 모두를 지향하는 학문으로 정의내렸다. 또한 실제만을 강조하던 산물지향적인 관점에서 벗어나 산출물과 과정을 모두 강조하였다.

"교수공학은 학습을 위한 과정과 자원을 설계하고 개발하며 활용하고 관리하며 평가하는 이론과 실제이다(Seels & Richey, 1994; AECT, 2001)."

이어 2008년에는 공식 명칭이 교수공학에서 교육공학으로 변경되었는데 이는 교육공학이 교수공학에 비해 보다 총체적이고, 보다 포괄적인 구인이라는 관점을 수용한 것이다. 또한 2008년도 정의에서 교육공학 분야는 학습에 초점을 두고 지식습득은 물론 수행 향상을 도모하며, 이를 위해 자원을 창출하고, 현장에서의 실천은 분야에서 수립한 윤리강령을 토대로 이루어져야 함을 강조하였다.

국내 교육공학의 역사

한국에서 교육공학은 1951년 '한국시청각교육회'의 발족과 1952년 이화여자대학에서 교직과목으로 '시청각교육'이 개설된 것을 시초로 본다. 한국에 교육공학이 도입되어 수용되는 과정은 크게 3단계로 구분된다(김희배, 1997). 1단계는 1960년대 이후 미국의 시청각 교육이론과 방법을 단편적으로 소개하고 수용하는 시기이다. 문교부에서는 '시범 시청각교육원'을, 이화여자대학에서는 시청각교육과를 설립하기도 하였다. 또한 부분적으로 대도시의 각 학교에서는 교수－학습의 효율성을 위해 슬라이드, OHP, 차트 등을 수업보조매체로 활용하여 단편적이고 전시적인 효과를 나타내기도 하였다. 2단계는 1970년 이후 행동주의 심리학을 기초로 미국의 교수공학 이론과 방법을 도입한 시기이다. 이 시기에는 교육개발원(KEDI)과 행동과학연구소를 중심으로 교수－학습 프로그램을 제작하고 활용하였다. 3단계는 1980년 이후 지금까지 미국의 현대적 교육공학의 이론과 방법이 적극적으로 도입, 활용되는 시기이다. 학교교육 체제의 운영에도 다양한 교육공학적 방법이 적용되어 수업모형, 수업체제, 컴퓨터 교육, 교육방송 등이 활발해졌다. 이러한 한국의 교육공학 실천은 미국의 교육공학 발전과 단계별로 약 10~20년까지 차이가 나기도 한다.

이판사판 질문하기

Q. 방법보다 내용이 중요한 거 아닌가요?

A. 오우, 이거 참 큰 질문인데요. 저도 그렇게 생각했었어요. 특히 대학생 때까지는 철저히 방법은 형식, 내용은 본질, 이런 이분법에 사로잡혀 있었어요. 선물 포장지보다 내용물이 중요한 것처럼… 그런데 인터넷 등장 이후 1인 방송국이나 유튜브가 가능한 시대가 오면서 생각이 좀 바뀌었어요. 모든 정보는 어떤 형태로든 편집이 되고 미디어를 통해 전달되기 마련이죠. 따라서 미디어라는 형식이 내용의 편집 형태를 바꾸는데 결국 그 형식에 맞지 않는 내용보다는 맞는 내용이 제작되게 되는 거예요. 「지식의 편집」의 저자 마츠오카 세이고도 21세기는 편집의 시대이고 방법의 시대라고 했습니다. 모두 명분에는 동의하기 쉬운데 그것을 어떻게 달성할 것인가라는 방법의 문제에서는 이견이 있거든요. 같이 생각해 봤으면 좋겠네요.

참고문헌

- 권성호, 임철일(2006). **교육공학연구의 동향: 회고와 전망**. 서울: 교육과학사.
- 김신자, 이인숙, 양영선(1999). **교육공학의 이론과 실재.** 서울: 문음사.
- 김현진(2015). 교육공학에서의 테크놀로지: 의미탐색과 연구 동향 분석. **교육공학연구, 31**(2), 287-310.
- 김희배(1997). 한국 교육공학의 탐구논리와 접근방법: 교육공학의 토착화를 지향하며. **교육공학연구, 13**(2), 69-85.
- 나일주, 정인성(2000). **교육공학의 이해.** 서울: 학지사.
- 박성익, 임철일, 이재경, 최정임, 임정훈, 정현미, 송해덕, 장수정, 장경원, 이지연, 이지은(2012). **교육공학의 원리와 적용.** 파주: 교육과학사.
- 백영균, 박주성, 한승록, 김정겸, 최명숙, 변호승, 박정환, 강신천, 김보경(2010). **유비쿼터스 시대의 교육방법 및 교육공학.** 제3판. 서울: 학지사.
- 변영계, 김영환, 손미(2007). **교육방법 및 교육공학**. 서울: 학지사.
- 신나민, 신하균, 장상현, 메루에르뜨 아쓸베코바, 박종향, 김수연, 김솔, 장다솜, 전명운(2018). **열린교육혁신을 위한 공개교육자료 OER**. 서울: 박영스토리.
- 이인숙, 한승연, 임병노(2010). **교육공학 · 교육방법**, 서울: 문음사.
- 이화여자대학교 교육공학과(2001). **21세기 교육방법 및 교육공학.** 서울: 교육과학사.
- 정현미, 양용칠(2005). 「교육공학연구」 20년 연구 흐름 분석. **교육공학연구, 21**(4), 167-194.
- 조규락, 김선연(2006). **교육방법 및 교육공학.** 서울: 학지사.
- 진위교(2000). 교육공학의 간학문성과 발전방향. **교육공학연구, 16**(3), 3-25.
- AECT.(2001). *AECT in the 20th Century: A brief History*. Retrieved from https://aect.org/aect_in_the_20th_century_a_br.php
- AECT.(2004). *The definition of educational technology*. Association for Educational Communications and Technology. Retrieved from http://ocw.metu.edu.tr/file.php/118/molenda_definition.pdf
- Ely, D.P. (1983). The definition of educational techonology: An emerging stability, *Educational Considerations*, 10(2).

- Heinich, R, Molenda, M., Russell, J. & Smadino, S. (1996). *Instructional media and the new technologies for learning*. New York: Macmillan Publishing Company.
- Seels, B.B. & Richey, R. C. (1994). *Instructional technology: The definition and domains of the field*. Washington, DC: AECT.
- Welliver, P. W. (2001). *A Code of Professional Ethics: A guide to professional conduct in the field of Educational Communications and Technology*, Bloomington, IN: Association for Educational Communications and Technology.

학습이론

이 장에서는 학습이론을 크게 행동주의, 인지주의, 구성주의적 관점으로 구분하여 이와 관련된 대표적인 이론들을 살펴볼 것이다. 교수이론에 앞서 학습이론을 먼저 공부해야 하는 이유가 있다. 앞 장의 교육공학의 정의에서도 살펴보았듯이 교육공학의 근본 목적은 학습을 촉진하고 조력하는 것이다. 그러므로 학습 활동이 어떻게 일어나는지 알아보는 것이 교수이론을 살펴보기 전에 선행되어야 하는 것이다. 학습이론(learning theory)은 학습이 일어나는 과정을 설명함으로써 학습을 촉진시키는 데 기여하는 이론이다. 학습이 일어나기 위해서는 일정한 경험을 필요로 하게 되는데, 이 때 어떠한 경험들이 학습에 필수적이며, 어떻게 이러한 경험들이 학습을 발생시킬 수 있을지를 연구하는 것이 학습이론의 핵심인 것이다. 반면, 교수이론(instructional theory)은 무엇을 어떻게 해야 학습효과의 극대화를 가져올 수 있는가에 대한 구체적인 처방을 마련해준다.

1절 행동주의

행동주의 심리학자들은 학습을 연습이나 경험의 결과로 나타난 관찰 가능한 행동의 변화로 정의한다. 인간 내부의 인지과정보다는 외현적인 행동에 초점을 두고 있는 것이다. 따라서 행동주의 관점을 따르면, 학습은 외부의 자극에 의해 통제가 가능하며 학습자들은 주위 환경의 자극에 수동적으로 반응하는 존재로 보일 수 있다. 행동주의에서 학습의 기본적인 원리는 자극(stimulus)과 반응(response) 간의 연합, 즉 자극에 대한 유기체의 반응 관계로 설명된다. 따라서 행동주의를 S-R 이론, 또는 연합이론(association theory)이라고도 부른다.

행동주의 이론에 따르면 교수 활동은 관찰과 측정이 가능한 행위 동사로 진술된 목표에 따라 수행되며, 학습정보는 작은 묶음의 단위로 순차적으로 제시되는 것이 효과적이다. 또한 학습의 결과에 대해 긍정적 강화를 제공하며 교수매체의 활용을 중시한다. 그러나 행동주의는 교수·학습 과정을 블랙박스(black box)로 간주하여 학습자의 내적·인지적 변화를 간과했다는 비판을 받는다. 또한 교수자가 의도한대로 학습자가 학습한다고 가정하여 성인 학습자에게 적용하는 데에도 한계를 갖는다. 대표적인 행동주의 학습이론으로는 파블로프(Pavlov)의 고전적 조건화 이론, 쏜다이크(Thorndike)의 시행착오 이론, 스키너(Skinner)의 조작적 조건화 이론을 들 수 있다.

파블로프의 고전적 조건화 이론

러시아의 생리학자인 파블로프(Pavlov)는 음식과 전혀 관계가 없는 소리 자극을 통해 개의 침(타액) 분비 반응을 훈련할 수 있다는 것을 우연히 발견하였다. 그는 실험을 통해 침(타액)의 분비가 특별한 자극에 의해 자동적으로 발생하는 반사적 특성을 지닌다는 것을 알게 되었는데 이러한 자극과 반응의 자연적 관계를 인위적으로 바꿀 수 있다는 것을 알게 되었다. 이 발견은 당시 획기적인 반향을 불러일으키는 사건이었고, 단순한 반응의 조작을 통해서 복잡한 행동의 원리를 발견할 수 있다는 가능성을 보여주었다. 즉, '조건화'라는 과정을 통해 행동의 수정이 이루어질 수 있다고 보았다. 이때 조건화란 평소 특정한 반응을 이끌어내지 못했던 자극(중성자극, Neutral Stimulus: NS)이 무조건적인 반응(무조건자극, Unconditioned Stimulus: UCS)과 연합하는 과정을 말한다. 이때 조건화가 이루어지면 중성자극은 조건자극(Conditioned Stimulus:

CS)이 되어 조건반응(Conditioned Response: CR)을 이끌어낸다. 이러한 일련의 과정을 '조건형성'이라고 한다. 파블로프의 고전적 조건화 과정을 그림으로 설명하면 다음과 같다.

그림 2-1 **파블로프의 고전적 조건형성 실험**

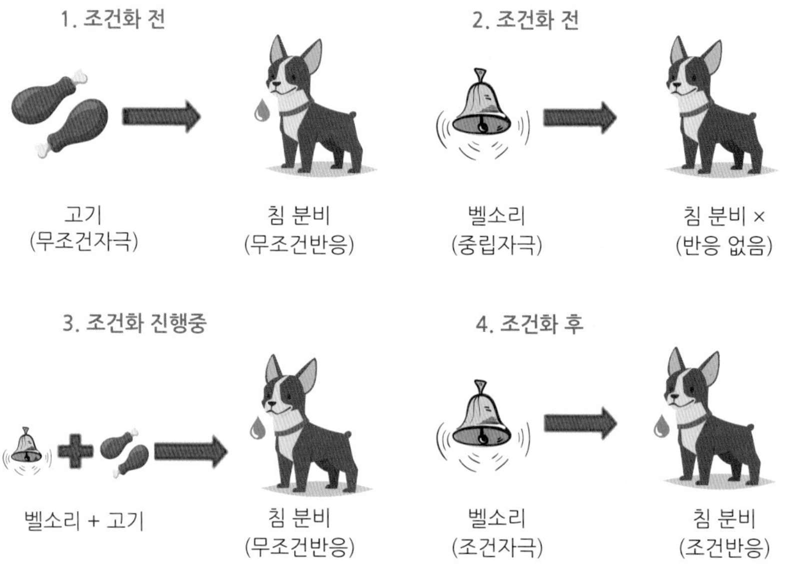

어떤 유기체가 조건자극(CS)을 제공받으면 곧이어 무조건자극(UCS)도 함께 제공받을 것이라고 믿기 때문에 고전적 조건화가 일어나게 된다. 즉, 개는 조건자극을 무조건자극이 제공된다는 신호로 파악한다. 따라서 개는 음식을 보면 침을 흘리는데, 개가 본 음식은 행동의 원인이 되는 무조건자극(US)이며, 개의 침(타액) 분비는 이에 대한 반사적 행동인 무조건반응(US)이 된다. 만약 종소리와 함께 음식을 보여주는 자극을 계속 주면, 결국 개는 종소리만 듣고도 침을 흘리게 된다. 개가 종소리만 듣고도 침을 흘리게 되면 그 종소리는 조건자극(CS)이 되며, 침을 흘리는 행동은 조건반응(CR)이 된다.

고전적 조건화를 실험한 또 다른 예가 있다. 왓슨(Watson)과 레이너(Rayner)는 앨

버트(Albert)라는 아이가 흰쥐에게 공포를 느끼도록 하였다. 이 아이는 본래 흰쥐에게 공포를 느끼지 않았었다. 하지만 아이가 흰쥐에게 다가가거나 만질 때마다 갑작스런 큰 소리를 들려주었고, 결국 앨버트는 흰쥐를 무서워하게 되었다. 사람은 원래 갑작스러운 큰 소리에 놀라는 반응을 한다. 여기서 큰 소리는 무조건자극이 되고, 놀라는 반응은 무조건반응이 되는 것이다. 처음에는 무서움을 느끼지 않았던 흰쥐(중성자극)와 큰소리(무조건자극)를 지속적으로 연합하면 흰쥐(조건자극)만 보아도 놀라는 반응(조건반응)을 하게 되는 것이다. 이 또한 고전적 조건화인 것이다.

이러한 고전적 조건형성은 환경을 어떻게 통제, 조절, 조작하느냐에 따라 학습이 바람직한 방향(정반응)으로 일어나게 할 수 있다는 것을 의미하여, 교수–학습 상황에서는 교수자가 의도한 학습이 가능하다는 것을 암시한다. 그러나 고전적 조건형성은 조건형성된 반응이 대부분 반사적이고 통제하기 어렵기 때문에 이는 자동적이고 기계적인 과정일 수 있다는 비판을 받고 있다.

쏜다이크의 시행착오 이론

쏜다이크(Thorndike)는 파블로프와는 달리 자극과 반응의 관계보다는 동물의 정신적 사고 과정의 본질에 흥미가 있었다. 반사 행동이 아니라 자발적이고 자기주도적인 행동에 관심이 있었던 것이다. 그는 문제 상자라고 하는 특별히 제작된 장치 안에 배고픈 고양이 한 마리를 넣고 상자 바깥에 먹이를 놓아두었다. 여기서 배고픈 고양이가 해결해야 할 과제는 어떻게 상자로부터 빠져나가느냐 하는 것이었고, 문제 상자는 빗장이 벗겨져서 문이 열리도록 되어 있었다. 상자 안에 갇힌 고양이는 상자 안을 돌아다니고 소리를 지르고 뛰어오르다가 마침내 우연히 빗장을 여는 올바른 반응(정반응)을 하여 문을 열고 먹이를 얻게 된다. 문을 열어 탈출한 고양이를 다시 문제 상자에 넣어 이 과정을 반복하게 함에 따라 고양이가 점점 더 빠른 시간 안에 빗장을 여는 것이 관찰되었다. 즉, 고양이는 탈출에 선행하는 반응과 반복되는 탈출을 연합시킴으로써 오반응을 점차 줄이고 정반응에 접근해 간 것이다. 쏜다이크는 이러한 과정을 시행착오라고 하였으므로 그의 이론은 시행착오 이론이라고 불리게 되었다.

그림 2-2 **쏜다이크의 문제상자**

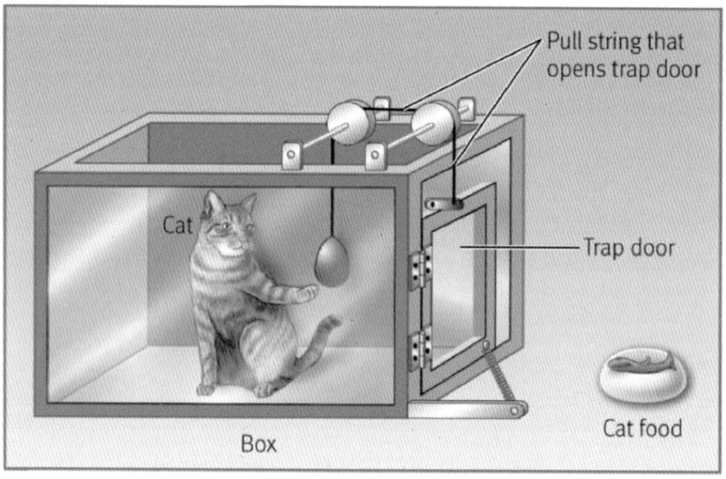

쏜다이크는 이 실험을 통해 반응 후에 먹이가 주어지는 만족스러운 상태가 자극과 행동 사이의 연결을 강화시키며, 불쾌한 상태는 그 결합의 강도를 감소시킨다는 '효과의 법칙', 그리고 반복된 경험이 정반응의 가능성을 증가시킨다는 '연습의 법칙'을 고안하였다. 또한 그는 학습하는 태도나 준비와 관련하여 그런 자세가 갖추어져 있을수록 자극과 반응 간의 결합이 잘 일어난다는 '준비성의 법칙'을 설명하였다. 이를 교수-학습 상황과 관련하여 설명하자면, 사전에 준비된 학습태도와 동기가 학습결과의 만족 및 불만족의 조건이 된다고 할 수 있다.

쏜다이크의 이론은 인간의 행동을 환경에 대한 자동적 반응으로 가정하여 행동에 대한 결정론적 가정을 전제한다. 또한 학습을 특정 자극에 대한 반응으로 규정하여 인간의 전체적 특성을 기술하지 못하고 행동, 사고 그리고 통찰과의 관계를 다루지 못했다는 한계를 갖는다. 하지만 그는 학습현상을 객관성과 귀납적 방법을 통해 과학적으로 설명하려고 했으며, 특히 가설, 실험, 검증, 통제 등의 개념을 도입한 것이 학습이론에 큰 기여를 했다고 볼 수 있다.

스키너의 조작적 조건화 이론

스키너(Skinner)는 쏜다이크의 시행착오 이론을 발전시켜 자극에 대한 반응에 따라 동물에게 주어지는 강화가 행동 형성에 결정적인 요인임을 밝혀 강화이론을 완성하였다. 쏜다이크는 어떠한 반응을 유발할 때 그 행동이 일어날 때까지 기다렸다가 그것이 발생했을 때 보상을 제공해야 한다고 했지만, 스키너는 강화를 보다 적극적으로 학습의 초기부터 적용하여 반응을 유도해 내야 한다고 하였다(Skinner, 1953). 그리고 자극이 모든 행동을 야기한다는 견해에 반대하면서 행동을 변화시키는 가장 중요한 것은 자극보다 행동에 의해 나타나는 결과임을 강조하였다.

스키너 상자(Skinner Box)라고 불리는 실험을 보면, 쥐가 지렛대를 누르면 먹이가 자동적으로 접시에서 떨어지는 강화를 제공함으로써 지렛대를 누르는 반응을 학습하도록 하고 있다. 여기서 스키너는 '조작된 행동'의 결과에 수반되는 강화자극에 의해 행동이 다시 일어날 확률이 증가되며, 고전적 조건형성과 달리 유기체의 행동이 자발적 또는 의식적으로 일어난다는 점에서 이를 '조작적 조건형성(operant conditioning)'으로 구분하였다. 스키너의 조작적 조건형성 이론은 반응 뒤에 오는 강

그림 2-3 스키너 상자

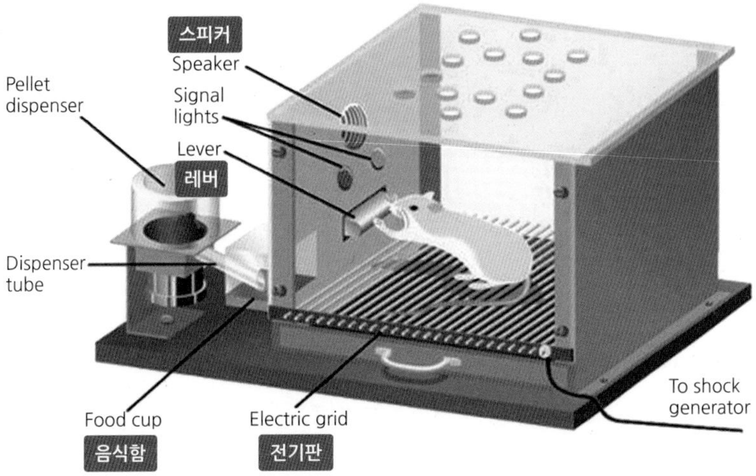

화에 의해 학습이 이루어진다고 설명하여 강화이론(reinforcement theory)이라고도 불린다.

스키너 이론에서 가장 중요한 개념인 강화는 어떠한 행동을 더욱 강하게 유도하는 것이다. 강화를 받으면 그와 유사한 상황에서는 유사한 유형의 행동이 다시 일어날 가능성이 증가된다. 스키너는 '성격'도 주로 개인의 강화사(history of reinforcement)의 결과라고 생각하였다. 유전적 요소뿐만 아니라 어떠한 구체적인 행동을 유지할지 말지 결정하는 개인의 특징적인 성향조차 과거 개인의 어떠한 행동에 따라왔던 강화가 결정적인 역할을 하는 것으로 보았다.

강화의 종류에는 부적강화와 정적강화가 있다. 이 두 강화의 공통점은 모두 반응의 가능성을 증대시킨다는 것이다. 반응을 하고 난 이후 음식, 돈, 칭찬을 제시하면 반응은 정적으로 강화된다. 한편, 지루한 과제를 면하게 해준다거나, 두통이 사라지거나, 더위와 소음을 줄여주면 반응은 부적으로 강화된다. 정적강화와 부적강화는 그들이 갖는 효과에 의해 결정되기 때문에 효과를 관찰하기 이전에는 판정하기 어렵다. 때문에 제시된 강화물이 효과가 있을 것이라고 성급하게 판단하거나 모든 사람에게 동일한 강화의 효과가 있을 것이라고 생각해서는 안 된다.

한편, 스키너는 행동을 통제하는 전통적인 방법인 처벌(punishment)은 바람직하지 않은 통제수단이라 여겼다. 반응을 억제하기 위해 불쾌감을 제공하는 것은 제 1유형의 벌, 좋아하는 것을 제거하는 것은 제 2유형의 벌이다. 벌은 일시적으로 반응을 억누르는 효과가 있지만, 전반적으로 반응의 경향을 약화시키지 못하며 종종 바람직하지 못한 결과를 가져올 수 있다. 학습자는 유사한 상황을 무조건 피하려 할 수 있으며, 처벌자가 있을 때에만 행동이 억제될 수 있고, 불규칙한 처벌은 우유부단한 성향을 만들 수 있다. 교수자는 처벌과 강화를 성급하게 판단해서는 안 된다. 예를 들어, 어떤 교사가 수업 중 떠들고 산만한 학습자를 교실 밖으로 추방했다고 하자. 교수자는 제 2유형의 벌로 생각하여 교실 밖으로 보냈을지 모르지만 어떤 학습자에게 있어 교실 밖은 정적강화로 작용할 수도 있다. 따라서 교수자는 강화와 벌을 매우 세심하게 선택해야 한다.

행동조형(behavior shaping)을 구체적으로 교육에 활용하고자 했던 스키너는 학습자가 교수자의 도움 없이 습득할 수 있는 학습내용을 단계적으로 조직하는 프로그램 수업(Programmed Instruction: PI)을 제시하였다. 프로그램 수업은 달성해야 할 목표를 분명하게 진술하고, 목표를 달성하는 데 필요한 내용을 아주 작은 단계로 나누고, 각 단계에 대한 학습자의 반응에 따라 즉각적인 처방을 제시하여 결국 최종 목표에 도달하게 해 학습의 효율성을 높였다. 그러나 프로그램 수업의 학습효과는 다소 부정적이었다. 예상과 달리 학습자의 흥미가 적었고 교사들이 개별 학습 자료에 익숙하지 못하다는 문제점을 보였다(Reiser, 1987). 국내에서는 사교육 시장의 확대와 함께 1990년대에 다양한 형태의 학습지가 개발되었는데 대부분이 프로그램 수업의 원리를 채택하였다. 하지만 이들 학습지는 프로그램 학습의 주요 원리를 충분히 반영하지 못하고 있어 교수자료의 효과성, 효율성 그리고 매력성을 높이기 위해서는 체계적인 재구성이 필요하다는 평가를 받았다. 그러나 프로그램 학습의 원리는 기초 개념학습이나 변별학습, 반복학습의 교수 설계에는 효과적으로 활용할 수 있다고 한다(노혜란, 박선희, 최미나, 2012).

교수설계에의 시사점

행동주의 학습이론이 교수설계에 주는 시사점은 다음과 같다(노혜란, 박선희, 최미나, 2012).

행동목표를 사전에 구체적으로 결정하는 것이 좋다

행동주의 이론에서 자극을 결정하기 위해서는 정확하게 어떠한 행동을 학습시킬 것인지를 사전에 결정하는 것이 중요하다. 최종적인 행동을 목표로 기술하는 것은 행동주의 학습이론의 핵심적인 요소로서 이는 어떠한 과정과 방법으로 목표를 성취하게 할 것인지, 어떻게 평가할 것인지를 결정하는 기준이 되기 때문이다. 수업 설계 시 구체적인 행동으로 목표를 설정하면 다음과 같은 장점이 있다. 목표를 분석하고 세분화하여 그에 맞는 내용을 선정하고 순서화할 수 있다. 그리고 목표의 성격에 따라 구체적인 방법을 결정할 수 있으며, 목표는 그대로 준거지향평가에서 준거 역할을 할 수 있다. 그러나 구체적인 행동목표는 다음과 같은 단점이 있을 수도 있다. 즉, 행동목표로 기술할 수 없는 목표가 있을 수 있고, 목표 자체가 잘못 선정되었을 경우 수업

과정 전반이 잘못 진행될 수 있다는 것이다.

목표를 단순한 수준으로 나누어 수업을 단위화 한다

행동주의 이론에서는 어렵고 복잡한 행동목표를 가능한 수행하기 쉽도록 단순한 수준으로 쪼개어 단위화하여 수업 내용을 구성해야 한다고 본다. 단위화된 각 단계들은 조형(shaping)을 통해 오답의 가능성을 최소화하고 성공의 기회를 높여 바람직한 행동목표를 달성하도록 유도한다. 학습자의 수준에 맞추어 더 쉬운 단계로 나누거나 더 단순한 단계로 나눌 수 있으며 학습자의 속도에 맞추어 각 단계들을 건너뛰거나, 반복하거나, 보충단계를 보완할 수도 있다. 학습자는 사전 진단을 통해 자신의 수준에 맞추어 학습할 수 있으며, 사후 진단을 통해 다음 학습으로의 진행 여부나 보충심화학습의 진행 여부를 결정할 수 있다. 단위화는 효과적이고 효율적인 수업설계에 크게 기여하였다. 그러나 목표분석을 통한 단위화는 교과의 중심적인 핵심을 분절화 시킬 우려가 있다.

강화를 적절히 활용해야 한다

스키너 이론에서는 인간 행동 유발을 위해 '강화'를 매우 강조한다. 스키너는 학습과정에서 바람직한 행동에 따르는 즉각적인 상, 칭찬의 정적강화를 제공하는 것이 부적강화나 체벌보다 매우 효과적임을 강조하였다. 강화에는 연속적 강화와 간헐적 강화가 있다. 연속적 강화는 학습은 빠르지만 강화된 행동의 소거가 쉽고, 간헐적 강화는 학습은 느리지만 강화된 행동의 소거가 늦다. 따라서 학습 초기에는 연속적 강화를, 후기에는 간헐적 강화를 활용하는 것이 효과적이다. 그리고 강화의 간격과 비율을 기준으로 제시한 강화계획에서는 고정간격, 변동간격, 고정비율, 변동비율의 순서로 반응률이 높다고 한다.

고정간격 강화계획은 강화가 일정한 시간이 경과해야 제공되는 것을 말한다. 변동간격 강화계획은 강화가 제공되는 시간 간격의 평균은 일정하나 강화가 제공되는 시간 간격이 매번 다른 것을 말한다. 강화가 제공되는 시기를 학습자가 예측할 수 없도록 설정하여 행동의 빈도를 증가시키고 유지시키는 방법이다. 고정비율 강화계획은 강화가 일정한 수의 반응이 일어난 뒤에 제공되는 것으로 10문제를 풀 때마다 강화를 주는 것이 그 예가 될 수 있다. 변동비율 강화계획은 강화가 반응의 횟수에 상관없이 불규칙적으로 제공되는 것으로 언제 강화가 있을지 모르기 때문에 학습자는 계속해서 반응을 하게 된다. 변동비율 강화계획의 경우에는 행동의 습득도 비교적 빠르고 강화를 제거한 후에도 반응이 오랫동안 지속되는 경향이 있다.

2절 인지주의

행동주의 이론은 인간 학습을 설명하는 데 많은 공헌을 하였지만 자극과 그에 따른 반응만으로는 인간의 내적 활동을 설명할 수 없다는 비판을 받았다. 이러한 배경에서 인간의 두뇌 활동을 통해 학습을 이해하고자 하는 인지주의가 등장하였다. 인지주의는 인간을 자극-반응에 의해 학습하고 행동하는 수동적 존재가 아니라, 외부의 자극을 능동적으로 재조직하고 의미를 구성하는 존재로 간주한다. 인지주의는 학습자 내부에서 일어나는 내적 과정을 중시하며 학습자의 행동보다는 그 행동을 지배하는 내적인 정신활동에 초점을 맞춘다. 따라서 학습은 학습자의 인지구조의 변화로 정의되고 교수설계 시 학습자의 인지구조와 학습자 집단의 특성에 대한 이해가 중요해진다.

인지주의는 정보처리 과정을 통해 학습을 설명한다. 또한 인지주의자들은 교수활동이 학습자의 인지구조인 스키마(schema)에 기초해야 하며, 학습자가 새 정보를 기존 지식에 의미 있게 연결할 수 있도록 학습내용이 조직화되어야 한다고 주장한다. 따라서 인지주의 이론에서는 지식의 구조와 형태를 고려한 수업 설계와 학습자의 능력을 고려한 학습의 계열화가 강조된다. 인지주의 학습이론의 예

로는 정보처리이론, 반두라의 관찰학습이론 그리고 스키마 이론을 들 수 있다.

정보처리이론

정보처리이론은 학습자를 능동적인 존재로 보며 관찰가능한 행동보다 사고(thinking)에 더 많은 관심을 가진다. 정보처리이론은 인간의 내적인 정신과정, 즉 인간이 외부세계로부터 획득한 정보를 어떻게 지각하고 이해하며 기억하는가에 대한 이론으로써 인간의 학습과정이 컴퓨터가 작동하는 방식과 유사하다고 가정한다.

정보처리 과정

정보처리이론에 따르면 인간의 기억은 크게 감각기억, 단기(작동)기억, 그리고 장기기억으로 나눌 수 있다. 인지적으로 처리해야 할 정보는 자극의 형태로 인간의 감각기관을 통해 들어온다. 감각기억은 우리가 경험하는 외부 자극의 내용을 원래 형태 그대로 매우 짧은 시간 동안 지속시키며, 인지체계에 처음으로 등록되는 곳이라는 의미에서 감각등록기(sensory registration)라고도 부른다. 이처럼 감각등록기는 감각수용기관을 통하여 정보를 최초로 저장하는 곳으로, 투입되는 정보가 즉시 처리되지 않

그림 2-4 정보처리이론

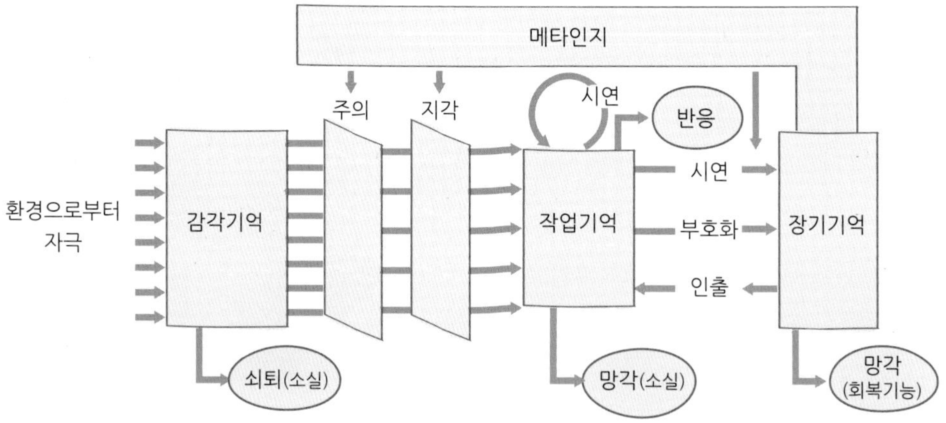

을 경우 그 정보는 곧 유실된다. 작동기억은 성인의 경우 보통 7±2개의 정보가 약 20초 동안 저장될 수 있는 곳이며 단기간 저장이 가능하다는 이유로 단기기억이라고도 한다. 여기에서 청킹(chunking)의 역할은 매우 중요한 의미를 갖는다. 청킹이란 분리되어 있는 항목들을 보다 큰 묶음으로, 보다 의미 있는 단위로 조합하는 것을 의미한다. 단기(작동기억)에 들어온 정보는 부호화를 통해 장기기억으로 전달된다. 장기기억에 저장된 정보는 체계적인 네트워크를 구성하게 되는데 학습자가 정보를 수동적으로 받아들이는 것이 아니라 정보를 이해하고 능동적으로 조직하는 특성을 가진다. 장기기억에 저장된 정보는 인출의 과정을 통해 작동기억에 재생되게 된다.

정보처리 과정별 특성

정보처리이론이 학습이론에서 설명되는 이유는 정보를 받아들이는 과정이 학습의 과정으로 중요하게 여겨지기 때문이다. 정보처리 과정은 감각기억, 단기기억, 장기기억의 세 단계를 거친다.

감각기억

외부로부터 감각기관을 통해 들어온 자극이 처음으로 저장되는 곳이다. 자극을 아주 정확하게 저장하지만 매우 짧은 시간 동안 저장하므로 그 수용량은 제한이 없으나 즉시 처리되지 않을 경우 곧 유실된다. 정보가 머무르는 시간도 매우 짧아서 청각적인 정보는 4초 정도이며, 시각적인 정보는 불과 0.25초에 지나지 않는 것으로 알려져 있다. 우리의 외부에는 무수히 많은 자극들이 존재한다. 이러한 수많은 자극들 가운데서 어떠한 자극을 처리하여 반응할 것인지 결정하는 것이 중요하며 이를 위해서는 주의집중이 필요하다.

단기기억(short-term memory)

주의집중을 통해서 자극의 내용이 잠시 동안 의식 속에 머무르게 되거나 특정한 정보가 기억될 만큼 중요한 것으로 분류된 다음 작용하게 되는 기억이다. 단기기억은 명칭이 의미하는 바와 같이 정보가 머무르는 시간이 짧아서 대략 3~5초에 불과하다. 단기기억을 작동기억(working memory)이라고도 하는데, 그 이유는 이곳에서 새롭게 유입된 정보들이 인지적인 과정을 통해 처리되기 때문이다. 단기기억은 또한 정보량에도 제한이 있어서 일반적으로 한 번에 저장할 수 있는 정보의 양이 7±2개에 불과하다. 따라서 이를 매직 넘버 7이라고 부르기도 한다. 이러한 단기기억의 정보의 양과 지속시간의 제한점들을 극복하기 위해서 해당 정보를 속으로 웅얼거려서 암송하거나, 각각의 분리된 정보를 보다 크고 의미 있는 단위로 조합하는 청킹(chunking)을 통해 정보의 저장량을 증가시키려는 인지적 노력을 하게 된다. 즉, 'c, o, m, e'라는 네 철자는 작동기억 속에서 네 개의 단위이지만 이를 'come'의 단어로 조합하면 하나의 단위가 되어 기억을 용이하게 할 수 있는 것이다. 단기기억에 있는 정보들은 반복연습을 거칠 때 장기기억에 잘 저장된다.

장기기억(long-term memory)

작동기억(단기기억)에서 처리된 정보는 장기기억으로 이동하여 영구적으로 저장된다. 이 과정에서 정보는 원래의 자극상태 그대로 저장되는 것이 아니라 자극의 내용을 부호화(encoding)하여 저장된다. 이 부호화를 위해서는 암송(rehearsal)이나 정교화(elaboration) 등의 노력을 해야 한다. 암송은 기계적인 반복을 통해 정보를 기억하고자 하는 방식이다. 예를 들어, 영어 단어를 외울 때 연습장에 반복해서 단어를 써서 암기하는 방식이다. 정교화는 이미 알고 있는 사전 지식을 동원하여 새로운 자극과 관련 있는 내용을 의미 있게 조직화하는 활동을 통해서 기억의 효율성을 높이는 방식이다. 주어진 자극의 요소들 간의 의미있는 연결 관계를 발견하거나 배경에 포함되어 있는 함축적인 의미를 추론하고, 각종 기억술을 활용하는 것이 정교화에 포함된다.

정보의 인출

정보의 인출 과정이 효율적으로 이루어지기 위해서는 몇 가지 조건이 필요하다. 첫째, 정보를 제대로 인출하기 위해서는 충분한 인출단서가 필요하다. 예를 들어, 스피드 퀴즈를 진행할 때 단서를 제공하는 사람이 얼마나 효과적으로 단서를 제공하는가에 따라서 쉽고 빠르게 정답을 맞힐 수 있다. 둘째, 정보가 단기기억에서 장기기억으로 부호화되어 저장될 때의 물리적, 환경적 상황, 언어적 맥락, 정서적 상태 등의 단서가 합치될수록 더 잘 인출된다. 셋째, 목표로 하는 정보를 인출하는 데 주어지는 인출단서가 다른 인출단서나 기억의 내용과 간섭이 적을수록 기억이 잘 된다. 즉, 기억된 정보가 다른 정보들과 뚜렷하게 구별되는 내용으로 저장될수록 나중에 쉽게 인출되는 것이다.

관찰학습

관찰학습은 다른 사람이나 사물의 모델링을 통해서 정상 혹은 비정상적인 행동을 관찰한 것이 자극이 되어 학습이 이루어지는 것을 말한다. 반두라(Bandura, 1961)는 관찰학습을 검증하고자 학령전기 아동들에게 보보(Bobo) 인형을 발로 차고 때리고 쓰러뜨리는 것과 같이 인형에 공격적인 행동을 하는 비디오를 시청하게 하였다. 이 때 첫째 집단은 공격적인 행동을 한 모델이 다른 성인에 의해 사탕이나 음료수로 보상받는 장면을 보았고, 둘째 집단은 모델이 다른 성인에 의해 꾸지람을 당하는 것처럼 처벌받는 장면을 보았고, 셋째 집단은 모델의 공격적인 행동만을 시청하였다.

그림 2-5 관찰학습

비디오를 시청한 후에 연구자는 실험 조건과 동일한 방에 아동들을 들여보낸 다음 그들의 공격적인 행동을 관찰하였다. 그 결과 보상받은 모델을 관찰한 첫째 집단이 가장 공격적이었는데 이는 아동들이 대리강화를 경험했기 때문이었다. 반면에, 대리처벌을 경험한 둘째 집단은 가장 덜 공격적이었다. 이는 대리처벌이 아동의 공격성을 억제한 것이다. 이러한 연구 결과는 학습과 수행을 분명히 구분하게 한다. 즉, 사람들은 획득한 행동을 모두 수행하지 않으며 수행할 만한 가치가 있고 긍정적인 결과가 기대되는 상황에서 획득한 행동을 실천한다는 것이다. 반두라는 이 실험을 통하여 관찰학습이 네 가지 과정으로 이루어진다고 주장하였다.

주의집중 과정(attentional process)

모델과 모델의 행동을 단순히 관찰하는 것만으로 학습은 일어나지 않는다. 관찰자는 모델의 독특한 특징이나 단서를 정확하게 지각해야 학습이 가능하다. 모델의 연령, 성별, 지위, 능력, 매력 등과 같은 특징은 학습자의 주의집중 과정에 영향을 미친다. 뿐만 아니라 관찰자가 느끼는 행동의 중요성, 관찰자의 지각 태세, 선행경험, 감각능력, 각성수준, 관찰기술 등과 같은 특징이나 행동의 기능 또한 주의집중에 영향을 미친다.

파지 과정(retentional process)

관찰된 모델의 행동이 관찰자의 기억 속에 유지되는 것을 말한다. 파지과정은 정보가 심상적 체제나 언어적 체제와 같은 상징적 기호로 저장되므로, 되뇌임 혹은 시연을 통해 가능하다.

운동재생 과정(motor reproduction process)

관찰자가 파지과정에서 상징적으로 부호화한 기억을 적절한 행동으로 전환시키는 과정이다. 간단한 행동은 관찰만으로도 재생이 가능하지만, 복잡한 문제해결 과정이나 동작을 실행하기 위해서는 지속적인 연습, 피드백, 점검, 시범 등이 요구된다. 기억 속에 저장된 행동을 재생하기 위해서는 그에 필요한 신체적 능력을 갖추고 그 기능을 숙달하여 활용할 수 있어야 한다.

동기화 과정(motivational process)

유기체로 하여금 어떠한 특정 방향으로 행동하도록 만드는 요소이다. 동기화 과정이 학습한 행동의 수행 여부를 결정하므로 학습자의 모델링 학습에 중요한 요소가 된다.

스키마 이론

스키마

스키마는 기억 속에 저장되어 있는 일반적이고 보편적인 지식을 대표하는 자료구조라고 할 수 있다. 즉, 스키마란 전형적인 특성을 포함하는 사건이나 대상의 범주를 나타내는 도식으로써 개별적 사례들이 공통적으로 가지고 있는 아이디어, 기능, 관계, 절차 등을 의미한다. 이러한 스키마의 다발들을 스키마타(schemata)라고 하는데 스키마 이론은 이들 지식의 다발들이 어떻게 표상되며 그 표상이 특정한 방식에서 지식의 활용을 어떻게 촉진하는가에 관한 이론이다.

스키마를 이해하기 위해 브렌스포드와 존슨(Bransford & Johnson, 1972)의 연구에서 적용된 사례를 살펴볼 필요가 있다. 다음의 이야기를 읽고 상황을 나름대로 해석해 보자.

"Jim은 식당에 들어갔고, 일반석을 요구하였다. 그는 30분 정도 기다리게 되었다. 40분 후에 그의 노래에 대한 박수는 그가 요리 준비를 진행할 수 있음을 의미하였다. 20명의 손님이 그의 주특기 요리인 치즈 수플레를 주문하였다."

이 이야기가 의미하는 바가 무엇인지 유추하기 쉽지 않을 것이다. 그 이유는 레스토랑에 대하여 가지고 있는 스키마로 이 이야기를 해석할 수 없기 때문이다. 이 이야기에 대한 해설은 다음과 같다. 이 식당은 요리를 할 기회를 주는 식당이다. 요리를 할 수 있는 고객은 다른 고객을 위해 각자의 주특기 요리를 준비할 영예를 얻기 위해서 경쟁하게 되어 있다. 노래를 하거나 춤을 추거나 또는 무엇이든 간에 관중을 즐겁게 하여 경쟁해야 한다. 이러한 레스토랑의 존재를 알고 나면 우리가 가진 레스토랑에 대한 스키마는 크게 확장될 것이다.

모든 정보들은 장기기억 속에 여러 가지 수준과 여러 가지 조합으로 스키마를 형성하고 있다. 레스토랑 스키마는 식당을 고르고, 자리를 찾아 앉고, 주문하고, 먹고, 계산하는 일련의 절차로 이루어져 있는 스키마이다. 이 스키마는 다시 음식 스키마들과 인테리어 스키마, 여행 스키마 등과 상호 관련되어 있으며, 하위 스키마로 분화되면 서양식당, 한식당, 패스트푸드 식당으로 분화될 수도 있다.

스키마의 기능과 습득과정

스키마는 인간이 현재 수행하고 있는 것을 해석하고 적절하게 반응해야 하는 상황에서 자신이 어떤 행위를 해야 하는지를 안내하는 역할을 한다. 스키마의 기능은 첫째, 개별적인 경험을 범주화하여 기억함으로써 경험을 분류하여 공통된 구조를 형성시켜 준다. 둘째, 경험의 상세한 부분을 일일이 기억할 필요가 없도록 공통의 구조만을 기억하도록 하기 때문에 기억 능력을 확장시켜준다. 셋째, 비슷한 경험들에 대해서 기대되는 행동으로 대처할 수 있다. 넷째, 새로운 지식이나 정보를 해석할 때 맥락의 역할을 한다.

스키마의 습득 과정을 살펴보면 다음과 같다.

증대

교재나 어떠한 사건에 대한 이해의 결과로서 스키마 내에 예시된 정보가 기억되는 사실과 유사할 때 증대가 일어난다.

조율

기존의 스키마가 경험과 일치하도록 발전되어 나갈 때 조율이 일어난다. 새로운 개념과 원리의 예시에 따라 스키마에 대한 수정이 일어난다.

재구조화

옛 스키마를 대치하거나 통합해서 새로운 스키마가 창출된다. 재구조화는 대부분 유추학습으로 일어난다. 새로운 스키마는 기존의 스키마를 모델링하고 새로운 상황에 적합하도록 조율함으로써 창출된다.

스키마와 인지부하

스키마는 연합된 세부 내용인 부분(slot)을 가진 지식의 다발이므로 정보를 저장할 때 경제적이다. 스키마가 자동화되면 처리 용량이 작아지기 때문에 교재 이해나 문제해결과 같은 과제에 더 많은 작동기억을 할당할 수 있다. 학습과제를 처리할 때 작동기억에 부과되는 긴장을 '인지부하'라고 하는데 정보처리이론과 스키마 이론에서 나오는 개념들이 인지부하 이론의 기초가 되었다. 학습자가 적절하거나 자동화된 스키마를 가지고 있지 않은 과제를 해결해야 할 때, 인지부하가 증가된다. 반대로 적절한 스키마가 자동적으로 활성화되면 과제에 집중할 수 있다. 따라서 수업에서 학습자들이 적절한 스키마를 활성화할 수 있도록 해야, 과제에 집중할 수 있고 인지부하를 줄일 수 있다.

교수설계에의 시사점

인지주의 학습이론이 교수설계에 주는 시사점은 다음과 같다.

유의미한 학습을 촉진하기 위해서는 학습자의 내적 동기가 중요하다

행동주의에서 외적 학습동기를 강조한 것과 달리 인지주의에서는 유의미한 학습을 촉진하기 위해서 학습자의 학습의향이 중요하며, 정보처리과정에서도 선택적인 주의집중을 높이기 위해 학습자의 관심과 흥미를 고려하는 것이 중요한 교수설계 요소임을 강조한다. 외적 강화물을 과하게 사용하는 것은 내적 동기를 저하시키기 때문이다.

수업내용은 정교하게 조직화되어 제시되어야 한다

수업내용은 학습자가 새로운 정보를 잘 이해할 수 있도록 조직화되어 제시되어야 한다. 또한 교수자는 어떤 정보가 중요한지 알려주어야 한다. 정보의 구체적 특징에 집중하도록 알려주는 것은 선택적 주의집중과 적절한 형태 재인을 촉진시킬 수 있다. 구체적으로는 새로운 지식과 학습자의 선행지식의 연결을 높여줄 수 있는 약호화 전략을 활용할 수 있으며, 심상을 활용하여 인출을 도울 수 있다.

학습전략, 인지전략, 메타인지전략의 사용을 고려해야 한다

수업 시간에 학습전략, 인지전략, 메타인지전략을 적절하게 사용할 필요가 있다. 학습전략은 학습을 촉진하기 위해 활용되는 인지적, 정의적, 신체적 전략을 모두 포함하는 반면, 인지전략은 학습전략 가운데 인지적 영역과 관련된 전략으로 이해할 수 있다. 메타인지(meta-cognition)는 교수자 중심에서 학습자 중심으로 수업의 초점이 바뀌면서 그 연구가 더욱 활발하게 되었는데, 초인지라고도 번역되는 메타인지는 사고에 대한 자신의 각성과 이 각성을 수반하는 자기조절행동(self-regulatory behavior)을 뜻한다.

교수자는 학습자의 기억 전략 활용 시기 및 방법을 교수설계에 구체적으로 반영할 필요가 있다. 또한 약호화, 저장, 인출이 수행될 수 있는 다양한 학습전략의 경우 충분한 연습의 기회를 제공해야 전이를 촉진할 수 있다. 인지전략이 내용과 정보에 적용되는 전략이라면 메타인지 전략은 사고에 적용되는 전략으로서 계획 혹은 발췌(abstracting), 평가, 점검을 유도하는 전략이다(노혜란, 박선희, 최미나, 2012). 메타인지전략을 수업에 반영할 경우 모델링, 짝 연습 등의 활동을 활용할 수 있다.

3절 구성주의

구성주의(Constructivism)는 인지주의를 확대시켜 발전하게 된 패러다임으로 지식이 무엇이며, 지식이 어떻게 구성되는지에 대한 인식론이다. 여기서 구성(construction)은 활동의 결과가 아니라 학습자가 스스로 학습을 설계해 나가는 과정을 의미하며 구성주의에서 학습이란 자신의 경험, 흥미에 따라 정한 학습내용을 학습자 스스로 구성해나가는 과정을 의미한다. 반면, 객관주의 관점에서 지식은 학습자와 독립적으로 존재하며, 학습이란 그 지식을 학습자 외부에서 내부로 전이하는 과정으로 본다. 행동주의와 인지주의 이론은 이러한 객관주의적 관점을 가정하는 경향이 있다. 한편 구성주의에서는 자신의 경험을 이해하려고 노력하는 학습자에 의해 지식이 구성된다고 가정한다. 학습자는 빈 그릇이 아니라 의미를 추구하는 능동적 유기체로서 그들의 정신구조는 갈등과 혼란을 통해 지속적으로 재구성된다.

인지적 구성주의와 사회적 구성주의

구성주의 학습이론은 인지적 구성주의와 사회적 구성주의로 나누어 살펴볼 수 있다. 인지적 구성주의에서는 지식의 구성은 기본적으로 개인의 정신적 활동을 전제로 한다고 보며, 사회적 구성주의는 개인의 내적 활동보다는 학습에 영향을 미치는 사회적 요인들의 기능을 강조한다.

인지적 구성주의

인지적 구성주의는 대체로 피아제(Piaget)의 인지발달이론에 기반을 둔다. 피아제는 아동의 지적발달은 유전적 요인과 환경적 요인의 상호작용에 의해 이루어진다고 가정하면서 성장과정에서 지속적으로 자신을 둘러싼 환경과 상호작용을 하고 이를 통해 지식을 창조해 나간다고 하였다. 즉, 인간은 경험을 통해 스스로 지식을 구성해 나가는 것으로 보았다. 그리고 그 경험은 인간의 두뇌 속에 정신적 모형인 스키마를 만들 수 있도록 해 준다.

특히 피아제는 인지발달이 동화(assimilation)와 조절(accommodation), 평형화(equilibrium)의 과정을 통해 스키마가 변화하고 확장되며 보다 정교하게 발전해 나간다고 가정하였다. 동화는 개인이 이미 가지고 있던 도식을 이용해 새로운 자극을 그 도식에 맞추어 이해하는 사고과정이다. 이에 반하여 조절은 외부의 자극에 맞추어 개인이 기존에 가지고 있던 도식을 변화시키는 과정이다. 평형화는 동화와 조절이 균형을 유지하여 적응하는 과정을 의미한다. 이러한 동화, 조절, 평형화 과정은 사고 발달의 모든 단계에서 나타나기 때문에 어릴 때부터 일생 동안 계속되는 과정이다.

사회적 구성주의

사회적 구성주의는 학습에 영향을 미치는 사회적 요소를 강조하는 입장이다. 이 이론은 비고츠키(Vygotsky)의 심리발달이론에 기초하는데, 비고츠키는 지식의 기원을 '사회'에서 찾았으며 아동 발달에 영향을 미치는 사회적 관계를 강조하였다. 그가 의미하는 사회적 관계는 '교수적 관계'를 의미하는 것으로 이때 교수자는 성인(교사, 부모)이거나 자신보다 유능한 또래가 된다. 따라서 자신의 환경 속에 있는 이들과의 상호작용을 통해 '중재학습 경험(mediated learning experience)'을 가짐으로써 아동

그림 2-6 비고츠키의 근접발달영역

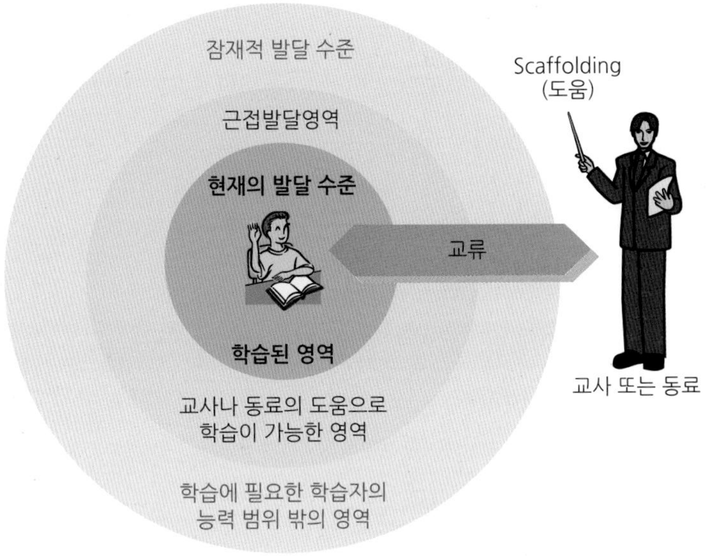

내부의 발달 과정은 일깨워지고 아동이 이를 내면화함으로써 독립적인 성취를 이룰 수 있게 된다(이지연, 2008). 그리하여 비고츠키는 학습은 사회적으로 맥락화된 지식을 자신의 관점에서 내면화하는 과정으로 보았다. 그리고 이러한 과정은 또래학생이나 주변 인물들과의 상호작용을 통하여 촉진된다고 하였다. 다시 말해, 아동의 발달은 사회, 문화적 상호작용의 결과인 것이다.

비고츠키는 교수-학습의 본질을 설명하면서 '근접발달영역(Zone of Proximal Development: ZPD)'의 개념을 창출하였다. 근접발달영역은 아동이 타인의 도움 없이 독자적으로 실행할 수 있는 수준인 '실제발달수준'과 성인(혹은 유능한 또래)의 도움을 통해 실행 가능한 수행 수준인 '잠재적 발달수준' 간의 간격을 말하는 것이다. 따라서 교수자는 근접발달영역 내에서 학생의 수준을 고려하여 근접발달영역 안에 있거나 혹은 약간 높은 수준의 과제를 지속적으로 부여하면서 학업성취를 돕는 조력자의 역할을 수행해야 한다. 특히 교수자가 아동에게 근접발달영역 내에서 제공하는 도움을 '비계(scaffolding)'라고 하며 비계설정에 의한 학습을 '조력학습(assisted learning)'이라고 한다. 일반적으로 학습의 초기단계에서는 아동에게 가능한 많은 도움을 제공하고 단계적으로 이러한 도움을 감소시켜 점차 아동이 독립적으로 학습할 수 있도록 해야 한다.

인지적 구성주의와 사회적 구성주의를 비교해 보면 앞서 〈표 2-1〉과 같이 정리할 수 있다.

표 2-1 인지적 구성주의와 사회적 구성주의

	인지적 구성주의	사회적 구성주의
이론적 근거	피아제의 발달심리	비고츠키의 발달심리
지식	마음의 산물로 인식 주체자에 의해 상이하게 구성됨	
지식 목표	개인 각자의 맥락에 적합한 의미 구성	
인지적 발달 기원	개인의 머릿속	사회관계에 참여하는 개인
학습	개인의 주관적 경험에 의한 의미 구성	사회적 상호작용을 통한 의미 구성
학습자 역할	의미의 능동적 구성자, 산출자, 해석자	
최종 목표	개인 경험의 사회문화적 타당성 검증	사람들과의 활발한 상호작용에 의한 사회문화적 관습 습득
핵심 관심	개인의 인지적 구성 과정	사회 문화적 동화
분석 내용	사회적 상황에 의거한 인지적 재구성 과정	관련 공동체에 참여를 통한 사회문화적 행동양식 습득 및 동화과정
수업 환경	교사와 학생 간 형성되는 문화 조사	공동체의 문화를 반영하는 학습교육의 실태 조사
그룹 간 환경	상이성 강조	동질성 강조

출처: 권성연 외(2018; 197) 재구성.

인지적 도제 이론

콜린과 그의 동료들(Collins et al., 1989)은 학생들이 실천공동체에 참여할 수 있는 하나의 수단으로 인지적 도제(Cognitive apprenticeship) 이론을 제시하였다. 인지적 도제란 전문가가 학습자에게 먼저 시범을 보인 후 학습자가 관찰과 모방, 전문가의 피드백을 참고로 기능을 습득하고 숙달하는 방법이다. 예컨대 전문적인 기능을 가진 전문가가 물레를 돌리는 법을 학습자, 즉 도제에게 먼저 시범을 보여주고 도제로 하여금 따라 해보게 한다. 도제가 서툴게 하면 전문가가 옆에서 코치 해준다(손은주, 추성경, 임희수, 2015). 이 과정에서 중요한 것은 인지적 도제는 전통적인 도제와 달리 학습자가 학습하는 과정과 결과를 비판적으로 성찰할 수 있어야 한다는 것이다. 인지적 도제 학습의 전개과정은 다음과 같이 세 단계로 나누어 살펴볼 수 있다.

1단계는 인지적 도제활동의 핵심적인 과정으로 관찰, 안내, 지원이 제공되는 실제 수행을 통해 인지(cognitive)와 메타인지(meta-cognitive)가 통합된 기술을 획득하는데 도움을 줄 수 있도록 설계된다.

모델링(modeling)

전문가인 교수자가 시범을 보이면 학습자는 전문가의 사고와 행동을 관찰한다.

코칭(coaching)

학생들이 스스로 문제해결을 하도록 교사는 문제를 해결해 나가는 자신의 사고과정에 대해 단계별로 자세히 설명한다.

인지적 기반 구축(scaffolding)

교수자와 학습자가 공동으로 과제를 수행하면서 학습자의 학습에 도움을 주는 디딤돌 역할을 한다. 이 과정은 꼭 필요한 경우에만 제공하고 학습자가 과제수행에 익숙해짐에 따라 점차 감소시키다가 필요가 없는 경우에는 제공하지 않는다.

2단계는 전문가의 문제해결과정을 면밀히 관찰하고 자신의 문제해결전략을 의식

표 2-2 인지적 도제 학습의 전개과정

단계	활동
모델링	교수자가 학습자에게 시범을 보임으로써 인지과정을 외현화한다.
코칭	교수자가 학습자의 수행을 관찰하여 필요할 때 지도한다.
스캐폴딩	학습자가 문제에 봉착하게 되면 교수자가 문제해결에 필요한 암시와 단서를 제공한다.
명료화	학습자가 학습한 지식을 스스로 확인함으로써 문제해결 전략을 명확히 한다.
성찰	교수자의 수행과 학습자의 수행능력을 비교할 수 있는 기회를 제공함으로써 자신의 문제점을 찾고 수정한다.
탐색	학습자 스스로 문제해결과정을 수행한다.

출처: 손은주, 추성경, 임희수(2015; 114) 재구성.

적으로 도출할 수 있도록 돕기 위해 고안된 방법이다. 학습자는 이 과정을 통해 자신의 문제해결 전략을 조절할 수 있다.

명료화(articulation)

학습자가 학습한 지식, 기능, 태도를 명료하게 표현해 보도록 하는 과정을 말한다. 스스로 표현해 봄으로써 지식을 보다 명료하게 인식할 수 있다. 명료화의 장점으로는 내재적 지식을 분명히 해주는 것, 지식을 다른 과제에 보다 쉽게 활용할 수 있도록 해준다는 점, 동일한 방법을 다양한 맥락에 활용할 수 있도록 해준다는 점, 동료 학습자들이 이 과정을 통해 대안적인 관점에 대한 통찰을 촉진할 수 있다는 점 등이 있다.

반성적 사고(reflection)

자신의 수행을 전문가의 수행과 비교하여 성찰하는 과정이다.

3단계는 문제해결과정을 능숙하게 수행할 수 있을 뿐만 아니라 해결할 문제를 정의하고 공식화할 수 있는 학습자의 자율성을 고무하기 위한 단계이다.

탐색(exploration)

학습자가 가설 수립과 검증을 위해, 배운 지식을 적용하여 스스로 문제해결을 수행할 수 있는 새로운 방식을 탐구해 보도록 하는 과정이다.

인지적 유연성 이론

인지적 유연성(cognitive flexibility) 이론은 미국 일리노이 대학의 스피로(Spiro)와 그의 동료 연구자들(Spiro et al., 1988)이 지식습득에 관한 구성주의적 접근의 하나로 제안한 이론이다. 인지적 유연성, 융통성이란 여러 범주의 지식을 넘나들고 연결 지으면서 다양한 방법으로 급격하게 변하는 상황적 요구에 대처하는 지적 능력을 말한다. 따라서 이 이론은 초보적 지식과 고차적 지식을 습득할 때의 교수학습 전략이 결코 같을 수 없다는 점을 전제로 전통적 교수–학습 원칙에 의거한 단순한 지식의 습득을 지양한다. 대신 복잡성과 비규칙적인 특성을 지닌 고급 지식단계에서도 순조로운 학습이 이루어지도록 학문분야의 가장 초보적인 단계에서부터 복잡한 단계까지를 포괄하는 학습과제와 학습 환경을 제공해야 한다고 주장한다.

인지적 유연성 이론을 활용한 학습 환경 설계 원리는 다음과 같다(권성연 외, 2018). 첫째, 소사례(mini case)를 제시하는 것이 좋다. 그 이유는 비구조화된 실생활 영역에서 발생하는 사례의 경우, 너무 복잡하고 많은 정보를 포함하고 있기 때문에 학습자가 학습한 지식을 적용하는 데 어려움을 겪을 수 있기 때문이다. 따라서 전체 사례가 지니고 있는 특성을 포함하고 있는 소사례를 제시해 주는 것이 학습자의 지식 적용 및 전이에 효과적이다. 둘째, 유연한 인지과정을 촉진하기 위해 같은 내용을 다양한 방법으로 학습할 수 있는 환경을 설계하는 것이 필요하다. 복잡하고 비구조적인 지식을 다룰 때 지식을 단일한 형태로 제시하는 것은 해당 지식의 특성을 제대로 반영하지 못할 가능성이 있다. 특히 비구조화된 영역에서 발생하는 다양한 사례의 경우에는 복잡할 뿐만 아니라 수시로 변하기 때문에 해당 사례를 활용한 수업을 설계할 때 다양한 이론적, 개념적 관점에 의한 사례가 제공되어야 한다. 셋째, 보조 탐색 도구를 제공해 주는 것이 좋다. 예를 들어, 컴퓨터 기반 하이퍼링크를 활용한 학습 환경의 경우 학습자가 인지적 부담감을 경험할 뿐만 아니라 방향감을 상실할 위험이 있다. 따라서 학습자의 현재 위치 또는 탐색 경로를 표시해 주거나 학습하는 주제에 대한 전체 목록 또는 사이트 맵과 같은 학습자 지원 보조 탐색 도구를 제시해 줄 필요가 있다.

이상을 요약하여 인지적 유연성 이론에서 강조하는 수업 원리들을 정리하면 다음과 같다.

- 다양한 소규모의 예들을 제시한다.
- 실제적 사례를 중심으로 학습하게 한다.
- 특정 과제와 연결하여 가능한 많은 예시를 경험하도록 한다.
- 동일한 자료를 다른 시기, 다른 관점에서 검토하도록 한다.
- 가르치는 순서를 재배치해 보도록 한다.
- 학습자가 충분히 다룰 수 있는 정도의 복잡성을 지닌 과제도 제공한다.

교수설계에의 시사점

구성주의의 기본 가정에 따르면 지식은 학습자에게 전달될 수 있는 것이 아니며 학습자 스스로 구성해 나가는 것이다. 따라서 학습자 스스로 지식을 자신의 기억 구조 속에 조직화하는 경험을 구성해 나갈 수 있도록 하는 환경을 제공하는 것이 중요하다. 구성주의 이론이 교수설계에 주는 시사점은 다음과 같이 요약할 수 있다.

수업목표 설정 및 수업평가에 학습자를 참여시킨다

수업목표는 학습이 이루어지기 전에 수업 설계나 교사에 의해 미리 정해지는 것이 아니라 학생들이 과제를 가지고 문제를 풀어가는 과정에서 학생이 스스로 수립하도록 한다. 이는 학습자의 흥미, 관심 등에 비추어 학습자 스스로 학습 목표를 설정하기 때문에 학습에 대한 흥미를 불러일으킬 수 있다. 또한 수업평가는 학업성취라는 한 가지 측면에 국한하지 말고 학생의 발표나 포트폴리오를 최대한 활용하면서 학습과제를 수행해가는 과정에서 평가가 연속적으로 이루어지도록 해야 한다.

학습과제는 실제적 맥락을 반영해야 한다

구성주의의 목표는 객관주의와 같이 학습내용을 구조화 시켜 학습자가 완전하게 습득하도록 하는 데 있지 않다. 오히려 정리되지 않는 복잡한 상태 그대로의 과제를 학생들의 수준에 맞게 학습내용으로 설정하여 학생들이 자신의 현재 지식과 경험 수준, 관심에 따라 문제를 선택하고 해결하도록 하는 데 초점을 둔다. 따라서 학습 환경은 실제적 맥락과 상황이 고려된 복잡한 실제 환경을 그대로 반영해야 한다.

학습동기를 유발할 수 있는 과제를 제시한다

협동적인 학습 환경에서는 개인이 맡아야 할 인지적 부담이 덜어지기 때문에 학습자들은 보다 적극적으로 학습에 임할 수 있다. 이 때 교수자는 학습자에게 그들이 학습하고 수행할 가치가 있다고 여기는 의미 있고 적절한 과제를 제시해야 한다. 그 이유는 실제적 활동(authentic activity)을 제공함으로써 학습의 목적이나 이유를 아는 경우 그리고 학습자의 흥미와 목적에 부합되는 학습과제를 부여하여 동기유발을 이끌어 낼 경우에는, 효과적인 학습이 될 수 있기 때문이다.

학습자 수준을 고려한 수업계열과 학습 환경을 제공해야 한다

교수자는 학습자 개개인의 수준을 고려하여 그들 스스로에게 맞는 학습내용을 선정할 수 있도록 조언해 주어야 한다. 또한 학습자들이 의미를 구성하는 과정에서 중요한 활동 가운데 하나는 그 학습과정에 대해 성찰해 볼 수 있는 환경을 제공하는 것이다. 이는 학습자들이 자신의 경험과 그것을 습득한 과정을 반성해 봄으로써 초인지적 지식과 기능을 습득하여 보다 더 효과적으로 의미를 구성하게 되기 때문이다. 따라서 교수자는 학습자가 스스로 그들의 필요와 목표에 부합되는 자료를 선정하여 학습 활동을 전개할 수 있고, 학습과정에 대한 자기 조절능력과 책임감을 갖도록 하며, 자신의 학습의도와 학습내용과의 관련성을 파악하며 초인지적 사고를 할 수 있는 환경을 제공해 주어야 한다.

[그림 2-7]은 이 장에서 학습한 주요 학습이론인 행동주의, 인지주의, 구성주의의 개념 및 학습관에 대한 이해를 돕기 위한 것이다.

그리고 〈표 2-3〉은 행동주의, 인지주의, 구성주의의 특징을 다각적인 관점에서 비교한 것이다.

그림 2-7 행동주의, 인지주의, 구성주의 학습관

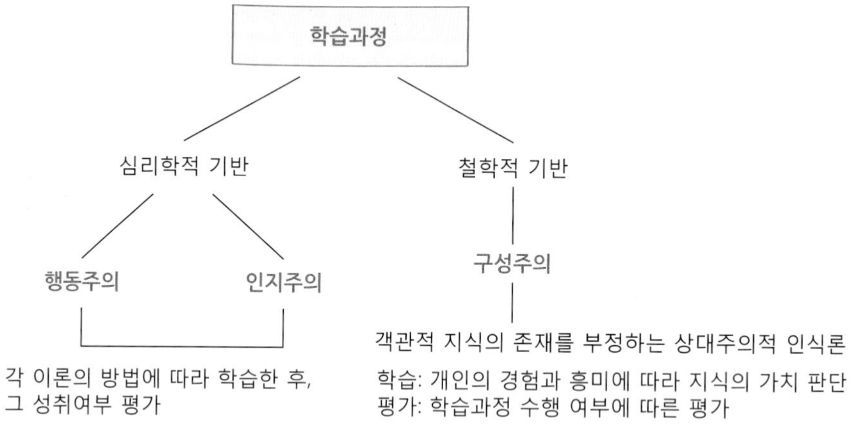

표 2-3 **행동주의, 인지주의, 구성주의의 비교**

	행동주의	인지주의	구성주의
시대	1950-1960	1960-1979	1980-현재
실험 대상	동물, 작업	인간, 작업	인간, 실세계
철학적 배경	객관주의	객관주의	구성주의
패러다임	교수	교수-학습	학습
학습에 대한 정의	외현적 행동의 변화	인지구조의 변화	주관적 경험에 근거한 의미 창출
학습자관	환경적 자극에 반응하는 수동적 인간관	외현적 정보를 내적으로 처리하여 인지구조를 변화시키는 적극적인 학습자관	학습자의 특성, 배경 등의 개인적인 렌즈로 외부세계를 구성하는 적극적인 인간관
학습에 영향을 미치는 요인	학습 효과 극대화를 위해 외현적 자극 및 반응의 체계적 배열과 자극 시점의 결정	정보처리활동을 촉진시킬 수 있는 학습자의 정신적 활동 강조	상황적 맥락, 학습주체인 인간의 학습 활동, 학습대상자인 지식의 역동적 상호작용
학습의 생성	자극과 반응의 연결 및 강화	정보의 입수, 조직, 저장 및 인출활동	개인적 경험에 근거한 세계에 대한 의미 창조, 환경 또는 동료들과의 사회적 상호작용
교수학습 전략	외현적 교수전략	학습자의 내적 사고전략, 교사의 부호화 전략, 정보처리 전략	학습 환경의 조성 및 상황적 맥락과 실제 과제 제공
기억의 역할	기억의 중요성 간과 망각 방지를 위한 반복적 연습과 정기적인 복습 강조	세계의 객관적 재현 정보의 효과적인 조직 및 패키지화와 스키마의 인출	세계적 주관적 구성 지속적으로 구성 중에 있는 잠정적 기억과 융통적 지식의 맥락화
전이	일반화의 결과	정보의 유의미한 조직	학습의 맥락화
교수자의 역할	보상/처벌	정보제공	코치, 촉진자
학습자의 역할	보상/처벌 수용	정보습득	감지와 인식
전형적인 학습 형태	반복훈련, 연습	교재학습, 강의청취	토의, 발견, 참여
효과적인 학습	분별, 간단한 사실의 기억, 개념 습득 및 일반화 적용	문제해결, 정보처리, 추론	복잡하고 비구조화된 학습과제 및 문제영역
교수설계와 관련성	관찰 또는 측정 가능한 행동목표 강조, 준거지향 평가 강조, 학습자의 분석 강조, 수업내용의 계열성 강조	학습자의 적극적 참여 정보처리과정 촉진을 위한 정보의 구조화 강조 효과적 전이를 위한 학습 환경	학습상황 및 적용상황의 강조 학습내용의 영역제시 및 학습과제의 맥락화 다양한 관점 제시, 협상 강조

출처: 이지연(2008; 43) 재구성.

이판사판 질문하기

Q. 구성주의가 제일 좋은 거예요?

A. 오우 노우. 그렇게 말하기는 힘들어요. 언뜻 보면 행동주의는 케케 묵은 옛날 이론 같이 학습자를 수동적으로 보고 구성주의는 그 반대로 꽤 스마트해 보이는데요. 아직도 우리가 알게 모르게 많은 교수이론들은 행동주의 모델을 기반으로 하고 있어요. 상벌 체계도 모두 이 이론에 기초하고요. 물론 시대적 흐름으로 보면 최근의 이론이 좀 더 우리 정서와 필요를 반영하고 있기는 합니다. 그러나 모든 이론은 강점이 있고 약점이 있는 법이죠. 공부하는 입장에서는 이런 점들을 파악하고 교수-학습 이론에 주는 시사점을 주의 깊게 보는 것이 좋을 듯합니다.

43:27 / 97:30

참고문헌

- 권성연, 김혜정, 노혜란, 박선희, 박양주, 서희전, 양유정, 오상철, 오정숙, 윤현, 이동엽, 최미나(2018). **교육방법 및 교육공학**. 교육과학사.
- 노혜란, 박선희, 최미나(2012). **교육방법 및 교육공학**. 제2판. 교육과학사.
- 손은주, 추성경, 임희수(2015). **교육방법 및 교육공학**. 교육과학사 개정판.
- 이지연(2008). **예비교사를 위한 실제적 교육방법 및 교육공학**. 서현사.
- Bandura, A., Ross, D. & Ross, S. A. (1961). Transmission of aggression through imitation of aggressive models. *Journal of Abnormal and Social Psychology*, 63, 575-582.
- Bransford, J. D. & Johnson, M. K. (1972). Contextual prerequisites for understanding: Some investigations of comprehension and recall. *Journal of Verbal Learning and Verbal Behavior*, 11(6), 717-726.
- Collins,A., Brown, J. S. & Newman, S. (1989). Cognitive apprenticeship: Teaching the craft of reading, writing and mathematics. In L. Resnick(Ed.), *Knowing, learning, and instruction: Essays in honor of Robert Glaser* pp. 453-494. Hillsdale, NJ: Elrbaum.
- Spiro, R. J., Coulson, R. L., Feltovich, P. J. & Anserson, D. (1988). Cognitive flexibility theory: Advanced knowledge acquisition in ill-structured domains. In V. Patel(Ed.). *Proceedings of the 10th annual conference of the cognitive science society*. Hillsdale, NJ. Erlbaum.
- Reiser, R. (1987). Instructional Technology: A history. In R. Gagne (ed.) *Instructional technology: Foundation* pp. 11-48. Hillsdale, NJ: Lawrence Erlbaum Associations.
- Skinner, B. F. (1953). *Science and human behavior*. NY: Macmillan.
- https://www.simplypsychology.org/operant-conditioning.html
- https://www.wikispaces.com/
- https://namu.moe/w/%EA%B4%80%EC%B0%B0%ED%95%99%EC%8A%B5

교수설계 이론

1절 교수설계의 개념과 특징

교수설계의 개념

교수설계는 '교수의 과정을 이해하고 개선하는데 관심을 두고 있는 학문 영역으로 설계활동의 목적은 기대하는 목표를 성취시키기 위하여 최적의 수단을 강구하는 것'이다(Reigeluth, 1983; 김신자, 이인숙, 양영선, 2003 재인용). 최근에는 '교수'보다 '학습'이라는 개념이 중시되며 교수-학습설계, 학습설계 또는 학습환경설계 등으로 그 의미가 변화하고 있다. '설계'라는 용어 역시 구체적인 형태를 만들어내는 것 이상으로 주어진 상황과 맥락을 고려한다는 의미가 더해지고 있다(교육공학회, 2016).

교수설계의 기저에는 체제이론, 학습이론, 커뮤니케이션 이론이 있으며 특히 체제이론이 교수설계에 큰 영향을 주었다고 볼 수 있다. 따라서 교수설계(ID)를 교수체제설계(ISD: Instructional systems design)로 부르기도 한다. 교수설계는 조직적인 절차를 강조하는데 일반적으로 분석(analysis), 설계(design), 개발(development), 실행(implementation), 평가(evaluation)의 과정으로 이루어진다. 즉, 구체적으로 수업에 관련된 요구를 사정하거나 문제를 분석하고, 이를 토대로 목표를 설정하고, 이 목표의 성취가 구체적인 성과로 일어나도록 일련의 체계적이고 합리적인 수업 절차 및 전략을 고안하고, 실행하며, 평가하여 운영해 가는 과정이다.

교수설계의 구성요소

교수-학습 과정에 영향을 주는 변인들은 다양하나 롸이겔루스와 메릴(Reigeluth, & Merrill, 1979)은 교수설계의 변인으로 교수조건, 교수방법, 교수결과를 제시하였다(권성호, 2002; 교육공학회, 2016).

교수조건

교수조건은 교수설계자나 교수자에 의해 통제될 수 없는 제약조건으로 교수방법에 중요한 요소로 작용한다. 교수조건에는 교과내용의 특성, 학습자 특성, 교수목적, 교과목적 등이 포함된다.

교수방법

교수방법에는 조직적 전략, 전달전략, 관리전략이 있다. 조직적 전략은 교수내용을 내용의 구조와 학습자 수준에 적합하게 구성하는 방법을 의미한다. 조직적 전략에는 미시적 전략과 거시적 전략이 있다. 미시적 전략은 하나의 개념이나 원리 등을 가르치고자 할 때 그 내용을 조직하는 것이고, 거시적 전략은 다양한 아이디어를 가르칠 때 이 아이디어들을 선택, 계열화, 요약, 종합하도록 조직하는 것이다. 전달전략은 조직한 내용을 효과적이고 효율적으로 전달하기 위한 방법으로 교수매체, 교수자 등이 포함될 수 있다. 관리전략은 조직전략과 전달전략의 내용을 언제, 어떻게 활용할 것인지를 결정하도록 제시하는 방법이다.

교수결과

교수결과는 서로 다른 조건하에서 사용된 교수방법이 어느 정도 효과가 있는지를 나타내는 것으로 효과성, 효율성, 매력성으로 나누어볼 수 있다. 교수 효과성은 학습자가 교수 내용을 얼마나 획득하였지, 학습 목표를 어느 정도 달성하였는지를 측정함으로써 알 수 있다. 반면, 효율성은 교수자나 학습자가 투자한 노력, 비용 등에 비

그림 3-1 교수설계 구성요소 간의 관계

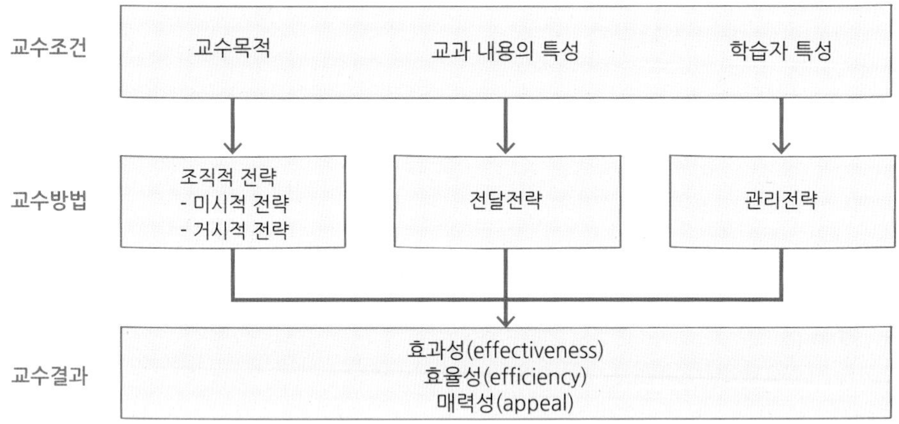

출처: Reigeluth(1983); 권성호(2002).

해 어느 정도의 성과가 나타났는지를 보는 것이다. 매력성은 학습자가 지속적으로 학습하기를 원하는 정도를 의미한다.

교수설계의 특징

롸이겔루스(Reigeluth, 1999)는 교수설계의 특징을 다음과 같이 제시하였다.

첫째, 교수설계는 서술지향적(description-oriented)이 아니라 설계지향적(design-oriented)이다. 교수설계는 맥락적이며 상황적이기에 언제나 동일한 교수목표 달성을 보장할 수 없다. 특정 학습자나 학습내용 등 효과에 영향을 미치는 요인과 변수가 많기 때문에 결과 또는 목표 달성에 초점을 두기보다 과정 또는 목적 달성에 초점을 맞추어 설계해야 한다. 교육목적은 목표보다 넓고 포괄적인 개념으로 추상적, 개념적 성격을 띠는 반면, 교육목표는 목적을 이루기 위한 구체적인 내용에 해당한다.

둘째, 교수설계는 학습을 지원하고 촉진하는 수업의 방법과 그 방법이 사용되어야 하는 상황을 분명히 해야 한다. 왜냐하면 동일한 학습내용일지라도 학습자, 학습

환경 등에 따라 교수방법은 다르게 처방될 수 있기 때문이다. 따라서 교수설계에는 구체적인 수업 방법과 그 방법이 사용되는 상황에 대한 설명이 포함되어야 한다.

셋째, 교수설계의 수업방법은 상세한 하위 요소들로 구성되어 있기에 요소적(componential)이다. 상세한 요소로 단순하게 나누어 설계될 때 교수 실제에 더 유용하게 적용될 수 있다.

넷째, 교수설계의 수업방법은 결정적(deterministic)이기보다는 개연적(proba-bilistic)이다. 개연적이라 함은 확실하게 단정지을 수는 없지만 그럴 것이라고 생각되는 상태를 의미한다. 즉, 수업방법의 목적은 기대하는 바람직한 결과를 일어나게 하는 확률을 높이는 것이지, 목적 달성을 보장한다고 보기는 힘들다.

교수설계의 시대적 흐름

교수설계는 인간이 어떻게 학습하는가에 대해 연구하는 학습이론의 영향을 받는다. 일반적으로 교수설계는 1960년대 고전적 학습 심리의 연구가 아닌 학교 현장에서 일어나는 학습 현상을 연구하는 것에서부터 시작되었다고 본다. 시대적 흐름에 따라 학습이론이 행동주의, 인지주의, 구성주의로 구분되듯이 각 학습이론의 특징에 따라 교수설계의 특징도 확인할 수 있다(임선빈, 1998).

행동주의 교수설계

행동주의 교수설계이론은 주로 1970년대 행동주의 심리학을 이론적 배경으로 스키너의 학습이론을 기초하고 있다. 행동주의 학습이론은 학습자의 학습과정을 체제적(systemic) 접근보다는 체계적(systematic)으로 접근한다. 체제적 접근은 서로 밀접한 관계와 구성을 가진 유기적 총체(whole) 또는 복잡한 생태학적 관계를 의미한다. 반면, 체계적 접근은 순서나 간격을 의미하여 주로 단계적이고 선형적(linear) 절차를 의미한다.

이 시기 교수설계 이론에서는 수업에 영향을 주는 몇 개의 변수를 통제하거나 조작함으로써 수업 전체를 이해하려는 입장을 취하기도 하였다. 그리고 강화를 통한 가시적인 보상 체제를 활용하기도 하고 즉각적인 피드백을 강조하기도 하였다. 또한 관찰 또는 측정 가능한 행동 목표를 강조하며 준거지향적인 평가관을 가지고 있다. 때문에 행동주의 교수설계 이론은 수업을 보다 효율적으로 계획하고 관리하고 평가할 수 있는 다양한 수업모형을 개발하는 데 긍정적인 영향을 주었다. 그러나 행동주의적 교수설계는 실제 진행되는 수업에서의 결정적인 변인들을 통제하기 어렵다는 한계점이 있었다. 실제 수업 상황은 모든 상황을 동일하게 형성하고 조정할 수 있는 실험실 기반이 아니라 수업환경을 구성하는 교사, 학생, 물리적·심리적 환경 등 다양한 상황에서 이루어지기 때문에 교수설계자 또는 교수자가 이를 통제하기 어렵다는 것이다.

인지주의 교수설계

인지주의 교수설계이론은 1970년대 후반과 1980년대 초, 행동주의 패러다임의 한계를 극복하고자 나타났다. 인지주의 패러다임은 학습과정에서 일어나는 정보처리 활동을 설명하는 모형을 개발하여 정보의 형성 과정, 학습자의 동기 유발 및 인지화 과정 등을 연구하는 데 도움을 주었다. 특히 인지적 학습 목표, 과제분석, 수업 전략 등 구체적인 처방을 이끌어내는 교수설계 모형을 개발하였다. 그럼에도 불구하고 학습 목표에 따른 학습내용의 분석과 처방이 실제 학습 상황과는 거리가 있다는 한계는 여전하였다. 즉, 행동주의 또는 인지주의 접근의 전통적인 교수설계는 수업에 실질적인 내용을 반영하지 못하였고 문제가 발생할 때마다 임시방편으로 대처하는 경향이 있었다. 또한 교수체제를 구성하는 각 요소들을 분리시켜 접근하였기 때문에 하나의 전체성을 강조하는 체제의 성격을 반영하지 못했다는 비판도 제기되었다.

구성주의 교수설계

1990년대에 이르러 지식은 개인의 경험을 통해 구성해가는 것이라고 주장한 구성주의 패러다임이 등장하면서 교수설계에도 영향을 주었다. 구성주의에서 학습은 경험에 대한 개인의 해석을 통해 이루어지며 다른 학생들과 협동하는 과정에서 학습자가 능동적인 경험을 쌓는 과정이라고 보았다. 때문에 구성주의 관점에서의 교수설계는 계획 그 자체가 중시되어 계획된 순서대로 단계적으로 진행된 선형적 설계와는 달리 학습자 요구분석이나 수업 목표 등이 수업 진행 과정에 따라 여러 번 수정될 수도 있다는 여지를 준다. 즉, 수업 목표는 과정이 진행되는 동안 설정되거나 점차 명백해질 수도 있다. 그리고 수업의 과정은 실제적인 문제해결 기법을 비선형적이고 반복적으로 사용하기도 한다.

또한 구성주의적 교수설계는 개별 학습자의 경험을 강조하기에 다양한 교수 상황이 존재할 수 있다고 가정한다. 즉, 하나의 상황에서 모든 학습자에게 적용될 보편적인 교수 설계보다는 최대한 학습자의 이해를 돕기 위한 맥락과 실제 학습 상황에 맞는 구체적인 방안과 과정을 요구한다. 이렇듯 구성주의적 교수설계의 아이디어는 이상적이지만 실제 교실 상황에서 적용하기에는 현실적으로 어렵다는 한계점이 제시되면서 새로운 대안이 요구되고 있다.

2절 커뮤니케이션 이론

교육공학의 이론적 기초를 이해하기 위해서는 커뮤니케이션 이론과 체제이론을 이해하는 것이 필요하다. 우선 커뮤니케이션 이론들을 살펴보자. 커뮤니케이션은 라틴어 'Communicare'에서 유래한 것으로 '같이 이야기하다', '대담하다', '상담하다'라는 의미를 가지며 '의사소통' 혹은 '소통'으로도 번역된다(김현주, 2015). 커뮤니케이션은 '발신자와 수신자 사이의 정보의 전환', '개인을 포함한 집단 간의 의미전달', '상호 이해된 표기 또는 기호학 규칙을 사용한 개인이나 다른 집단에게 전달하는 행위' 등을 의미한다. 다시 말해, 커뮤니케이션이란 의사나 정보를 가진 자가 그것을 받아들이는 타인에게 전달하는 언어적, 비언어적으로 해석되는 모든 과정이다(위키피디아, 2018).

이 절에서는 커뮤니케이션 이론의 대표적인 모델로 소개되는 쉐논과 웨버의 모델, 벌로의 SMCR 모델, 쉐논과 슈람의 모델을 살펴본다.

쉐논과 웨버(Shannon-Weaver)의 모델

쉐논과 웨버의 모델은 '모든 커뮤니케이션 모델의 어머니'로 불릴 정도로 커뮤니케이션 이론을 확장하는데 큰 영향을 미친 모델이다(Hollnagel & Woods, 2005). 이 모델은 1949년에 개발되었고 라디오 및 전화 기술의 기능을 반영하여 설계되었다. 이 모델은 5개의 요소는 정보원(information source), 송신기(transmitter), 채널(channel), 수신자(receiver), 목적지(destination)로 구성되어 있다.

정보원
메시지를 생성하는 정보원

송신기
메시지를 조작하여 채널을 통해 보낼 수 있는 신호를 생성하는 송신기

채널
메시지를 구성한 정보를 담은 신호가 전송되는 매체인 채널

수신기
신호를 다시 전달용 메시지로 변환하는 수신기

목적지
메시지가 도착하는 목적지로 사람이나 기계가 됨

이 모델은 단순하고 보편적인 특성이 강조된다. 커뮤니케이션의 첫 단계는 정보가 저장되는 정보원에서 전달될 메시지가 생성되는 단계이다. 두 번째는 정보를 보내

그림 3-2 쉐넌과 웨버의 커뮤니케이션 모델

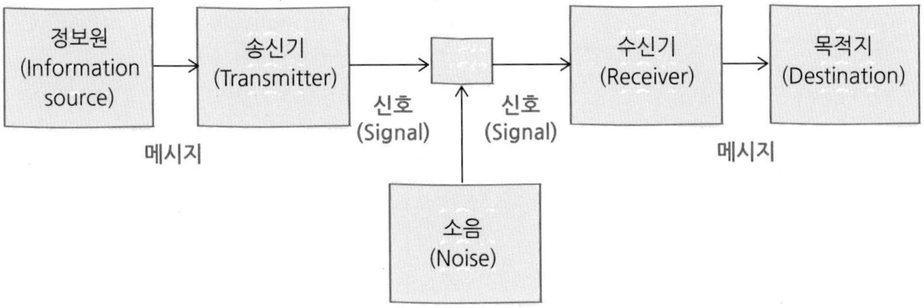

기 위한 메시지가 신호(signal)로 입력(encoding)되는 단계이다. 송신기에서 입력된 정보는 신호로 변환되어 채널을 통과한다. 이때 채널에서 커뮤니케이션을 방해하는 잡음(noise)이 생길 수 있다. 채널을 통과하는 신호는 수신기에 도착하여 메시지로 재구성 또는 해석(reconstruct/decoding)된다. 그리고 마지막으로 메시지가 목적지에 도착한다.

벌로(Berlo)의 SMCR 모델

SMCR 모델은 송신자(Sender), 메시지(Message), 채널(Channel), 수신자(Receiver)의 네 가지 요소가 커뮤니케이션을 구성한다는 모델이다. 이 모델을 교수-학습 과정으로 이해한다면, 송신자와 수신자는 교수자와 학습자로 볼 수 있고, 전달되는 메시지는 학습내용, 교수매체는 채널로 볼 수 있다. 이 모델은 커뮤니케이션의 전달과정을 순차적으로 제시한 쉐논과 웨버 모델과는 달리 커뮤니케이션의 요소를 분석하고 있으며, 그 요소들이 커뮤니케이션에 영향을 미칠 수 있음을 강조한다.

커뮤니케이션은 통신기술, 태도, 지식수준, 사회체계, 문화양식에 영향을 받을 수 있으므로 이 요인들이 유사할수록 원만한 커뮤니케이션이 이루어질 가능성이 높다. 이 때 통신기술에는 수신자의 듣기, 읽기 능력, 송신자의 말하기, 글쓰기 능력, 추론적 사고력 등이 해당된다. 또한 메시지는 어떤 내용으로 구성되는지, 그 내용이 무엇

그림 3-3 벌로의 SMCR 모델

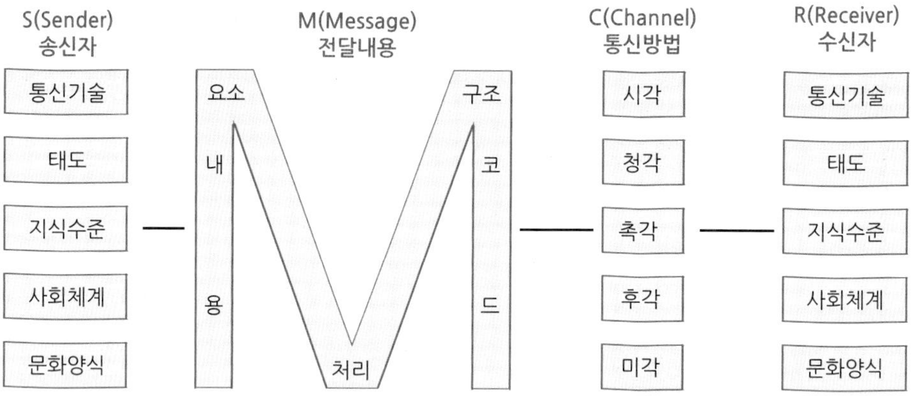

인지, 그리고 언어적 또는 비언어적 코드로 되어 있는지 등의 정보가 담겨 있다. 그리고 이 메시지는 인간의 오감(보고, 듣고, 냄새 맡고, 맛보고, 느끼는)이 포함된 채널을 거쳐 수신자에게 전달된다. 기존의 시각과 청각에 의해 제한된 경험이 오감을 통해 한층 포괄적 경험으로 확대되어 전달된다. 이렇게 메시지가 전달되는 과정에서 수신자는 이러한 감각 정보와 함께 전달되는 메시지를 해석한다.

쉐논(Schannon) & 슈람(Schramm)의 모델

쉐논과 슈람의 커뮤니케이션 모델에서는 송신자와 수신자가 갖는 '경험의 장'을 강조한다. 커뮤니케이션이 발생하기 위해서는 송신자와 수신자가 공유하는 경험, 즉 공통분모가 있어야 한다는 것이다. 이를 교수-학습 과정으로 이해하면 송신자인 교수자와 수신자인 학습자의 공통분모가 확대되어야 효과적인 교육이 일어난다고 볼 수 있다. 송신자는 수신자의 지식과 경험의 장에 맞는 문자와 영상을 사용하여 메시지를 기호화(encoding) 한다. 이때 수신자가 기호화된 메시지를 해독(decoding)할 수 있는 지식과 경험을 갖고 메시지를 제공할 때 커뮤니케이션이 잘 이루어진다.

이 커뮤니케이션 과정에는 여러 형태의 잡음(noise)이 존재한다. 여기서 잡음은

그림 3-4 쉐논과 슈람의 모델

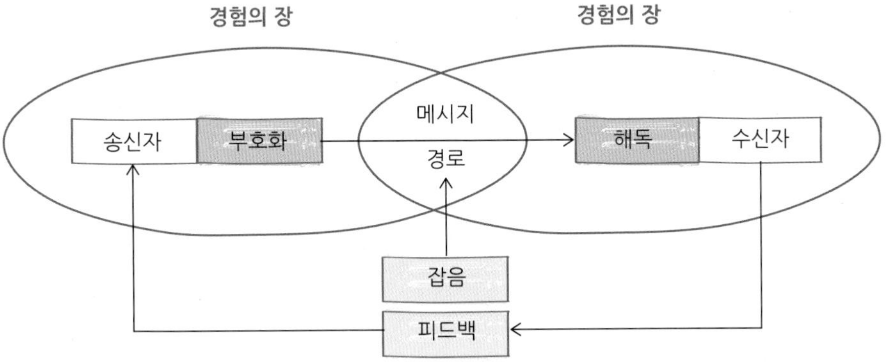

시끄러운 소리만을 의미하는 것이 아니라 원활한 커뮤니케이션을 방해하는 모든 요소들로 크게 물리적 잡음과 내부적 잡음이 있다. 물리적 잡음에는 소음, 어두운 조명, 혼탁한 공기 등이 있고, 내부적 잡음에는 학습자의 지식 및 어휘 수준에 맞지 않는 학습내용과 같은 상황이 있다. 이러한 잡음에 의해 커뮤니케이션은 방해받을 수 있는데, 이는 수신자가 송신자에게 보내는 반응 및 피드백을 통해 수정, 보완될 수 있다.

3절 체제이론

체제이론은 교육공학의 개념(Commission on instructional technology, 1970), 교수체제설계 혹은 체계적 교수설계의 모형(Dick & Carey, 1978), 그리고 교수설계 이론의 특성(Reigeluth, 1983) 등 교육공학의 학문적 정립에 많은 기여를 하였다. 교수설계는 교수–학습을 하나의 체제로 간주한다. 체제이론에서 체제는 '어떤 공공의 목표를 달성하기 위하여 함께 상호작용하는 부분들, 하나의 구성요소에 영향을 줄 수 있는 모든 환경(임선빈, 1997: 124)'을 의미한다. 따라서 교수–학습 과정도 목표, 방법, 설계가 따로 구분되어 있는 것이 아니라 수업에 관여되는 모든 부분이 서로 영향을 주고받으며 유기적이고 상호보완적 관계를 유지해가는 활동과정이라고 본다. 척랜드

(Checkland, 1981)는 체제이론을 기계 혹은 자연 현상을 대상으로 하는 경성체제이론(hard system theory)과 인간 및 사회 현상을 대상으로 하는 연성체제이론(soft systems theory)으로 구분하여 체제의 개념을 정교화시켰다(나일주, 2007).

경성체제이론

체제이론은 기계 혹은 자연 현상을 대상으로 하는 경성체제이론(hard system theory)과 인간 및 사회 현상을 대상으로 하는 연성체제이론(soft systems theory)으로 구분된다. 경성체제이론의 핵심은 "현재 상태에서 미래의 바람직한 상태에 도달하기 위해 가장 효율적이고 효과적인 대안을 선정" 하는 데 있다(Checkland, 1981; 139, 유영만, 1994 재인용). 경성체제이론에서의 방법적인 핵심은 복잡한 체제 속에 있는 문제상황에서 사전에 제기된 목표를 효율적, 효과적으로 달성하기 위한 최적의 수단을 탐색, 선정, 실행, 평가하는 데 있다. 그러나 모든 문제가 분명하게 구조화되거나 명료하게 드러나지는 않는다. 특히 교육현상은 더욱 복잡하고 비구조화되어 있기에 효과적인 목표로 교수-학습과정을 설계하는 것은 어려웠다. 이러한 경성체제이론의 한계, 즉 복잡성과 다원주의에 대한 대안으로 연성체제이론이 발전하였다.

연성체제이론

연성체제이론은 정치, 경제, 교육과 같은 인간 및 사회현상과 같은 현상을 다룬다. 연성체제이론에서는 어떠한 사물 또는 현상에 대해 객관적인 체제를 제시하지 않고 이러한 현상을 인식하는 주체의 인지체제에 의해 주관적으로 구성되는 관점을 강조한다. 보는 시각에 따라 의미가 다르게 해석될 수 있기 때문에 특정 문제를 해결하기보다는 다양한 관점으로 서로를 이해하고 의미 있는 활동을 실천하는 데 궁극적인 목적이 있다. 교수-학습과정에서도 특정 문제를 해결하는 데 목적을 두기보다는 학습자들의 상호작용을 통해 학습 활동을 촉진시키는 과정을 강조한다. 즉, 문제와 관련된 전체 요소들을 파악하여 투입, 과정, 결과, 피드백 차원에서 문제를 해결하려는 시도를 중시한다.

이판사판 질문하기

Q. 이걸 다 외워야 해요?

A. 어휴, 책을 쓴 사람한테 그런 걸 물으면 어떡해요? (크크) 일단 제 대답은 임용고사나 중간, 기말고사 등 시험을 보셔야 할 분은 외우는 게 좋아요. 안 그런 분들은 필요할 때마다 찾아보면 되니까 외우지 마시구요. 하지만 이런 이론들이 있다는 것은 기억하셔야겠죠? 그래야 찾아볼 수가 있으니까요. 외우는 것을 흔히 암기라고 하는데 암기와 기억이 뭐가 다르죠? 「우리는 어떻게 생각하는가」와 「클루지」라는 책을 보면 둘 다 뇌과학에 기반하여 생각과 창의성에 대한 통찰을 주는데요. 결론은 창의성이란 생각의 재조합이라는 겁니다. 생각이 어떻게 나죠? 내가 가지고 있는 기억에 기반해서 어떤 목적을 달성하기 위해 떠오르는 것이죠. 즉, 가지고 있는 재료가 있어야 뭔가가 나온다는 겁니다. 기억에 없으면 없는 거예요. 그러니 중요한 것은 꼭 기억하세요!

43:27 / 97:30

참고문헌

- 권성호(2002). **교육공학의 탐구**. 서울: 양서원.
- 김종량(1991). **교육공학: 수업공학의 이론과 실제**. 서울: 문음사.
- 김현주(2015). 리더의 커뮤니케이션 유형이 조직원의 동기부여와 조직몰입에 미치는 영향. 명지대학교. 석사학위.
- 나일주(2007). **교육공학 관련 이론**. 서울: 교육과학사.
- 유영만(1994). 수업체제설계의 연구동향과 발전방향: 패러다임 전환과 이론적 실천에의 시사점 논의를 중심으로. **교육공학연구, 101**(1), 3-43.
- 임선빈(1997). 수업체제설계이론의 연구동향 및 발전과제, **교육연구**, 117-147.
- 조규락, 김선연(2006). **교육방법 및 교육공학**. 서울: 학지사.
- 한국교육공학회(2016). **교육공학탐구**. 서울: 박영사.
- 한정선, 김영수, 주영주, 강명희, 조일현, 이정민(2011). **21세기 교사를 위한 교육방법 및 교육공학**. 파주: 교육과학사.
- 위키피디아(2018). https://en.wikipedia.org/wiki/Communication
- Shannon. C. E. (1948). A Mathematical Theory of Communication. *The Bell System Technical Journal*, 27, 379-423, Retrieved from http://math.harvard.edu/~ctm/home/text/others/shannon/entropy/entropy.pdf
- Siemens, G. (2002). Instructional design in e-learning. Retrieved from http://cvonline.uaeh.edu.mx/Cursos/Maestria/MTE/disenio_de_prog_de_amb_de_apren/Unidad%20III/Instructional_Design_in_Elearning.pdf
- Merrill, M. D., Drake, L., Lacy, M. J., Pratt, J. (1996). Reclaiming instructional design, *Educational Technology*. 36 (5),5-7. Retrieved from http://mdavidmerrill.com/Papers/Reclaiming.PDF
- Robert. T. C. (1999). Communication Theory as a Field. Communication Theory. 9 (2), 119-161. Retrieved from http://people.unica.it/ernestinagiudici/files/2014/03/CRAIG-COMMUNICATION-THEORY-AS-A-FIELD.pdf
- Chen, Q. L., Wei, C. S., Huang, C. S., M. Y., Wei, C. C. (2013) A model for project communication medium evaluation and selection. *Concurrent Engineering*, 21(4), 237-251.
- Hollnagel, E., & Woods, D.D.(2005). *Joint Cognitive Systems: Foundations of Cognitive Systems Engineering*. Boca Raton, FL: Taylor & Francis.

04 교수설계 모형

교수설계과정은 특정 프로그램이 개발되고 실행되는 상황에 따라 다르게 나타나지만 일반적으로 분석(analysis), 설계(design), 개발(development), 실행(implementation), 평가(evaluation)의 순서로 이루어진다. 각 과정의 앞 글자를 따라 ADDIE 모형으로도 소개된다. 이 외에도 여러 가지 교수설계 모형이 있지만 이 장에서는 거시 설계모형으로 알려진 딕과 케리(Dick & Carey)와 롸이겔루스(Reigeluth)의 모형과 미시 설계로 알려진 가네와 브릭스(Gagné & Briggs), 켈러(Keller)의 모형, 그리고 래피드 프로토타이핑(Rapid Prototyping) 모형을 살펴보고자 한다.

1절 ADDIE 모형

애디(ADDIE) 모형은 대부분의 교수설계 모형에서 공통적으로 나타나는 영역으로 어느 한 학자에 의해 고안된 모형이 아니라 오랜 기간에 걸쳐 정립된 모형이다. ADDIE 모형은 분석, 설계, 개발, 실행, 평가의 5단계로 구성되며 각 단계는 선형적 또는 순환적으로 이루어지기도 한다.

그림 4-1 ADDIE 모형

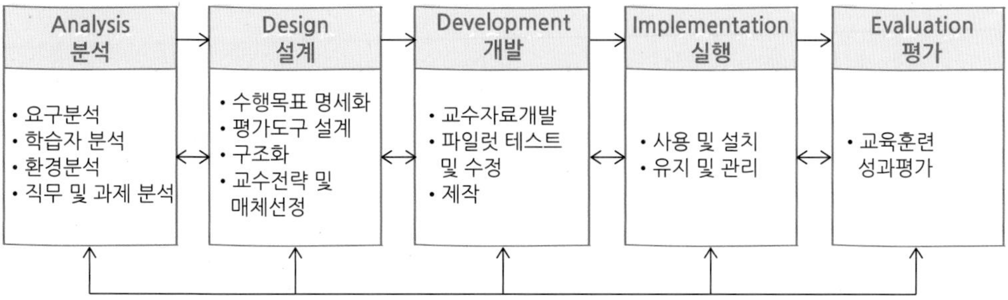

분석(Analysis)

분석 단계에서는 학습과 관련된 요인들을 분석하여 교수 설계에 필요한 기초 자료를 수집한다. 분석에는 요구분석, 학습자분석, 환경분석, 직무 및 과제분석이 포함된다. 학습자가 누구인지 어느 수준인지를 파악하고, 학습자가 필요로 하는 것이나 기대하는 것이 무엇인지를 파악하는 것이 학습자 요구 분석이다. 또한 교육 실제에 사용할 수 있는 물적 자원과 학습 공간의 물리적 환경을 분석하고 교수자가 목표 달성을 위해 제시할 지식, 기능 등의 과제를 파악하고 분석한다.

설계(Design)

설계 단계는 분석 과정에서 나온 산출물을 가지고 수업목표를 설정하고 구체적인 전략을 수립하는 단계이다. 수행목표를 구체화하고, 수행목표를 바탕으로 평가도구를 설계하며, 수행목표와 학습내용을 조직화하고 계열화한다. 이때 학습 활동을 촉진시킬 수 있는 교수매체를 선정하는 방법, 교수 전략 등이 고안되어야 한다. 또한 이 단계에서는 교수설계안이 만들어져 프로그램이 실행되는 전체 모습을 볼 수 있기도 하다.

개발(Development)

개발 단계는 설계 과정에서 나온 교수설계안을 가지고 교수자료를 제작하는 단계이다. 개발 과정에서 나오는 교수자료 초안(draft prototype)을 개발하여 파일럿테스트를 실시한다. 그리고 그 결과를 바탕으로 프로그램을 수정한 후 마지막으로 최종 산출물을 제작하는 것이 일반적이다.

실행(Implement)

이 단계에서는 개발된 프로그램을 실제 현장에 사용하고 이를 교육과정에 반영하여 계속 유지하고 관리하는 활동이 포함된다.

평가(Evaluation)

이 단계는 실행과정에서의 모든 결과를 평가하는 단계이다. 개발된 교수학습 자료와 프로그램, 교수매체의 적합성과 효율성 그리고 이 과정을 지속하게 될지의 지속성 여부 등을 평가한다.

표 4-1 ADDIE 모형의 과정과 산출물

단계	과제	세부 내용	산출물
분석	학습 내용을 정의하는 과정	요구, 학습자, 환경, 직무 및 과제분석	요구, 교육목적, 제한점, 학습과제
설계	교수방법을 구체화하는 과정	수행목표 진술, 평가 도구 설계, 조직화와 계열화, 교수 전략 및 매체 선정	수행목표, 교수전략 등을 포함한 설계 명세서
개발	교수자료를 만들어 내는 과정	교수자료 개발, 형성 평가 및 수정, 제작	완성된 프로그램
실행	프로그램을 실제의 상황에 설치하는 과정	프로그램의 사용, 설치, 유지 및 관리	실행된 프로그램
평가	프로그램의 적절성을 결정하는 과정	총괄 평가	프로그램의 가치 및 평가보고서

출처: 박성익 외(2011; 118).

2절 딕과 캐리(Dick & Carey) 모형

딕과 캐리 모형은 교수체제설계의 기본적 관점을 가장 충실하게 반영하고 있다. 교수 설계, 개발, 실행, 평가 과정이 절차적으로 이루어진 모형으로 각 단계들 간의 관련성에 초점을 맞추고 있다. 각 단계는 하나의 통합된 체제 속에서 공동의 목적을 달성하기 위해 교수 과정이 절차적으로 구성되어 있다(박성익 외, 2011). 또한 이 모형은 교수설계자가 이용하기 쉽게 10단계로 구분하여 각 단계마다 설계해야 할 내용과 방법을 실질적으로 제시하여 설명하고 있다. ADDIE모형과 비교하였을 때 실행 단계가 생략되었는데 이는 교수자의 입장보다는 교수설계자 입장에서 프로그램이 개발된 것이기 때문이다. 이 모형은 어떤 과정으로 진행되어야 하는지 절차는 명료하게 제시되지만 그 과정을 어떻게 수행할지에 대한 상세한 지침은 없다는 한계점을 가지고 있다.

그림 4-2 딕과 캐리의 모형

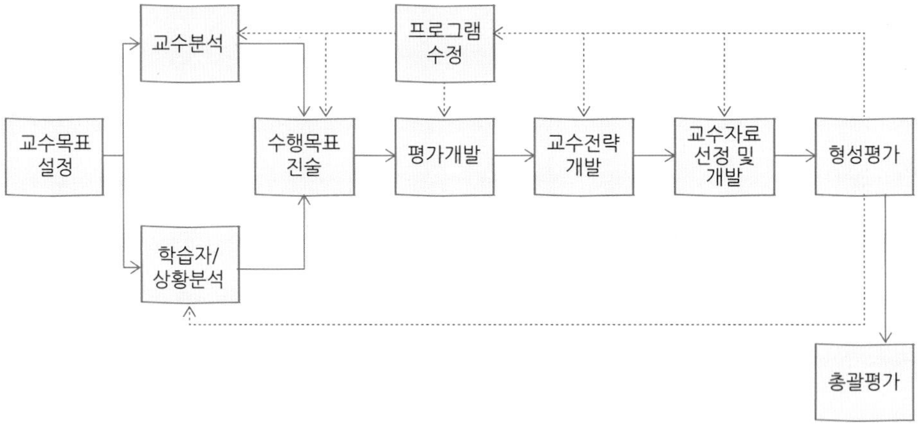

교수목표 설정

이 단계는 교수목표를 도출하는 단계이다. 학습자들이 무엇을 배우고 싶어 하는지, 무엇을 하고 싶은지를 규명하는 단계이다. 학습자의 요구분석이나 교육과정 분석을 통해 파악되고 설정된다.

교수분석

최종 교수 목표가 정해진 후에는 그 목표를 성공적으로 달성하기 위해 학습자가 배워야 할 기술, 지식 및 절차 등이 분석되고 결정된다. 구체적으로 학습자가 배울 것이 무엇인지, 어떻게 그 목표에 도달할 수 있을지 등 학습을 하는데 필요한 학습 절차 등이 결정되는 단계이다.

학습자 및 상황 분석

교수 목적의 분석과 더불어 학습자의 특성과 학습 상황을 분석하게 된다. 수업 상황에서 특정 수업을 진행하기 위해서는 학습자의 현재 지식, 선호하는 경향 및 태도, 학습 동기, 수업 상황의 특성 등을 분석해야 한다. 이 정보들은 교수 전략에 연계되어 후속 단계에도 영향을 미칠 수 있다.

수행목표의 진술

수업이 종결될 때 학습자가 무엇을 할 수 있는지, 구체적으로 수행목표를 작성하는 것이다. 일반적으로 수행목표 진술에는 학습될 성취 행동, 성공적인 수행 준거, 수행이 이루어질 수 있는 조건 등이 포함되어야 한다. 때문에 관찰 가능하고 간단명료하고 구체적으로 기술되는 것이 좋다.

준거지향 평가개발

교수목표에 학습자가 도달했는지를 확인하는 성취도 측정 도구를 개발하는 단계이다. 이 때 문항에서 측정하는 것과 목표에서 작성한 성취 행동은 일치해야 한다. 딕과 캐리 모형에서 평가개발 단계는 다른 모형에 비해 상대적으로 앞부분에 제시되었다고 볼 수 있다. 이는 가능한 빨리 평가 결과를 도출하여 다음 단계에서 진행되는 교수전략이나 교수자료 개발에 적용하려는 의도로 해석된다.

교수전략 개발

앞서 분석한 단계의 정보를 근거로 최종 목표를 달성하기 위해 교수전략을 개발하는 단계이다. 이 단계에는 수업전달 방법과 절차, 교수매체의 활용 전략에 대한 계획 등이 포함된다. 교수전략 개발에는 학습에 관한 연구 결과와 학습과정에 대한 학습자의 지식 상태, 그리고 학습자의 특성 등도 고려되어야 한다.

교수자료 선정 및 개발

교수전략에 따라 교수프로그램을 실제로 만드는 단계이며, 수업활동에 활용될 모든 자료를 개발하고 선정하는 단계이다. 교수자료는 학습자용 지침서, 교사용 지도서, 수업활동에 활용한 자료, 평가자료 등이 포함된다. 각종 교수자료는 학습 목표와 내용, 학습자의 특성을 고려하여 개발 및 선정된다.

형성평가

개발 완료된 프로그램은 형성평가를 통해 분석, 검토되어 이후 수정, 보완되게 된다. 형성평가에는 학습자 일대일평가, 소집단 평가, 현장 평가가 있다. 형성평가의 목적은 개발된 프로그램의 수정, 보완이라고 할 수 있다.

프로그램 수정

이 단계는 형성평가 결과에 의해 학습 목표를 달성하는 데 있어 어떤 어려움이 있는지를 확인하고 수정하는 단계이다. 또한 학습자의 특성, 학습 목표, 평가문항, 교수전략 등 앞서 이루어졌던 단계들을 통합적으로 검토한 후 더욱 효과적인 프로그램을 만들도록 수정, 보완하는 단계이다.

총괄평가

최종 개발된 프로그램의 효과를 검증하는 단계로, 형성평가 이후 충분한 수정, 보완 작업을 거쳐 실제 학생을 대상으로 실행된 결과를 바탕으로 실시된다. 총괄평가는 교수설계자나 그 구성원들 이외의 다른 전문가 집단에 의해 평가될 수도 있다. 이 결과에 따라 프로그램의 지속 여부가 결정되기도 한다.

3절 롸이겔루스(Reigeluth)의 정교화이론

롸이겔루스의 정교화이론(Elaboration theory of instruction)은 수업의 전체 윤곽을 제시하고 점차 구체화, 세부화 시키며 이미 제시된 내용을 정교화 하는 이론이다. 이 과정은 마치 카메라의 줌렌즈와 같은 원리로 사물의 전체적인 모습과 세부적인 모습을 반복적으로 관찰하듯이 이루어진다. 전체 상황의 검토를 위해 줌 아웃(Zoom out)하여 보기도 하고, 부분을 확대(Zoom in)하여 보기도 한다. 이러한 반복 과정을 거쳐 전체 개요와 하위 관계 그리고 각 단계를 이해한다. 또한 세부적인 하위 부분은 그 복잡함이나 난이도 수준에 따라 학습한다.

정교화이론은 다양한 연구와 이론에 바탕을 두고 있다. 예를 들어, 전체적 개요인 수업의 정수(epitome), 정교화 과정을 강조하는 교수 원리, 그리고 가네(Gagné)의 선수능력, 학습위계 개념 등이 반영되어 있다(신혜경 외, 1994). 정수(epitome)는 수업 내용을 대표하는 일반적이고 간단하면서도 구체적인 아이디어나 원리를 의미하는데 이 일반적인 개념에는 여러 하위 아이디어나 원리가 포함되어 있다(권성호, 2002). 정교화 과정은 기초적인 것부터 시작하여 구체화되고 복잡한 수준으로 옮겨감을 의미하는데 이러한 교수원리는 오스벨(Ausubel)의 선행조직자, 브루너(Bruner)의 나선형 교육과정, 노만(Norman)의 웹학습(Web learning)의 개념에서도 확인 가능하다.

정교화이론을 적용한 수업 설계는 먼저 정수를 제공하고, 정수의 조직된 내용을 정교화 하여 제시한다. 그리고 정교화된 수업은 다시 또 정교화하여 교수 목표에 도달할 수 있을 때까지 계속된다. 이러한 교수–학습 과정의 설계에는 아래 전략들이 활용될 수 있다.

정교화된 계열

이 전략은 일반적인 내용에서 세부적인 내용으로, 추상적인 내용에서 구체적인 내용으로, 단순한 내용에서 복잡한 내용으로 구성된다. 가네의 학습위계 개념이 하위에서 상위로 위계의 전개가 이루어지는 방식이라면, 정교화이론은 간단한 것에서 시작하여 복잡한 것으로 전개되어야 함을 강조한다.

선수학습능력의 계열화

새로운 정보를 학습하기 이전에 반드시 학습해야 할 부분을 제시하는 것으로 학습내용을 순차적으로 구성하는 것을 의미한다. 이를 위해서는 각 내용들 간의 상호 관계를 파악하는 것이 필요하다.

요약자

학습자가 학습한 것을 망각하지 않도록 이미 학습한 것을 다시 검토하고 복습할 수 있도록 하는 전략이다. 요약자는 그 위치와 요약 범위에 따라 두 가지가 있다. 첫째, 내부 요약자는 각 수업 뒤에 제시되어 수업 중 가르쳤던 내용을 요약해준다. 둘째, 단원 요약자는 여러 수업을 포함하는 전체 단원에서 가르쳤던 내용을 요약한다.

종합자

종합자는 새롭게 학습할 내용이 기존의 지식과 어떤 관계를 갖고 있는지 이해하거나 각 요소를 통합하여 좀 더 의미 있게 전체를 설계하도록 돕는다. 즉, 종합자의 내용 자체로도 가치 있는 지식이지만 기존 내용과의 비교나 연계를 통해 더 깊이 있는 이해를 도와준다.

비유

새롭게 학습할 내용을 학습자에게 친숙한 요소와 관련짓게 하는 전략이다. 새로운 정보가 어렵거나 학습자에게 특별한 의미가 없을 경우, 친숙하고 유사성 있는 부분과 연결 지어 이해할 수 있도록 도와준다.

인지전략 활성자

학습하는 과정을 도와주는 전략으로 이미지를 만들거나 비유 등을 생각하여 제시할 수 있다. 그림, 다이어그램, 암기법 등과 같이 학습자가 인지적으로 학습 자료를 처리할 때 무의식적으로 이 전략을 사용할 수 있도록 제시할 수 있다.

학습자 통제

교수자는 학습자에게 가장 흥미 있는 학습내용을 선택하게 하며, 앞서 제시한 요약자, 종합자, 비유 등을 통해 학습자가 스스로 학습전략을 선택하고 계열화 할 수 있도록 해줄 수 있다. 이는 학습자가 학습내용과 전략을 선택하고 계열화 할 수 있을 때 학습이 더 잘 일어난다는 이론에 근거한다.

4절 가네와 브릭스(Gagné, & Briggs)의 아홉 가지 교수사태

앞서 제시된 거시적 교수설계모형은 전반적인 설계과정을 제시함으로써 단위 수업에 적용하기는 어려웠다. 따라서 가네는 행동주의와 인지주의 학습이론을 기반으로 학습자의 학습 성과물과 행동을 중심으로 체제적인 교수설계를 제시하였다. 즉, 가네는 학습된 결과 그 자체는 관찰할 수 없기 때문에 학습자의 관찰 가능한 행동(언어정보, 지적기능, 인지전략, 태도, 운동기능)을 통해 추론할 수 있다고 보았다.

가네와 브릭스는 교수설계란 학습 조건이 만족될 때 의도한 결과가 이루어진다고 보았기 때문에 교수를 학습자의 학습 조건을 돕기 위해 설계된 일련의 사태로 정의하였다. 가네와 브릭스의 모형은 아홉 가지 교수사태로 제시되는데, 단위 수업을 설계하는데 적용될 수 있는 모형으로 유용하다. 그러나 이 아홉 가지 교수사태가 모든 수업 과정에 반드시 포함되는 필수조건은 아니다. 학습자의 특성이나 학습 맥락에 따라 일부 교수사태가 생략될 수 있으며 그 순서 역시 변경이 가능하다. 그럼에도 불구하고 이 아홉 가지 교수사태는 어느 정도 순차적으로 일어날 수 있기 때문에 이를 교수설계 단계라고 볼 수 있다.

주의 획득하기

이 단계는 학습 활동의 출발점으로 학습자의 관심과 주의를 끄는 일이 강조된다. 학습자의 흥미를 끌거나 교수매체의 형태 또는 제시 방법을 바꾸는 등의 방안을 통해 학습자의 관심이나 주의를 이끌 수 있다.

학습 목표 제시하기

학습 목표를 제시하는 것은 프로그램 또는 수업이 종결된 후 학습자가 자신이 학습한 것이 무엇이 될 것인지를 알려줌으로써 학습자의 기대를 높여주고 스스로 목표성취를 위한 계획을 수립할 수 있는 방향을 제시해 준다. 때문에 학습 목표는 가능한 구체적이고 명료하게 제시해주는 것이 필요하다.

선수학습요소의 회상 자극하기

선수학습요소는 학습자가 새로운 학습내용을 습득하는데 필요한 사전지식이나 기능을 의미한다. 즉, 새롭게 등장한 학습내용과 이전에 학습한 내용을 연계할 수 있도록 회상시키는 작업이라고 할 수 있다. 교수자는 학습자가 선수학습내용을 회상할 수 있도록 자료를 제공하거나 자극을 촉진하는 역할을 해야 하며 만일 선수학습이 미비하다면 교정학습을 제공할 필요가 있다.

자극자료 제시하기

이 단계는 교수목표와 관련된 교과학습 내용을 전달하는 자극자료를 제시하는 단계이다. 이 때 자극자료는 학습자의 정보처리능력, 수준, 과제의 양 등을 고려하여 제시될 수 있다.

학습안내 제공하기

반드시 알아야 할 핵심적인 원리 또는 개념 등을 안내함으로써 학습자가 학습 목표를 달성할 수 있도록 돕는다. 교수자는 학습자가 학습내용을 수행하도록 안내하기 위하여 효과적인 전략을 미리 계획하여 제공할 수 있어야 한다.

수행 유도하기

학습내용에 대한 지도 이후 특정 내용에 대한 학습자의 인지 숙지가 되었다면 해당 내용에 대한 실행 또는 표현 욕구가 생기게 된다. 이러한 학습자의 실행 욕구를 충족시켜줄 수 있도록 교수자는 학습자에게 질문을 하여 반응을 유도하거나 실습을 제공하는 등의 학습자의 수행을 이끌어 주는 전략을 제시할 필요가 있다.

그림 4-3 학습단계와 교수사태

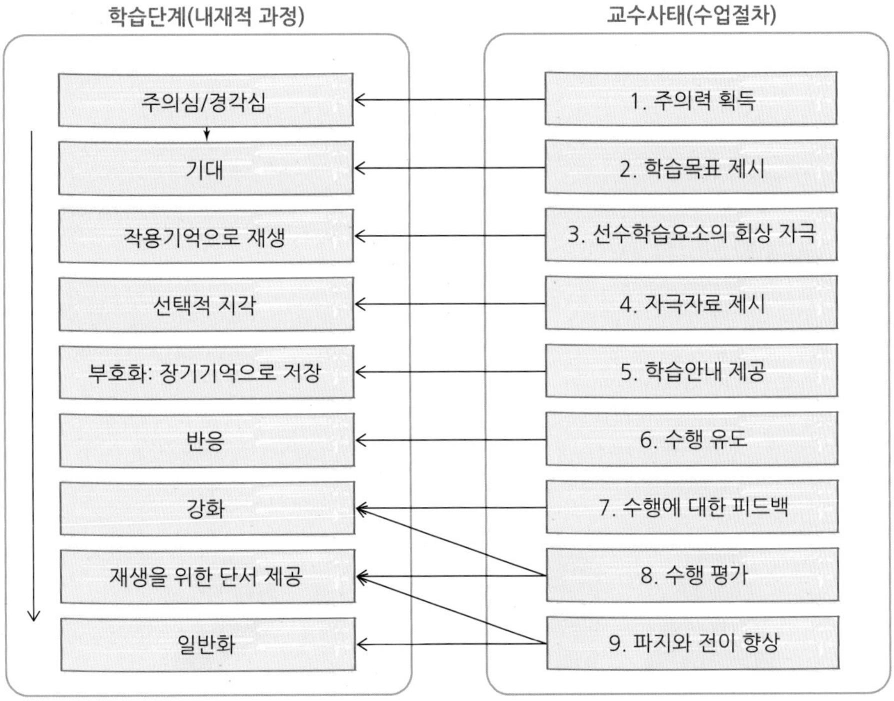

출처: 이화여자대학교 교육공학(2006; 123).

수행에 대한 피드백 제공하기

학습자의 수행에 대한 정확성 여부를 알려주는 단계로 교수자는 수행의 문제가 무엇인지, 개선할 부분이 무엇인지 등의 피드백을 줄 수 있다.

수행 평가하기

피드백을 제공한 뒤 확인 및 교정이 끝났다면 수행을 평가하는 단계가 필요하다. 이 단계는 학습자가 설정한 학습 목표의 달성 여부를 확인하는 단계로 학습내용에 대한 평가가 이루어진다.

파지 및 전이 향상시키기

파지란 학습한 내용을 기억하는 것이고, 전이는 학습한 내용을 다른 상황에 적용하는 것을 의미한다. 파지와 전이가 효과적으로 일어나기 위해서는 복습이 필요하다.

5절 켈러(Keller)의 ARCS 모형

캘러의 ARCS 모형은 교수–학습 상황에서 학습자의 동기를 유발하고 유지시키기 위해 제안된 동기 설계모형이다. ARCS란 주의집중(Attention), 관련성(Relevance), 자신감(Confidence), 만족감(Satisfaction)의 첫 글자를 따서 만든 약어이다.

A 주의집중

교수-학습 상황에서는 학습자가 학습 자극에 흥미를 갖고 주의를 기울일 수 있어야 한다. 학습 동기를 유발하기 위한 방안에는 지각적인 주의 환기, 탐구적인 주의 환기, 그리고 다양성이 있다. 지각적인 주의 환기에는 학습자의 관심을 끌기 위한 방안으로 시각적인 자극을 주거나 비일상적인 내용이나 사건을 제시하는 방법이 있다. 탐구적 주의 환기는 학습자의 호기심을 자극하여 학습자의 능동적인 반응을 유도하는 방식이 해당된다. 다양성은 학습자들의 주의를 지속적으로 유지시키기 위한 방안으로 다양한 교수매체를 사용하여 학습자의 관심을 끄는 것도 하나의 방법이다.

R 관련성

관련성이란 학습자의 필요와 목적에 관한 것이다. 즉, 학습내용과 학습자의 흥미와 목적을 연결시킬 수 있어야 학습은 더 의미 있고 가치 있게 된다. 이를 높이기 위해서는 친밀성, 목적지향성, 필요 또는 동기와의 부합성 등을 강조하는 방법이 있다.

C 자신감

학습자의 동기유발 또는 동기를 유지하기 위해서는 학습자가 학습에 대한 재미와 필요성을 느끼는 동시에 노력에 따라 성공할 수 있다는 자신감을 갖는 것이 필요하다. 자신감을 높이기 위해서는 전략적으로 쉬운 과제를 제시하여 성공의 기회를 높여주거나 성공에 대한 긍정적인 기대감을 심어주는 방안을 제시하는 방법이 있다.

S 만족감

만족감은 학습자가 느끼는 일종의 포만감 같은 개인적인 느낌으로 학습자가 학습 결과에 대해 만족한다면 학습동기가 계속 유지될 수 있다. 만족감을 높이는 방법으로는 외재적 보상, 내재적 강화, 그리고 공정성을 들 수 있다.

ARCS의 하위 개념과 관련 질문들을 정리하면 다음과 같다.

표 4-2 ARCS의 하위개념과 관련 질문들

구성요소	하위개념	관련 질문
주의집중 (Attention)	지각적 각성	흥미를 끌기 위해 무엇을 할 수 있을까?
	탐구적 각성	탐구하는 태도를 어떻게 유발할까?
	변화성	그들의 주의 집중을 어떻게 지속시킬 수 있을까?
관련성 (Relevance)	목적 지향성	학습자의 요구를 어떻게 최적으로 충족시켜 줄 수 있을까? (교수자는 학습자의 요구를 아는가?)
	모티브 일치	수업을 학습자의 학습양식과 개인적 흥미에 언제, 어떻게 연결시킬까?
	친밀성	수업과 학습자의 경험을 어떻게 연결시킬까?
자신감 (Confidence)	학습요건	성공에 대한 긍정적 기대감을 어떻게 키워줄 수 있을까?
	성공기회	자신의 역량에 대한 믿음을 향상시킬 수 있는 학습경험을 어떻게 제공할까?
	개인적 통제	학습자가 자신의 성공이 스스로의 노력과 능력에 의한 것이라고 어떻게 알 수 있을까?
만족감 (Satisfaction)	내재적 강화	학습경험에 대한 학습자들의 내재적 즐거움을 어떻게 격려하고 지원할까?
	외재적 보상	학습자의 성공에 대한 보상으로 무엇을 제공할까?
	공정성	공정성 처리에 대한 학습자들의 지각을 어떻게 만들어줄까?

출처: 조규락, 김선연(2006; 192) .

6절 래피드 프로토타이핑 모형

교수설계를 위한 래피드 프로토타이핑 모형(RPISD: Rapid Prototyping Metho-dology to ISD)은 기업교육 프로그램을 개발하는 상황에서 전통적인 교수체제설계모형이 갖는 한계점을 보완하기 위해 고안되었다. 기존의 전통적 모형은 일련의 순차적 단계에 따라 하나가 투입되면 일정 과정을 거쳐 그 결과가 나타나고 그것이 다시 다음 단계에 투입되는 체계적 절차로 이루어진다. 그러나 실제 교수체제설계 활동이 이러한 절차대로 이루어지기란 쉽지 않다. 그리고 대개의 경우, 설계 과정의 초기에 교수설계의 의뢰인과 사용자를 포함한 이해 관계자들의 실질적인 의견이 반영되지 않았으며 기대하였던 결과가 산출되지 않는 점 등의 한계가 나타났다(임철일, 연은경, 2015).

래피드 프로토타이핑: 쾌속 원형개발

프로토타이핑이란 프로토타입을 개발하는 일이다. 다시 말하면, 최종 산출물의 핵심적인 요소를 통합하여 실행 가능한 형태, 즉 원형(prototype)을 만드는 것을 의미한다(임철일, 연은경, 2006). 이 원형 개발이 전통적인 모형에서는 최종 결과물이었지만 래피드 프로토타이핑 모형에서는 초기에 설계 원형을 개발하고 이 설계에 대해 사용자나 이해 관계자들이 의견을 반영하여 반복적으로 수정한다는 의미에서 '래피드 프로토타이핑'이라고 칭해진다. 굳이 번역하자면 '쾌속 원형개발'이라고 할 수 있다.

이 모형은 존스와 리치(Jones & Richey, 2000)의 래피드 프로토타입 개발 방법론에 기반한다. 존스와 리치의 모형을 보면 [그림 4-4]와 같이 교수설계 과정이 분석, 설계, 개발, 실행, 평가의 순서대로 이루어지지 않고 각 단계가 동시적으로 진행된다. 예를 들어, 분석 과정은 초기 분석 단계에서만 이루어지는 것이 아니라 개발 단계 또는 설계 단계에서도 이루어지기 때문에 분석은 설계와 개발 단계에서 동시에 진행되기도 한다. 또한 학습내용을 과제 수준에서 확인하는 분석 단계의 활동은 초기에만 이루어지고 종료되는 것이 아니라 프로토타입 단계 또는 설계 단계에서도 지속적으로 이루어질 수 있다. 단계가 진행되는 동안 의뢰인 및 사용자는 설계 과정에 계속적으로 참여하며 각 단계에서 이들의 의사가 반영될 수 있다.

그림 4-4 존스와 리치(2000)의 래피드 프로토타입 개발 방법론 모형

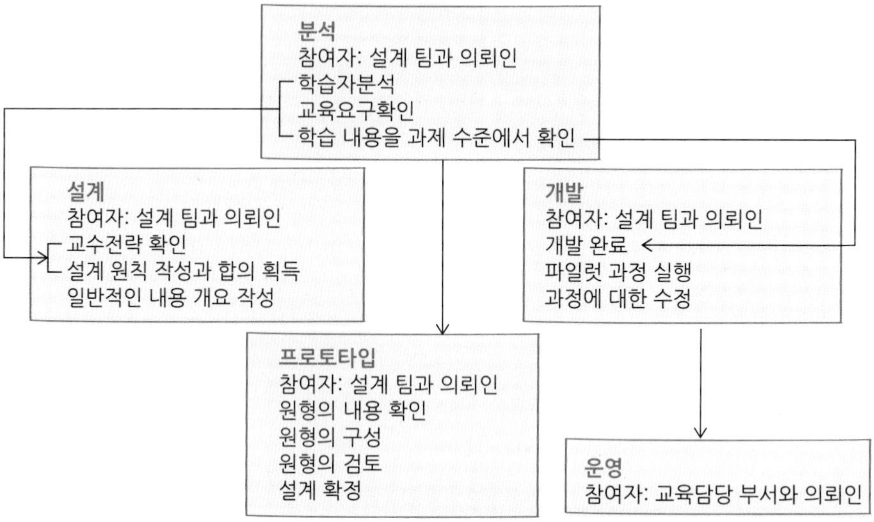

출처: 임철일, 연은경(2015; 21) 재인용.

기업교육 프로그램 개발에서의 RPISD

국내의 경우 RPISD는 기업교육 프로그램 개발의 교수설계모형으로 소개된 후 다양한 상황에서 적용 가능한 교수체제 설계모형으로 발전하고 있다. 예를 들어, 임철일, 연은경(2006)은 국내 사례를 적용하여 기업 교육 프로그램에 적용 가능한 래피드 프로토타입 모형을 개발하였다. 이 모형은 기존의 모형보다 좀 더 구체적으로 단계가 제시되었다. [그림 4-5]를 살펴보면, 기존 모형에서와 같이 분석, 설계, 개발, 실행, 평가의 단계를 다루지만 각 단계의 과정은 반복적으로 진행되도록 쌍방향으로 화살표가 표시되어 있다.

먼저 프로젝트 착수 회의를 통해 프로젝트의 범위가 결정되고 의뢰인의 역할이 결정되면 요구분석과 초기 학습과제 분석이 진행된다. 분석의 결과는 설계 과정에 영향을 미치며 이러한 설계 작업은 사용성 평가와 요구분석이 반복적으로 이루어지면서 발전된다. 설계를 거친 프로그램에서 사용성 평가를 통해 부족한 부분은 다시 분

그림 4-5 수정된 래피드 프로토타입 모형

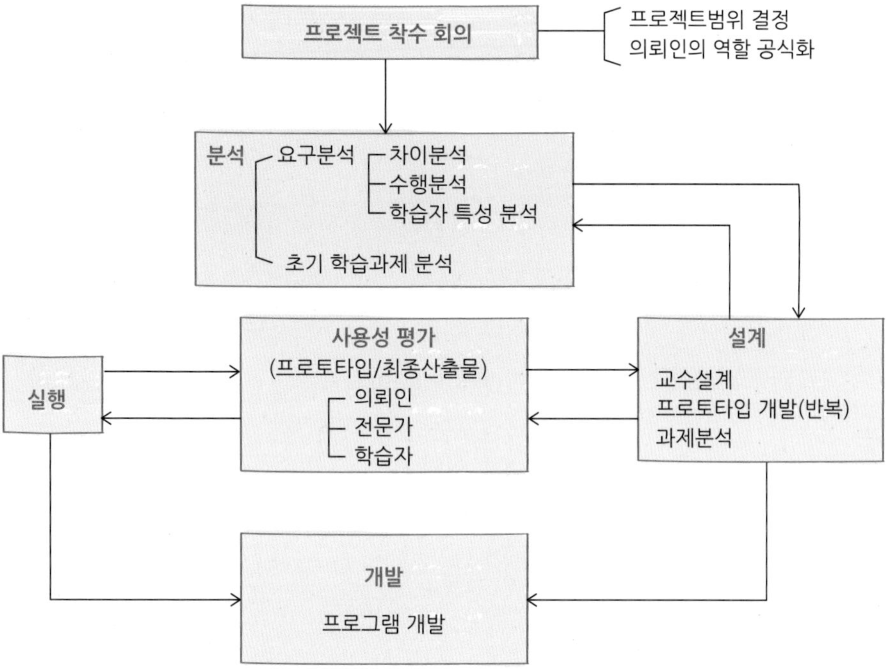

출처: 임철일, 연은경(2006; 46).

석과 설계 작업을 통해 보완하여 전체 프로그램의 완성도를 높여간다. 반복적으로 시행되는 사용성 평가와 의뢰인 및 사용자의 의견 개진은 원형 개발에 반영된다. 따라서 최종 산출물이 완성될수록 수정에 필요한 시간은 점차 줄어들고 프로그램에 대한 의뢰자의 만족도는 높아질 수 있다.

래피드 프로토타이핑 교수설계(RPISD)의 특징

RPISD 모형의 특징을 정리하면 다음과 같다.

- 초기 분석 및 설계단계에서 사용성 평가를 실시하고 이를 반영하여 재설계한다.

- 최종 산출물의 형태를 초기 단계에서 의뢰인 및 사용자에게 보여주며 이들의 요구로 교수설계모형은 재설계된다.
- 기존 교수 체제 개발의 '분석, 설계, 개발, 실행, 평가'의 단계는 따르지만 그 안에서 동시적이고 순환적인 단계로 이루어진다.
- 설계 전 과정에서 사용자와 설계자가 상호작용하며 협동하여 프로토콜을 개발하고 반복적으로 수정한다.
- 교수설계모형 개발에 의뢰인 및 사용자의 참여와 의견 개진은 최종 산출물을 도출하는 시간을 단축시킨다.
- 교수설계모형 개발에 의뢰인 및 사용자의 참여와 의견 개진은 최종 산출물의 질과 산출물에 대한 의뢰인의 만족도를 향상시킨다.

이판사판 질문하기

Q. 모형이 왜 이렇게 많아요?

A. 어머나, 그렇게 느껴졌어요? 그렇죠. 복잡한 모형이 많기는 한데… 원래 모형이란 모델 model이잖아요. 이런 모델도 보고 저런 모델도 봐야 자기한테 맞는 걸 고를 수 있죠. 교수-학습 모델도 각기 다른 상황에 적합한 걸 개발하다 보니 여러 모형이 나오게 된거죠. 모두 달라 보이지만 공통점도 있고 그래요. 그러니 각 모형의 차이점과 공통점, 특징을 잘 보면서 공부하는 게 좋을 것 같습니다.

참고문헌

- 박성익, 임철일, 이재경, 최정임(2011). **교육방법의 교육공학적 이해**. 파주: 교육과학사.
- 백영균, 박주성, 한승록, 김정겸, 최명숙, 변호승, 박정환, 강신천, 김보경(2010). **유비쿼 터스 시대의 교육방법 및 교육공학**. 제3판. 서울: 학지사.
- 변영계, 김영환, 손미(2007). **교육방법 및 교육공학**, 제3판. 서울: 학지사.
- 신혜경, 황유리, 김미영, 형경화(1994). Reigeluth의 정교화이론 고찰 및 적용. **연구논총, 26**, 178-202.
- 이병석(1995). 개별화 교수를 위한 학습계열과 학습자 조절에 관한 기초 연구-Reigeluth 정교화 이론을 중심으로. **교육문제연구, 7**, 61-75.
- 임철일, 연은경(2006). 기업교육 프로그램 개발을 위한 사용자 중심의 래피드 프로토타입 방법론에 관한 연구. **기업교육연구, 8**(2), 27-50.
- 임철일, 연은경(2015). **기업교육 프로그램 개발과 교수체제설계**. 파주: 교육과학사.
- 전애란(2013). 체제적 교수설계에 의한 설득 스피치 교육 효과분석. **한국소통학보, 20**, 188-221.
- 조규락, 김선연(2006). **교육방법 및 교육공학**. 서울: 학지사.
- 위키피디아(http://wikipedia.org)
- 한정선, 김영수, 주영주, 강명희, 조일현, 이정민(2011). **21세기 교사를 위한 교육방법 및 교육공학**. 파주: 교육과학사.
- 이화여자대학교 교육공학과(2006). **21세기 교육방법 및 교육공학**. 제7판. 서울: 교육과학사.
- Dick, W. Carey, L. & Carey, J. O. (2009). The systemetic design of instruction. 김동식, 강명희, 설양환 역(2009). **체제적 교수설계**. 서울: 아카데미프레스.
- Reigeluth, C.M. (1992). Elaborating the elaboration theory. *Educational technology research and development*, 40(3), 80-86.

교수–학습 방법 I

이 장에서는 일반적인 교수–학습 상황에서 많이 활용되고 연구되어온 교수–학습 방법에 대해 살펴본다.

1절 강의법

개념 및 특징

강의(Lecture)의 어원은 라틴어 'Lectore', 즉 '소리로 읽다'이다. 강의법은 여러 교수–학습 방법 가운데 가장 오래된 것으로 고대 희랍 시대의 웅변의 한 가지 방법인 모순 반박법에서 발전하여 중세의 대학에서 지식을 전달하기 위해 주로 사용하던 방법이었다. 강의법은 보통 정보를 교사의 구두 언어로 학습자에게 전달하는 형태를 취하는데 아직까지도 일반적인 교육 기관에서 가장 보편적으로 사용되고 있다. 그러나 언어를 통해 지식 및 정보를 일방적으로 전달하는 방법으로는 학습에서의 전이와 파지가 제대로 이루어지지 않는다는 비판을 받기도 했다. 강의법의 주된 목적은 청중들에게 분명한 사실, 아이디어, 개념, 지식 등에 관한 정보를 제공하는 데 있다. 따라서 강의법은 주로 해설이나 설명에 의해 수업이 이루어지고 학습자에게 유의미한 학습과 아울러 기계적 학습이 일어날 수 있음을 인정한다고 볼 수 있다.

강의법의 주요 단계

강의법은 18~19세기에 들어오면서 헤르바르트(Herbart)와 그의 제자들에 의하여 5단계로 체계화 되었고, 5단계는 준비단계, 제시단계, 결합단계, 체계화단계, 적용단계이다. 하지만 현재는 도입단계, 전개단계, 정리단계의 3단계 과정이 가장 전형적인 강의법 절차로 인식되고 있다(권성연 외, 2018).

도입단계

도입단계에서 가장 중요한 것은 학습자의 동기를 유발하고 주의를 끄는 것이다. 교수자는 학습자의 이름을 부르거나, 최근 이슈에 대한 이야기를 통해 공감대를 형성하고 편안한 분위기를 조성한다. 지난 시간에 배운 것을 회상시키기 위해 학습자에게 질문을 하거나, 수업과 관련된 재미있는 일화를 통해 학습할 내용에 대한 호기심을 유발하여 동기화시킬 수 있다. 또한 새로운 시청각 매체를 소개하거나 학습자가 어떤 역할을 하게 될 것이라고 말함으로써 학습자의 호기심을 자극할 수도 있다. 그리고 학습 목표를 제시하여 학습자의 장래 목표나 관심사와 적절히 연결시켜 주의를 끌 수 있다.

전개단계

전개단계에서는 교과내용을 제시한다. 이 단계에서는 학습자들에게 전달해야 하는 주요 핵심부분을 분명히 하여 이를 중점적으로 설명한다. 개념을 제시하고, 다른 개념과의 차이를 분명히 하고, 기존에 알고 있는 개념과 새로운 개념 간의 차이와 유사성 등을 파악하게 함으로써 지식의 결합이 이루어지게 한다. 또한 이전 단계에서 제시되고 결합된 개념들을 분류하고 조직하도록 하여 지식을 체계화할 수 있도록 한다. 그러나 강의는 1인의 교수자가 다수의 학습자들을 대상으로 행하는 것이기 때문에 내용이 조금만 지루하거나 재미가 없으면 주의집중력이 떨어지는 경향이 있다. 따

라서 이 단계에서도 학습자들의 주의집중을 유지시킬 수 있는 방법들을 적용할 필요가 있다. 그 방법들을 살펴보면 다음과 같다.

자극의 다양화

일정한 강도의 음성이나 변화 없는 몸동작보다는 고저 및 완급이 있는 목소리나 약간의 변화가 있는 몸동작이 학습자들의 주의집중을 끄는 데 효과적이다. 목소리와 관련해서 신경 써야 할 부분은 발음의 정확성, 목소리의 크기, 말의 속도, 적절한 억양과 소리의 변화이다. 몸동작과 관련해서는 몸동작이 의도적이고 적절한지, 학습자들에게 골고루 시선을 주고 있는지, 몸동작과 시선의 효과를 극대화하고 있는지 등에 대한 점검이 필요하다.

의사전달방식에 변화

교수자의 목소리와 판서로만 구성된 전달 방식 이외에 슬라이드, 그래프, 사진 등의 시청각 기자재를 동원하는 것이 학습자의 주의집중을 유도하는 데 효과적이다. 그러나 너무 잦은 기자재의 사용은 오히려 주의력을 산만하게 만들 수 있다.

적절한 신체적 활동

교수자가 한 곳에 서서 부동 자세로 강의하는 것보다는 중심에서 약간 변화를 주며 왔다 갔다 하는 것이 더 효과적이다. 학습자는 오랜 시간 한 군데에만 시선을 맞추고 집중하다 보면 쉽게 피로와 졸음을 느끼기도 한다. 그러므로 강의하는 동안 자리를 가끔 옮기거나 학습자들 사이를 지나다니면 이들의 시선을 집중시키는데 도움이 된다.

적절한 유머

적절한 유머는 긴장을 풀어주고 친근감을 갖게 할 뿐만 아니라 주의집중 효과도 크다. 특히 가르치는 내용과 관련될 때는 기억에도 많은 도움이 된다. 그러나 주제와 너무 거리가 먼 내용은 오히려 주의를 산만하게 하는 경우도 있으니 유의해야 한다.

교수자의 열정

교수자가 열심히 준비하여 정열적으로 가르치면 학습자도 강의 내용에 몰두하기 쉽다. 그러나 교수자가 준비도 하지 않고 성의 없이 가르치면 학습자의 주의집중력이 떨어져 학업성취에도 부정적인 영향을 준다.

질문하기

질문은 강조, 검토 또는 복습, 연습, 확인, 기분전환 등의 기능을 수행할 수 있다. 따라서 적절한 때에 질문을 활용할 필요가 있다. 특히 교수자가 강의 중 질문을 하면 학습자는 이를 답하기 위해 긴장하고 주의집중하게 된다.

판서와 필기

중요한 내용을 요약해서 칠판에 정리하면 학습자는 자연히 주의집중을 하게 되고 필기를 하게 된다. 또한 강의를 진행하면서 칠판을 사용하는 것은 의사전달의 효과를 높일 수 있다. 판서는 시각적 효과, 악센트 효과, 브레이크 효과 등을 갖고 있다. 강의가 청각적이라면 판서는 시각적이므로 청각적 효과에 시각적 효과로의 전환을 통해 좀 더 강조하는 악센트 효과를 가진다. 또한 판서를 하는 동안 강의를 잠시 쉬는 브레이크 효과를 가진다.

유인물 배포

강의 중에 그리기 어려운 도표 등을 나누어 주면 학습자는 교수자의 설명에 집중하면서 이를 보게 된다.

정리단계

정리단계에서는 교수자와 학습자의 간단한 질문과 대답을 통해 꼭 알아야 할 것 또는 궁금한 것에 대해 정리한다. 또한 학습자들이 강의 내용을 충분히 학습하였는지를 검증하기 위해 과제를 부여할 수 있다.

강의법의 장·단점

강의법은 교수자 중심의 교수법이기 때문에 학습자가 능동적으로 학습 활동에 참여할 수 없고, 학습자의 주의를 집중시키기 어려우며 학습자로 하여금 수동적인 학습태도를 갖게 한다는 등의 비판을 받고 있다. 그러나 강의법은 여전히 장소와 여건을 불문하고 많은 학습자를 대상으로 교육할 수 있다는 장점이 있다. 강의법의 장·단점을 구체적으로 살펴보면 다음과 같다.

강의법의 장점

- 단시간에 다양한 학습내용을 많은 학습자에게 체계적으로 전달할 수 있다
- 교수자의 설명력이 뛰어날 경우 짧은 시간 내에 학습자의 학습동기를 높이는 것이 가능하며, 특별한 보조자료 없이도 생생한 설명이 가능하다.
- 교수-학습 내용이 복잡하고 난해한 경우 학습 내용을 체계적으로 정리하여 효과적으로 전달할 수 있다.
- 중요한 사항을 강조하거나 선행 학습과의 관계를 명확히 하고 학습 전체를 조망하는 데 유효한 수단이다.
- 학습내용을 학습자의 수준에 맞게 적절하게 조절하여 교수자의 능력범위 내에서 교과서의 내용을 보충, 첨가, 삭제하면서 전달하는 것이 가능하다. 이는 학습자의 동기유발 수단이 될 수 있다.

강의법의 단점

- 학습자의 개성이나 능력을 무시하고 일방적으로 전달하므로 학습에 대한 수동적인 태도를 지니게 하는 결과를 초래하기 쉽다.
- 수업의 질이 교사의 능력과 준비 수준에 절대적으로 영향을 받는다.
- 교수자 주도의 일방적 전달에 치우치기 쉬우므로 학습 활동을 통한 사회화 경험을 기대하기 어렵다.
- 제한된 수업시간과 언어 위주의 설명 때문에 학습자 스스로 문제를 해결하거나 내용을 비판해 볼 기회 등의 고등정신 능력을 개발할 기회가 적다.
- 주의가 산만한 학습자들은 강의를 분석하지 못하거나 강의 내용의 요점을 파악하기 힘든 경우가 많다.

2절 토의법

개념 및 특징

토의법은 문답법을 개선, 발전시킨 것으로 1915년 파커(Parker)에 의해 시작되어 학습현장에 도입되었다(윤광보 외, 2003). 토의란 대화나 회화와는 달리 비교적 다수의 집단이 어떠한 문제를 해결할 때 서로의 의견을 교환함으로써 학습이 이루어지는 방법이다. 교실 상황에서는 주로 교수자–학습자 간 혹은 학습자들 간에 일어나는 상호작용을 통해 문제를 해결해 나가는 학습형태라고 할 수 있다. 이러한 목적 달성을 위해 토의는 일정한 규칙과 단계에 따라 이루어져야 하며, 개방적 의사소통과 협조적 분위기 그리고 구성원들의 민주적 태도가 필요하다.

토의법의 주요 단계

토의 수업은 일반적으로 계획 및 준비, 시작과 진행, 마무리, 사후활동의 4단계로 운영된다. 성공적인 토의수업의 진행을 위해서는 각 단계별로 주의 깊은 계획이 필요하다(이지연, 2008). 1단계 계획 수립에서부터 4단계 사후활동까지 고려해야 할 내용은 다음과 같다.

표 5-1 토의법의 주요 단계

1단계 계획 및 준비	• 토의 목적을 세운다. • 토의 순서나 범위를 결정한다. • 학습자에게 토의수업에 대한 준비를 하게 한다. • 좌석배치, 교실환경 점검 등 물리적 환경을 정비한다. • 토의의 중요성에 대해 학습자가 충분히 인식할 수 있도록 한다. • 논의해야 할 토의 사항들을 정리해 둔다. • 교수자가 관찰해야 할 기본 내용을 정리해 둔다. • 토의 활동에 필요한 모든 정보와 자료를 수집해 둔다.
2단계 시작과 진행	• 토의 목적을 학습자에게 설명한다. • 토의 주제를 학습자에게 제시하거나 브레인스토밍을 통해 주제를 정한다. • 관찰되어야 할 기본 내용들을 학습자에게 알려준다. • 토의될 사항들을 제시한다. • 세부적인 절차에 따라 토의에 참여하게 한다. • 질문을 명확히 하여 토의를 촉진한다. • 토의의 활성화를 위해 다양한 기자재를 활용한다. • 토의에 가능한 한 다양하고 많은 학습자가 참여할 수 있도록 한다. • 토의에서 논의된 중요 사항들을 반드시 기록해둔다. • 토의 과정이 논제에서 벗어나지 않도록 필요에 따라 방향을 조정한다.
3단계 마무리	• 토의에서 논의된 주요 사항들을 종합하고 요약한다. • 토의 과정에서 논의된 것 중 가장 타당한 것을 선택하여 결론을 도출한다. • 초기에 설정해 둔 토의 목적을 어느 정도 달성했는지 평가한다. • 토의 활동 이후 전개할 사후활동들을 계획한다. • 필요한 경우 목적, 결론, 토의내용 등을 기록해 둔다.
4단계 사후활동	• 참가자들에게 토의결과를 요약, 정리하여 배포한다. • 토의활동에 대해 발표할 기회를 제공한다. • 선택된 해결책을 실제로 적용해 본다.

토의법의 유형

토의의 유형은 토의의 목표, 집단의 크기, 학습자의 능력, 활동방식, 시간과 장소 등에 따라 다양하게 구분된다(이신동 외, 2012).

전체 학습 토의

전체 학습 토의는 학급의 전 구성원이 참여하는 방식으로 토의집단이 매우 크다. 학습자 스스로 토의를 이끄는 것이 아니라 교수자가 토의집단의 리더가 되어 토의를 진행할 때 주로 사용된다. 교수자가 토의의 쟁점을 제기하고, 학습자들의 토의를 유발·촉진하며, 토의의 방향이 편중되지 않도록 한다. 학습자들의 다양한 견해를 수용하여 주로 요점들을 요약함으로써 토의의 결론을 내린다.

배심토의(Panel discussion)

배심토의는 패널토의라고도 하며 어느 하나의 문제에 대하여 의견이 대립되거나 다양한 견해가 있을 때 각각의 입장을 대표하는 4~6명의 전문가들이 서로의 입장에서 토의하는 형태이다. 집단 구성원이 많아서 각자의 발언이 어려울 때 토의에 참가하는 대표자들이 단상에서 토의하는 것을 다른 구성원에게 공개하는 방법이다. 배심원, 즉 패널은 각자의 지식이나 정보 등을 서로 교환함으로써 청중들이 그 문제에 대한 깊은 이해와 앞으로의 행동 방향을 여러 각도에서 찾을 수 있도록 도움을 준다. 배심토의는 찬반의 명백한 규명보다는 시사문제나 특정 분야의 전문적인 문제에 대해 서로 다른 의견을 수렴 및 조정하는 수단으로 많이 사용된다. 동시에 청중과 함께 토의하여 어떠한 결론을 맺는 데 활용된다. 청중은 주로 듣기만 하는데 경우에 따라서는 질문이나 발언을 할 수도 있다.

그림 5-1 배심(패널)토의 좌석배치

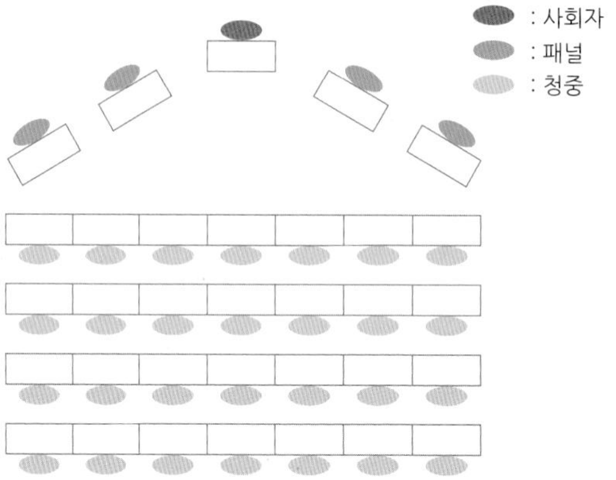

포럼(Forum, 공개토의)

공개토의는 공공의 문제를 청중과 공개적으로 질의 응답하는 형식으로 특별한 주장을 가진 1~3명의 전문가가 10~20분간 청중 앞에서 공개연설을 한 후, 의장의 사회로 발표한 내용을 중심으로 청중과 질의응답을 전개하는 토의형태이다. 이 방법은 패널이나 심포지움과는 달리 청중이 토의에 직접 참여하여 공식적으로 발표한 연설자에게 질의응답을 할 수 있다는 것이 특징이다. 일방적인 의사소통이 아닌 청중의 참여를 중요시하므로 직접적이고 합리적이며, 시사적인 문제를 다룰 때에도 연령, 계층 등에 상관없이 토의를 진행할 수 있다. 다만, 토의 과정에서 청중의 적극적인 참여가 필요하다. 사회자는 연설이나 질의 시간, 발언 횟수를 적절히 조절하고 청중들이 질문할 수 있는 분위기를 조성해야 하며, 연설자는 간결하고 논리적으로 의견을 발표해야 한다.

그림 5-2 포럼(공개토의)의 좌석배치

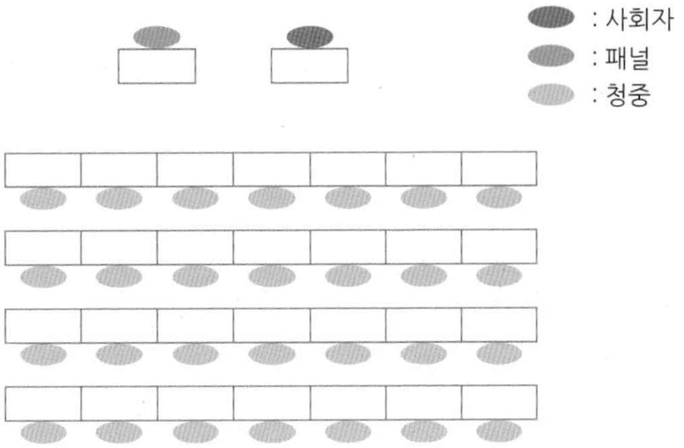

원탁토의(Round table discussion)

토의의 가장 기본적인 형태로, 어떤 형식에도 구애받지 않고 참가한 전원이 원탁에 둘러 앉아 대등한 관계 속에서 주어진 주제에 대해 자유롭게 서로의 의견을 나누는 토의 형태이다. 보통 5~10명 정도가 적당하며 성공적인 토의진행을 위해 충분한 경험을 가진 사회자가 필요하다. 사회자는 참가자 전원이 자신의 생각을 마음껏 발표할 수 있는 분위기를 유도하고, 침묵하거나, 소외되는 참가자들이 없도록 전체 분위기를 조성해야 한다. 또한 참가자 모두가 발언할 수 있도록 기회를 적절하게 제공해야 한다.

그림 5-3 원탁식 토의 좌석배치

심포지엄(Symposium, 단상토의)

심포지엄은 토의 주제에 대해 권위 있는 전문가 2~5명이 사회자의 안내에 따라 특정 주제에 대해 서로 다른 입장에서 자신의 의견을 준비해 발표하고, 발표자 간 질의응답을 통해 토의한다. 단상토의는 배심토의와 유사하나 좀 더 형식적이며 특정 주제에 대해 좌담형식으로 학문적으로 의견을 주고받는 토의 형태로 배심토의보다 장시간 이루어진다. 그리고 토의에 참가하는 발표자, 사회자, 청중 모두가 토의 주제에 대한 전문가들로 구성된다는 점이 특징이다. 따라서 한 주제를 다양한 측면에서 깊이 있게 다루고자 할 경우에 효과적이다.

그림 5-4 심포지엄 좌석배치

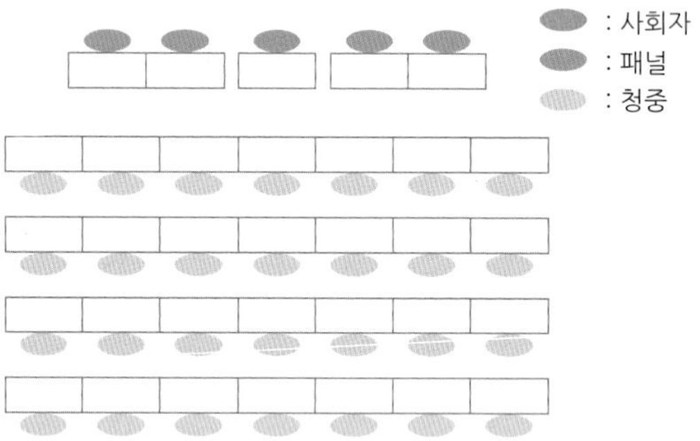

버즈토의(Buzz discussion)

버즈토의는 여러 명의 학습자들이 집단을 형성하고 교수자가 제시한 간단한 문제에 대해 토의하는 모습이 벌들이 윙윙거리는 소리 같아서 버즈토의라고 명명하였다. 보통 3~6명으로 구성되는 소집단 토의 활동으로 한 주제에 대하여 6명씩 구성된 각 그룹이 6분 정도 토의한다는 뜻으로 '6·6법'이라고도 한다. 교수자는 토의가 잘 진행될 수 있도록 촉진자 역할을 수행한다.

그림 5-5 버즈토의 좌석배치

토의법의 장·단점

교수–학습 방법으로써의 토의법이 갖는 장·단점은 다음과 같다(이신동 외, 2012).

토의법의 장점

- 원리에 입각하여 사고하고 추리하는 과정에서 문제해결력과 고등정신 기능을 기르기에 적절하다.
- 자신의 생각을 즉석에서 논리적이고 간결하게 표현하는 과정에서 표현력을 기를 수 있는 기회를 갖는다.
- 구성원들이 서로에게서 많은 것을 배우며 집단의식과 공유능력을 향상시킬 수 있고 사회적 기능 및 태도를 형성할 수 있다.
- 문제에 대한 관심과 흥미를 고취시켜 학습자의 자발적, 자율적인 학습 활동을 유발할 수 있다.
- 선입견과 편견은 집단 구성원의 비판적 탐색에 의해 수정될 수 있다.

토의법의 단점

- 정보의 전달이 늦고 많은 시간이 소요된다.
- 소수의 의견이 무시되거나 경시될 수도 있다.
- 토의에 참여하지 않는 학습자가 생길 수 있다.
- 형식적인 토의는 비생산적인 활동이 될 수 있다.
- 철저한 사전준비와 관리에도 예측하지 못한 상황이 발생할 수 있다.
- 친숙하지 않거나 잘 이해가 되지 않는 사실과 개념은 효과적으로 토의하기 어렵다.

3절 협동학습법

개념 및 특징

협동학습은 학습능력이 각기 다른 학습자들이 동일한 학습 목표를 달성하기 위해 공동과제에 참여하여 학습하는 것을 의미한다. 따라서 협동학습은 소집단의 구성원들이 공동으로 노력하여 주어진 학습과제나 학습 목표에 도달하는 구조화된 수업 방법이라고 할 수 있다(전성연 외, 2010). 일반적으로 각 소집단 내에서 학습자 중심으로 학습과제를 수행하므로 모둠 구성이 중요하며 수업의 목표와 방법에 따라 적절한 모둠 구성방법을 선택하는 것이 바람직하다. 협동학습에서 집단의 구성원들은 동등한 지위와 책임을 갖고, 서로간의 상호작용을 촉진하고, 집단의 과제 수행 과정뿐만 아니라 개별 학습 과정에서도 지속적인 협력이 이루어지도록 노력해야 한다. 이러한 과정을 통해 학습자들은 리더십, 협동심, 의사소통능력, 상호신뢰 등의 사회적 능력을 직접적으로 배우게 된다. 교사는 일련의 학습 과정을 관찰, 분석, 조정, 피드백 하는 역할을 수행해야 한다.

협동학습은 전통적인 소집단 학습보다 체계적인 수업절차를 갖추고 있어 무임승차 효과, 봉 효과, 부익부 현상을 어느 정도 보완할 수 있다. 무임승차 효과는 학습능력이 낮은 학습자가 적극적으로 참여하지 않아도 학습 능력이 높은 학습자의 성과를 공유하게 되는 것을 말한다. 봉 효과는 학습능력이 높은 학습자가 자신의 노력이 다른 학습자에게 돌아가기 때문에 학습에 적극적으로 참여하지 않는 것을 말한다. 그리고 부익부 현상은 학습 능력이 높은 학습자는 계속해서 높은 성취를 보이게 되고, 학습 능력이 낮다고 지각한 학습자의 상호작용 기회는 상대적으로 줄어들 수밖에 없는 현상을 말한다(변영계, 김광휘, 2002).

협동학습의 조건

협동학습이 효과적이고 의미 있는 결과를 얻기 위해서는 다음과 같은 조건이 필요하다(이신동 외, 2012).

긍정적인 상호의존

구성원 각자가 맡은 역할을 완수해야만 해당 모둠의 과제를 성취할 수 있다. 집단의 성공을 위하여 서로 간 도움을 주는 관계에 있어야 한다.

면대면 상호작용

구성원의 노력을 서로 격려하고 과제수행에 필요한 각종 자료나 정보를 공유하고 피드백을 주고 받음으로써 과제 수행의 효과성과 효율성을 높여야 한다.

개인의 책임과 책무성

협동학습 과정에서 일부 학습자들은 모둠 내 학습 활동에 적극적으로 참여하지 않고 다른 학습자들의 과제수행 결과만을 공유하려는 경우가 있다. 교수자는 모둠 구성원 개개인의 역할을 명확히 인지하도록 하고 모둠 전체의 성과에 대한 평가 외에 모둠 내 개인의 활동에 대한 평가를 시행하여 구성원 개개인이 책임과 책무성을 갖도록 한다.

대인관계기술의 적절한 활용

여러 학습자들이 함께 협력하여 성과를 내기 위해서는 자신의 의사를 명확하게 전달할 수 있어야 하고 타인과의 갈등을 원만히 해결하며, 경우에 따라 본인의 의견과 다른 의견을 수용, 지지할 수 있어야 한다. 개인에 따라 차이는 있지만 대인 기술은 저절로 타고나는 기술이 아니므로 교사는 적절한 사회적 기술을 지도할 필요가 있다.

집단 자기-평가

특정한 집단이 의도한 목표를 성취하기 위해서는 집단 구성원들 각자가 목표를 얼마나 잘 성취하고 공동의 목표를 달성하기 위해 얼마나 노력하고 협동했는지에 대해 토론과 평가가 필요하다.

협동학습의 주요 단계

협동학습의 주요 단계는 다음과 같다.

그림 5-6 협동학습의 주요 단계

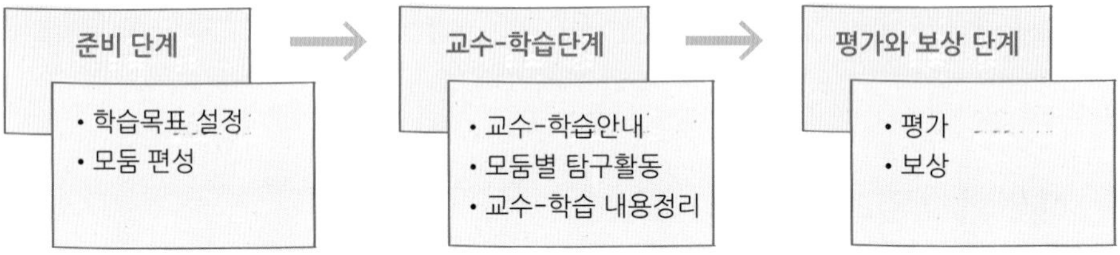

준비 단계

학습목표 설정

학습목표는 교수자와 학습자가 나아갈 교수-학습의 방향을 잡아주는 구심점 역할을 수행하며 나아가 평가를 위한 지침을 제공해 준다.

모둠 편성

학습자의 이질성을 바탕으로 긍정적 상호의존성을 기본으로 하는 협동 학습은 성적, 성격, 성별 등 이질적인 학습자로 모둠을 편성하는 것이 바람직하다.

교수-학습 단계

교수-학습 안내

교수자는 본시 학습 내용에 대해 안내하고 각 차수마다 그에 따른 성취기준을 근거로 하여 그에 적합한 방식으로 학습자들의 동기를 유발하고 성취기준을 전달한다.

모둠별 탐구활동

본격적인 학습이 이루어지는 단계이다.

교수-학습 내용정리

학습 활동을 정리하는 시간을 갖는다. 학습자의 활동을 바탕으로 교사와의 상호작용을 통해 학습내용을 정리한다.

평가와 보상 단계

모든 수업이 끝나고 나면 평가를 한다. 평가는 학습 목표 및 교수-학습 방법에 부합하는 개별평가, 집단평가, 자기평가 등을 활용할 수 있다.

협동학습의 모형

협동학습을 교육현장에 적용할 경우 고려할 수 있는 수업모형은 여러 가지가 있다.

직소우(JIGSAW: 과제분담학습모형)

애론손(Aronson)과 패트노(Patnoe)(1997)에 의하여 개발된 직소우법은 학교 현장에서 널리 활용되는 협동학습 모형 가운데 하나다(윤서희, 2007). 직소우는 전체 학습과제를 모둠 내 구성원 수에 맞게 나눈 후 각 구성원에게 과제를 부여한다. 같은 과제를 맡은 학습자끼리 모여서 전문가 그룹을 구성하여 협동학습을 진행한 다음, 원래 모둠(모그룹)으로 복귀하여 전문가 그룹에서 학습한 내용을 다른 학생들에게 가르쳐 주면서 학습내용을 공유한다. 직소우의 수업절차는 다음과 같다.

그림 5-7 직소우의 수업절차

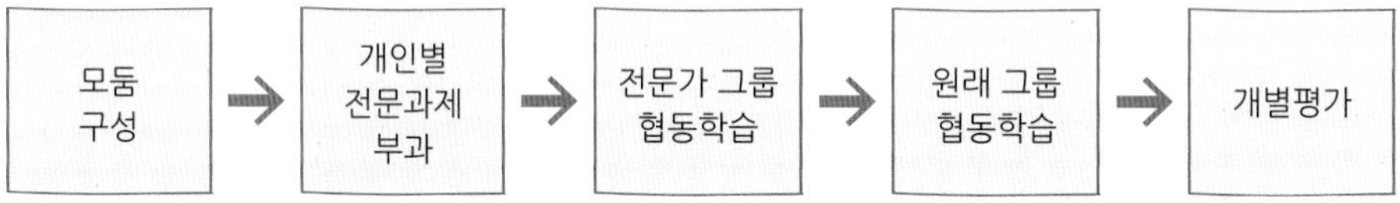

직소우 모형은 전통적인 경쟁학습 구조의 교실 환경을 협동학습 구조로 바꾸기 위해 두 가지 방안을 구상했다. 첫째, 한 전문가(교수자)와 다수의 청강자(학습자)로 되어 있는 전통적인 경쟁학습 구조를 소모둠 협동학습 구조로 바꿨다. 더 이상 교수자가 주된 자료의 공급원이 아니라 모둠 구성원들이 서로 주된 학습 자료의 공급원이 되면서 개인적인 경쟁이 아닌 협동의 결과로 얻은 성공에 관심을 가지게 한다. 둘째, 협동학습을 할 때 어느 누구도 모둠 내 다른 동료의 도움 없이는 학습이 불가능하도록 하여 각 개인은 모둠 구성원의 성공에 결정적 기여를 할 수 있게 한다. 동료들 간의 극단적인 상호의존적 환경을 만들기 때문에 학습 단원 전체를 평가 받기 위해서는 다른 구성원의 도움을 받지 않을 수 없다.

STAD(모둠성취분담모형)

모둠성취분담모형(Student Teams Achievement Division)은 슬래빈(Slavin, 1978)에 의해 개발된 협동학습 모형으로 수업절차보다는 독특한 평가 방식으로 유명한 모형이다. 협동학습의 효과를 극대화하기 위해 개별 보상과 집단 보상을 모두 사용한다.

STAD의 수업절차는 다음과 같다.

그림 5-8 STAD 모형의 수업절차

수업안내에서 교사는 수업의 목표, 수업진행절차, 전반적인 학습내용을 설명한다. 교사의 설명 후, 이질적인 학생들로 구성된 모둠은 교사가 제공한 학습 자료를 이용하여 모둠학습을 시행한다. 학생들은 모둠학습 후에 개별적으로 형성평가를 받게 된다. 개인은 각자 자신의 시험점수를 받게 되지만 자신의 기본점수(이전 시험의 평균 점수)를 초과한 점수만큼 팀 점수에 기여하게 된다. 따라서 모둠성취분담 모형은 팀 구성원의 역할이 구분되지 않은 공동학습 형태이면서 동시에 개인의 성취에 대한 개별보상이 이루어지는 형태이다. STAD 모형에서는 향상점수와 보상이 핵심이다. 교사는 학생 개인별로 기본 점수를 측정한 후, 협동학습 후에 기본점수로부터 향상된 점수를 산출하고 각 개인의 향상점수의 평균으로 모둠점수를 계산하여 모둠에게 보상하게 된다.

TGT(팀경쟁학습모형)

팀경쟁학습모형(Teams Games Tournaments)은 STAD 모형과 거의 비슷한 절차를 가지고 있다. 다른 점이 있다면 STAD 모형에서는 개별적인 퀴즈를 통해 학습하는 반면에, TGT는 동일한 성적을 수행하고 있는 다른 팀의 학생과 함께 토너먼트에 참가한다는 점이다. 수업절차는 다음과 같다.

그림 5-9 TGT 모형의 수업절차

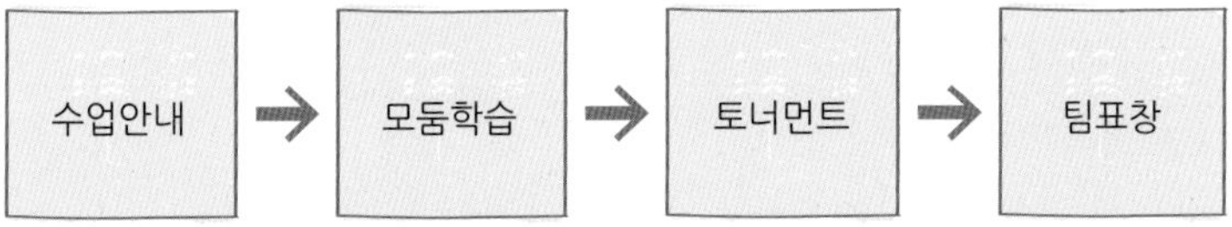

TGT 모형의 주요 구성요소는 자료제시(Class Presentations), 팀(Teams), 게임(Games), 토너먼트(Tournament), 팀 표창(Team Recognition)이다.

학습자료 및 학습내용 제시

TGT 모형에서 학습자료 및 학습내용을 제시하는 과정은 STAD 모형과 동일하다. 교사는 학습자료 및 학습내용을 직접 가르치거나 토의식 수업방법, 시청각 매체 등을 활용하여 제시하기도 한다. 학습자료 제시는 사용할 과목의 단원에 초점을 맞추어야 한다.

팀

팀은 TGT 모형의 가장 중요한 요소이다. 팀은 강한 정체성을 가지고 있고 토너먼트 게임을 위해서 서로 협동하고 상호작용해야 한다. 또한 팀은 학급의 축소판처럼 학업 성적, 성별, 인종, 성격 등을 최대한 이질적으로 하여 한 팀에 4~5명씩 구성하도록 한다. 팀원들은 교사가 제시한 학습과제를 서로 협동하여 수행한다.

게임

STAD 모형에서는 자료들이 퀴즈로 사용되었다면 TGT 모형에서는 그 자료들이 게임으로 사용된다. 게임은 학습자들이 연습을 통해 기른 과제 수행능력을 평가하기 위해서 교수자가 제시한 학습과제와 관련이 있는 것으로 구성한다. 게임은 각각 자신이 속한 팀을 대표하는 학습자들의 능력 수준에 맞게 구별되어 있는 단계에서 실시된다. 학습자들은 각각의 단계에서 교수자가 예고한 과제를 자신의 능력과 동일한 수준에 있는 다른 그룹의 학습자들과 함께 수행한다.

그림 5-10 TGT 활동 시 게임집단 편성방법

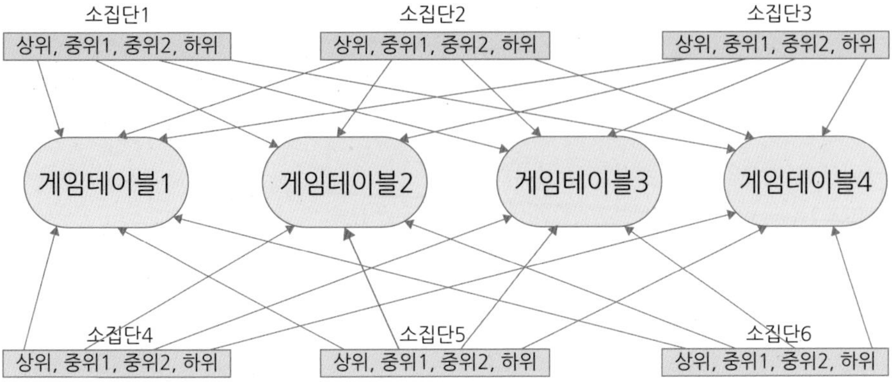

토너먼트

토너먼트는 게임이 일어나는 구조, 즉 틀을 말한다. 교수자가 학습내용을 제시하고 팀 구성원들의 충분한 과제 수행이 이루어진 후, 그 주의 마지막 수업 시간에 실시한다. 게임 후 각 테이블의 최고 득점자는 그보다 한 단계 높은 테이블로 옮겨 가고, 가장 낮은 득점자는 한 단계 낮은 단계로 옮겨간다. 게임테이블1에서의 최고 득점자나 게임테이블4에서 최하 득점자는 동일한 테이블을 유지한다. 중간 득점자도 동일한 테이블을 유지한다. 동등한 수준의 경쟁자들과 경쟁하는 것은 다양한 수준의 학습자들이 좌절하거나 수업에서 배제되지 않고 최선을 다하여 자신의 팀에 최대한 기여할 수 있게 해준다.

팀 표창

TGT 모형에서는 성적이 높은 개인과 높은 점수를 받은 팀에게 표창을 준다. 매주 교수자는 학습자의 성적과 팀의 성적을 알리기 위해서 성적을 집계, 평가하여 뉴스를 준비한다. 이 때 점수가 가장 많이 증가하거나 정확하게 과제를 수행한 학습자를 밝히고 팀별 점수를 누가적으로 기록하여 현재 학습에서의 위치를 알려준다.

TAI(팀보조개별학습모형)

팀보조개별학습모형(Team-Assisted Individualization)은 개별화학습의 장점과 협동학습을 결합한 형태이다. 이 모형은 수학 교과 수업에서 간과할 수 있는 학습자들 간의 개인별 성적 차이를 좁힐 수 있는 효율적인 협동학습 모형으로, 슬래빈(Slavin), 매든(Madden), 리베이(Leavey)에 의해 1974년 존스홉킨스 대학에서 개발되었다(박지현, 2014). TAI의 수업절차는 다음과 같다.

그림 5-11 TAI 모형의 수업절차

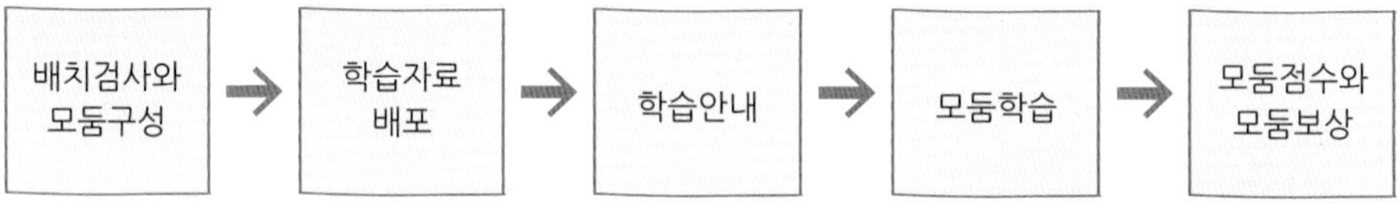

우선 자리 배치를 위한 배치검사를 실시하고 성적이 비슷하지 않은 학습자들로 모둠을 구성한다. 교수자는 협동학습에 필요한 학습 자료인 개별학습지, 형성평가지, 점수기록표, 평가표, 정답지를 미리 준비해 학습자들에게 나누어준다. 이 때 개별학습지는 수준별로 다르게 준비한다. 자료 배포가 끝나면 이번 시간에 학습할 내용을 자세히 설명하고 협동학습 절차를 설명한다. 먼저 개별학습을 실시하며 모르는 것에 대해 짝과 교수자의 도움을 받는다. 개별학습이 끝나면 형성평가 A에 임하는데 다 풀고 짝에게 채점을 맡겨 전체의 80% 이상을 맞춘 학습자는 바로 단원평가를 볼 수 있고, 그렇지 않은 학습자는 형성평가 B를 해결해야 한다. 이 과정에서도 틀린 문제를 교수자에게 물어 정확하게 해결하도록 한다. 학습자들은 각 과정마다 자신의 점수를 점수기록표에 기록해야 한다. 다 마친 학습자는 평가표로 자신의 태도를 평가하고 반성해본다. 교수자는 틈틈이 학습 일지를 기록하고 매주마다 잘한 모둠을 보상한다. 수업이 끝난 후 개별시험 점수의 합이 각 팀의 점수가 되고, 미리 설정해 놓은 팀 점수를 초과했을 때 팀이 보상을 받게 된다. 보상은 개별 보상과 협동 보상이 혼합된 형태를 띤다.

4절 프로젝트 수업

개념 및 특징

프로젝트 수업이란 학습자가 학습의 전 과정에 주도적으로 참여하며 주제, 제재, 쟁점 등에 관한 탐구활동과 그 결과에 대해 표현하는 활동이다(김대현 외, 1999). 보통 학습자가 관심 있어 하는 주제에 대해서 소집단 혹은 개별적으로 깊이 있게 탐구하는 형태를 띠며, 학습자가 주제나 문제선정에서부터 대안 제시, 정책의 실행과 검증, 결과 분석 등의 단계를 통해 자기주도적으로 문제를 해결하도록 장려하는 교수법이다. 현대적 의미의 프로젝트 학습은 존 듀이의 실험학교에서 출발했다고 본다(김대현 외, 2001). 그리고 킬패트릭(Kilpatrick)이 듀이의 주장을 옹호하며 1918년 '프로젝트법' 이라는 논문을 발표한 후 많은 연구들이 진행되었다(지옥정, 1998). 킬패트릭은 학습자들이 과제에 능동적으로 참여함으로써 주체적인 역할을 수행하고 스스로 내적 동기화되어 활동에 전념하게 된다고 강조하였다. 프로젝트 수업은 '프로젝트 학습', '프로젝트 접근법', '프로젝트 기반학습(Project Based Learning)' 등의 용어들과 혼용되어 사용된다.

프로젝트 수업의 특성은 프로젝트 주제를 학습자가 직접 선정한다는 것과 전시활동을 실시한다는 것이다. 학습자는 프로젝트 주제를 직접 선정하고 선정된 주제를 해결하기 위해 실행계획을 세우고 실천하는 과정을 통해 내재적인 동기를 갖게 된다. 또한 만들어낸 결과물을 다른 학습자나 교수자 앞에 전시해야 하므로 프로젝트를 수행하는 과정에서 누구를 대상으로, 어떤 형태로 결과물을 전시할 것인가를 고려하여 학습 활동을 진행하게 된다. 교수자는 프로젝트 수업을 총체적으로 조망하며 학습자들과의 상호작용과 상황에 따라 안내자, 조력자, 조정자, 촉진자 등의 역할을 수행한다.

프로젝트 수업의 주요 단계

프로젝트 수업절차는 정형화 된 하나의 틀이 존재하는 것이 아니라 수업을 진행하는 교사에 따라 다르게 나타날 수 있다. 각 단계는 순차적으로 진행될 필요는 없으며 상호 역동적으로 순환하는 형태를 띨 수 있다. 그리고 각 단계는 실제 수업 장면에서 주제에 따라 통합되거나 생략될 수도 있다. 킬패트릭(Kilpatrick, 1918)은 콜롬비아 대학교 논문집인 "Teacher's college record"에 '프로젝트법'이라는 논문으로 프로젝트에 의한 수업을 체계화하였으며 제시한 과정은 다음과 같다.

그림 5-12 프로젝트 수업절차

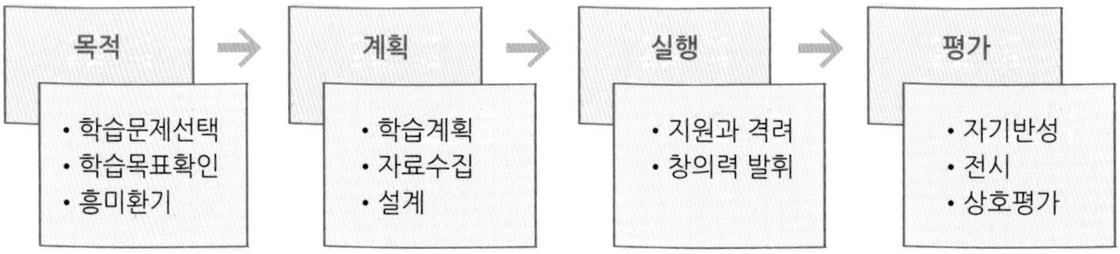

목적 단계

학습문제를 선택하고 학습 목표를 확인하는 단계이다. 학습자가 프로젝트를 수행하기 위한 충분한 동기를 갖게 해야 하며, 이를 위해서는 학습자 자신이 프로젝트 주제를 선택하는 것이 바람직하다.

계획 단계

이 단계에서는 학습자 자신들이 토론하고 학습할 사항과 학습을 전개시켜 가는 순서를 확인해서 문제 해결을 위한 면밀한 계획을 세울 수 있도록 지도해야 한다.

실행 단계

학습자들이 가장 흥미를 느끼고 또 가장 활발하게 활동하는 단계이다. 교수자는 학습자의 친절한 조력자가 되어 프로젝트의 해결에 필요한 재료를 가능한 많이 이용할 수 있도록 배려해야 한다. 또한 작업의 곤란으로 학습자가 좌절하지 않도록 하며, 학습자의 작품이나 활동이 비록 온전하지 않더라도 비판하기보다는 학습자 스스로 더 나은 방향을 탐색하도록 도와주는 자세가 필요하다.

평가 단계

프로젝트 결과를 전시, 보고, 요약의 형태로 학급에 게시하고 완성된 작업에 대하여 그 가치를 평가하는 단계이다. 완성된 작품이나 활동결과에 대해서 전통적인 수업에서처럼 교수자가 혼자 평가하기보다는 학습자들도 평가에 참여하도록 하는 것이 중요하다. 또한 학습자 상호간의 평가를 도입하여 집단적으로 평가하는 것도 효과적이다.

프로젝트 수업의 교육적 의미

프로젝트 수업은 다음과 같은 다양한 교육적 함의를 갖는다.

학습자의 내적 동기 유발을 통한 학습에 대한 의욕 고취

프로젝트 수업은 수업의 주제가 학습자의 흥미나 관심에 부합될 뿐만 아니라 탐구 및 표현 활동 그리고 결과물의 전시 과정에서 학습자들에게 만족감이나 성취감을 제공한다. 따라서 학습의 내적 동기가 강화되고 학습 효과가 높아지며 후속 학습에 대한 강한 의욕이 발생하게 된다.

학습에 대한 책임감 부여

프로젝트 수업의 모든 과정에서 학습자는 동료 학습자와 함께 선택과 의사 결정의 과정을 계속해야 한다. 따라서 만약 어떤 학습자가 소극적으로 수업에 참여하게 되면 그 피해가 모든 학습자들에게 미치기 때문에 프로젝트 수업에 참여하는 학습자는 학습에 대한 책임감을 갖게 된다.

긍정적인 자아개념 형성

프로젝트 수업에서는 학습자의 자발적인 참여를 유도하므로 학습자 스스로가 만족감을 경험하고 수업의 단계마다 이루어지는 결과물을 통하여 성취감을 맛볼 수 있다. 또한 자신의 아이디어가 교사와 동료 학습자들에게 수용될 기회가 많아지므로 자신에 대해 긍정적인 생각을 갖게 된다.

문제해결력 신장

프로젝트 수업의 과제는 보통 실생활에서 일어나는 현상이나 문제이므로 학습 내용과 실생활과의 관련성을 인식할 기회를 제공하고 문제해결능력을 신장시킬 수 있다.

사고의 유연성을 높임

프로젝트 수업에서 학습자의 선택과 결단은 매우 중요한 역할을 한다. 학습의 진행 방향이 잘 못 되었거나, 더 중요한 학습 내용이 떠오르거나, 더욱 효과적인 학습방법이 제안된다면 언제든지 그 방향과 내용으로 수정될 수 있다. 또한 교수자와 동료 학습자와의 잦은 대화는 자기 생각의 한계를 인식하는 기회를 제공하므로 사고의 유연성을 길러줄 수 있다.

교수자에게 새로운 교수 경험 제공

프로젝트 수업은 교수자에게도 새로운 도전이 될 수 있다. 그러나 프로젝트 수업을 계획해 봄으로써 현행 교육 과정과 교과서 중심 수업의 한계를 인식하게 된다. 그리고 프로젝트 수업을 통해 학습자의 학습 잠재력을 확인하게 되며, 자신의 철저한 준비, 유연한 진행, 학습자에 대해 헌신하는 자세가 학습자의 잠재력을 현실화 시킬 수 있다는 것을 알게 된다.

이판사판 질문하기

Q. 이런 방법들을 학교 현장에서 다 써볼 수 있나요?

A. 음… 그건 교수자의 역량이죠. 하하… 일단 이런 방법은 한국의 학교 상황에 맞다, 안 맞다, 이렇게 판단하지 마시고 좀 열린 마음으로 배웠으면 해요. 실제로 다양한 교수-학습 방법을 교실 수업에서 활용하기 위해서는 두 가지가 필요한 것 같아요. 첫째는 이론적인 것, 즉 책에서 보고 배우는 것이죠. 둘째는 실천적인 것, 자신이 그런 방법을 한번이라도 경험해 보는 것. 그래야 자기도 나중에 자신의 학생들에게 다양한 방법을 시도해 보게 되어요. 그러니 이번 장과 다음 장은 교수님과 상의하셔서 여러 가지 방법으로 재밌게 공부해 보세요. 하브루타를 배울 때는 하브루타 방법으로, 그것도 좋겠네요.

참고문헌

- 권성연, 김혜정, 노혜란, 박선희, 박양주 외(2018). **교육방법 및 교육공학**. 교육과학사.
- 김대현, 왕경순, 이경화, 이은화(2001). **프로젝트 학습의 운영**. 학지사.
- 박지현(2015). TAI 협동학습 모형을 활용한 교수 · 학습 지도 방안 연구: 수열의 극한을 중심으로. 숙명여자대학교 교육대학원 석사학위논문.
- 변영계, 김광휘(2002). **협동학습의 이론과 실제**. 학지사.
- 윤광보, 김용욱, 최병옥(2003). **교육방법과 교육공학의 이해**. 양서원.
- 윤서희(2007). Jigsaw 쓰기 과업이 중학생의 영어 쓰기 능력과 글의 응집성 및 영어 쓰기 태도에 미치는 영향. 이화여자대학교 교육대학원 석사학위논문.
- 이지연(2008). **예비교사를 위한 실제적 교육방법 및 교육공학**. 서현사.
- 전성연, 최병연, 이흔정, 고영남, 이영미(2010). **협동학습 모형 탐색**. 학지사.
- 지옥정(1998). **유아교육현장에서의 프로젝트 접근법**. 서울: 창지사.
- Aronson, E., Patnoe, s.(1997). *The Jigsaw classroom: Building cooperation in the classroom(2nd ed)*. New York: Longman.
- Killpatrick, W.H.(1918). *The Project method*. New York: Teachers College, Columbia University.

교수-학습 방법 II

5장에 이어 이번 장에서도 몇 가지 교수-학습 방법들을 살펴볼 것이다. 이 장에서 소개될 교수-학습 방법들은 5장에서 소개된 방법들에 비해 상대적으로 최근에 개발되고 실천되는 방법들이라고 할 수 있다.

1절 문제기반학습

개념 및 특징

문제기반학습(Problem-Based Learning: PBL)은 문제를 활용하여 학습자 중심으로 진행되는 교수-학습 방법이다. PBL은 1970년대 중반 의과대학 교육의 문제점을 개선하기 위해 의대 교수인 바로우(Barrows)에 의해 개발되었다(정주영 외, 2012). 즉, 의대생들은 전공 지식을 암기하여 방대한 지식을 갖고 있음에도 불구하고 실제 환자를 진단해야 하는 상황에서는 지식을 연계하고 적용하는 능력이 부족하다는 문제점을 해결하고자 고안된 방법이다. PBL은 고차적 추론과 문제해결능력, 자기주도적 학습능력 등을 신장시킬 수 있는 방법으로 제안되었다. 이처럼 PBL은 의과대학의 독특한 교육적 요구 상황에 대응하기 위해 개발된 학습 방법이지만, 최근에는 의학뿐만 아니라 공학, 경영, 교육, 법률 등 다양한 전문 영역에서 교육적 효과를 창출하고 있다. 특히 지식의 구성과 학습자 중심의 학습을 강조하는 교육 풍토에서는 PBL의 역할이 더욱 주목 받고 있다. PBL은 문제, 학습자, 교수자 측면에서 다음과 같은 특징을 갖는다(최정임, 장경원, 2010).

문제로부터 시작

PBL은 수업에서 개념이나 원리를 학습하기 전에 문제가 제시되고 그 문제를 해결하기 위한 활동으로 학습이 시작된다. 이는 전통적인 수업에서 개념이나 원리를 학습한 후에 이를 확인하기 위해서 문제를 푸는 형식과는 다른 것이다. PBL 문제는 학습을 위한 핵심이며, 문제를 이해하려고 시도하는 과정에서 학습자들은 학습해야 할 내용이 무엇인지를 깨닫게 된다.

학습자 중심의 학습 환경

PBL에서는 교수자의 일방적인 강의를 통해 지식이 전달되는 것이 아니라 학습자의 활동을 통해 학습이 진행된다. 학습자는 문제 상황에서의 당사자가 되어 자신이 해결해야 하는 문제를 이해하고 관리하기 위해 필요한 정보를 확인하고 획득하는 방법을 자기주도적으로 결정해야 한다. 학습자는 이러한 문제해결과정을 통해 관련된 개념과 원리를 배우게 되며 필요한 정보를 수집하고, 수집된 정보를 분석, 종합하고 정리함으로써 문제해결능력을 기르게 된다.

교수자는 학습 촉진자 역할 수행

교수자는 학습자의 의견에 대해 조언하고 학습자가 탐구할 수 있도록 안내하며 깊은 수준의 이해를 촉진하는 학습 환경을 조성해야 한다. 즉, 학습자들 스스로가 문제를 해결할 수 있도록 돕는 역할을 수행해야 하는 것이다. 수업의 주도권이 학습자에게 있음을 인정하고 그들이 학습을 수행할 수 있도록 방향을 안내하고 적절한 시기에 필요한 도움을 주는 역할을 수행한다.

PBL에서 문제의 특징

PBL에서 문제는 일반적으로 지금까지 우리가 수업 상황에서 경험해 왔던 문제와는 차이가 있다. 일반적 의미에서 문제는 학습 후에 학습 내용을 제대로 이해하고 있는지를 파악하기 위한 연습의 기회로 주어지는 것이었다. 하지만 PBL 문제는 이와 다른 특징을 갖는다. PBL에서 사용되는 문제는 학습내용의 이해도를 묻는 질문(question)이 아니라 학습내용의 조합과 적용을 통해 해결해야 하는 문제(problem)이다. 따라서 PBL에서는 학습을 해야 하는 이유와 학습 목표를 분명하게 알려줘야 하며 학습자들의 학습 동기를 유발할 수 있어야 한다. 또한 PBL 문제는 학습해야 하는 내용을 포괄하고, 가능한 실제 상황에 가까운 문제여야 하며, 학습에 대한 통합적 접근이 이루어지도록 해야 한다. 즉, PBL 문제는 비구조성과 실제성을 갖춰야 한다(최정임, 2004).

비구조성

PBL 문제는 비구조화된(ill-structured or ill-defined problems) 문제이다. 이는 문제와 관련된 상황이나 요소가 잘 정의되어 있지 않고, 문제 상황이나 문제 진술에 문제해결 시 필요한 정보가 충분히 포함되어 있지 않다는 의미이다. 따라서 비구조화된 문제는 다양한 해결책, 다양한 해결 경로, 다양한 평가 기준이 가능하기 때문에 정형화된 답을 찾기 어렵다. 또한 비구조화된 문제는 어떤 특정한 맥락에서 발생하기 때문에 맥락의 역할이 아주 중요하다. 따라서 일반적인 문제해결 기술에 의존하는 구조

화된 문제와는 다르게 비구조화된 문제는 상황에 따른 판단에 의존한다,

이상과 같은 문제의 특징 때문에 교수자와 학습자는 다음과 같은 사항을 고려할 필요가 있다. 첫째, PBL 문제는 초기에 제공되는 정보만으로는 문제를 해결하는데 충분하지 않고 문제의 본질을 명확하게 정의하기 어렵다. 따라서 문제를 정의하고 해결하기 위해서는 추가적인 정보가 필요하고 문제를 명확하게 만들어가는 절차가 필요하다는 것을 인지할 필요가 있다. 둘째, 문제해결의 방법이 하나만 존재하는 것이 아니므로 다양한 접근을 시도할 필요가 있다. 셋째, 학습자들이 다양한 해결 방법들 중에서 옳은 방법을 선택했는지 100% 확신할 수 없다. 왜냐하면 여전히 정보들은 불충분하고, 상반되는 자료나 의견들이 존재하기 때문이다. 하지만 비구조화된 상황이 학습자가 세상에 나가 실제 접하게 될 상황이기 때문에 정보가 불충분하더라도 어떠한 결정을 내려야 한다는 사실을 이해할 필요가 있다.

실제성

PBL 문제는 학습 상황만을 위해 인위적으로 만들어낸 문제보다는 실제 생활에서 일어날 수 있을 법한 문제여야 한다.

일반적 실제성

실세계에서 발견되는 '진짜' 문제들은 맥락이나 상황에 따라 의미가 결정된다. 즉, 일상 생활에서 발견되는 문제는 지식이나 기능이 고립되어 있는 것이 아니라 문제 안에 포함되어 있다. 맥락이나 상황에 따라 지식이나 기능이 사용되는 방법과 의미가 다르게 해석되기 때문이다.

물리적 실제성

PBL 문제를 해결하는 과정이 실제적인 물리적 환경에서 이루어질 수 있어야 한다. 즉, 문제가 발생하는 실제 현장에 직접 나가서 문제를 해결하는 것이 여의치 않다면 실험실에서 실험이나 모의상황을 통해 이루어지도록 할 수 있다. 예를 들면, 연매출, 생산량, 회사 보고서 양식 등의 자료는 현실에서 얻을 수 있는 실제적인 자료이다.

표 6-1 PBL 문제분석 기준표

항목		
문제의 역할		문제로부터 학습이 시작되는가?
		학습에 필요한 지식과 기능을 충분히 포함할 정도로 포괄적인가?
		문제에 지식이 사용되는 맥락이나 상황이 제시되어 있는가?
		학습자의 역할이 제시되어 있는가?
		학습자 중심의 학습 활동을 유도하는가?
		문제가 목표에 부합하는가?
		문제가 참신한가?
비구조성		문제에 해결에 필요한 일부의 정보만이 포함되어 있는가?
		문제해결을 위해 문제를 분석하고, 정보를 찾고, 계획하는 과정이 필요한가?
		문제에 대한 다양한 해결책이 존재하는가?
		문제해결을 위한 접근 방법이 다양한가?
		논쟁이나 토론의 여지가 있는가?
실제성	일반적 실제성	실제 사례인가?
		일상생활에서 발견될 수 있는 문제인가?
	물리적 실제성	현실적인 사물이나 자료를 사용하는가?
		문제해결에 활용되는 사물이나 자료가 다양한가?
	인지적 실제성	일상적이고 자연스러운 사고 과정을 반영하는가?
		문제해결에 요구되는 사고 과정이 그 분야의 전문가나 직업인에 의해 사용되는 것인가?
	관련성	학습자의 수준에 적절한가?
		학습자의 경험과 관련이 있는 문제인가?
	복잡성	현실과 같이 복잡한 문제인가?
		둘 이상의 문제해결 단계가 필요한가?

출처: 최정임(2004; 49).

인지적 실제성

실제 세계를 반영하는 인지적 과정에 참여하도록 하는 것, 즉 학습자가 실제적 실천과 관련된 사고를 하도록 고무하는 것이다. 예를 들어, 역사학자나 바람직한 시민의 입장에서 역사 내용을 활용하여 학습 활동에 참여해 보는 것이다. 이것은 학습자들이 직업 환경에서 전문가나 직업인들에게 제공되는 것과 같은 유형의 인지적 도전에 참여하도록 하는 것을 의미한다. 하지만 전문가들이 수행하는 것과 똑같은 과제일 필요는 없다.

PBL의 주요 단계

PBL은 계획된 일련의 절차를 거쳐서 운영된다. 그 절차는 보통 문제 개발, 문제 만나기, 문제해결 계획 세우기, 탐색 및 재탐색하기, 해결책 고안하기, 발표 및 평가하기의 6단계로 이루어진다(조연순, 2006).

문제 개발

- 문제 개발을 위한 교육과정 목표와 내용 탐색
- 학습자에게 도전적인 문제를 제시하기 위해 학습자의 특성과 흥미 분석
- 잠정적 문제 선정과 문제지도 그리기
- 문제 해결자를 위한 역할과 상황 설정하기
- 문제 작성하기

문제 만나기

- 학습자들이 문제에 대하여 흥미를 가지고 문제의 의미를 충분히 파악할 수 있도록 동기유발, 문제 제시, 문제 파악과 같은 하위단계가 필요
- 이 과정을 통하여 문제 발견 능력 향상

문제해결 계획 세우기

- 이미 배운 지식을 활용하는 것이 아니라 정보와 지식을 더 알아야 해결할 수

있는 문제를 제공하기 때문에 문제 해결 계획 과정이 필요

- 알고 있는 것, 알아야 할 것, 알아내는 방법으로 세분화하여 체계적으로 계획 수립
- 이러한 과정을 통하여 창의적 사고력과 비판적 사고력 형성

탐색 및 재탐색하기

- 문제 해결을 위해 필요한 지식이나 정보 탐색
- 이러한 탐색을 통하여 학습자가 교육과정에서 의도하는 전문 지식을 배우게 되고, 적절한 정보를 찾아내면서 비판적 사고력 획득

해결책 고안하기

- 탐색을 거치고 난 후에는 찾아낸 지식과 정보를 이용하여 문제를 해결하는 과정 필요
- 이 과정에서 체계적이고 치밀한 비판적 사고력과 새롭고 다양한 해결책을 고안하는 창의적 사고력이 발달하게 되어 창의적인 문제 해결력 배양
- 이러한 과정의 소집단 활동을 통하여 학습자 상호간 원활한 의사소통과 협동 능력 배양

발표 및 평가하기

- 다양한 해결책을 공유하고 평가하기 위한 마무리 단계로 반드시 필요
- 실제 주변에서 발생하는 문제를 대상으로 하기 때문에 해결책도 실제적으로 이루어질 수 있는 것이 바람직함
- 이러한 과정은 실제 세계에서 일어나는 의사결정 과정과 유사

2절 플립드러닝

개념 및 특징

플립드러닝(Flipped Learning)이란 기존 방식을 '뒤집는(Flip)' 학습을 의미하며, 전통적으로 학생들이 집에서 과제로 하던 응용연습이나 심화학습 등은 학교에서 하는 반면 학교에서 하던 강의 듣기는 수업 전에 하고 오는 방식을 취한다(Bergmann & Sams, 2012). 플립드러닝은 미국 콜로라도 우드랜드파크 고등학교 화학교사인 샘(Sam)과 버그만(Bergmann)에 의해 시도된 이래 미국 K-12와 고등교육으로까지 확산되고 있다. 샘과 버그만은 학생들이 수업을 들을 때보다 혼자서 응용·심화 문제를 풀 때 더 어려움을 느끼며 이 때 교사나 동료 학생들의 즉각적이고 밀착된 도움이 필요하다는 사실을 발견하고 플립드러닝 모형을 제안하였다. 플립드러닝 네트워크 위원회(FLN's board)에 따르면, 플럽드 러닝의 목표에 부합하는 효과적인 수업 설계를 위해서는 유연한 학습환경, 학습문화의 변화, 의도된 계획, 전문성을 갖춘 교사의 네 가지 요소를 고려해야 한다(Hamdan et al., 2013).

유연한 학습환경

플립드러닝에서는 보다 탄력적이고 다양한 학습의 형태를 허용해야 하며 학습 시간이나 공간에 대해서도 유연한 환경을 인정해야 한다. 이를 위해서 교수자는 기존의 강의식 수업에 비해 소란스러운 교실 수업 환경을 받아들일 수 있어야 한다.

학습문화의 변화

플립드러닝 교실에서는 교수자 중심의 수업에서 학습자 중심 수업으로의 변화가 필수적이다. 따라서 학습자는 교수-학습 과정에서 학습내용을 받아들이는 존재가 아니라 자신에게 의미 있고 개별화된 내용을 바탕으로 스스로 지식을 구성해나가는 학습의 주체로 상정된다.

의도된 계획

플립드러닝을 수행하는 교수자는 수업시간에 어떤 내용을 가르칠 것인지, 학습자로 하여금 사전에 어떤 내용을 배워서 오게 할 것인지에 대해 분명한 계획이 있어야 한다. 또한 학습자가 교실 수업을 통해 학습 내용을 체계적으로 이해하고 충분한 지식을 습득할 수 있도록 지속적으로 고민해야 한다.

전문성을 갖춘 교사

플립드러닝에서 교수자는 기존의 전통적인 수업에서 하던 지식 전달자의 역할보다 더 중요한 역할을 수행해야 한다. 이를 위해서는 학습 활동뿐만 아니라 가르치는 행위를 스스로 성찰하여 지속적으로 개선해나갈 수 있는 전문성이 필요하다.

플립드러닝의 원리

플립드러닝을 구현하기 위한 핵심 원리는 여덟 가지로 정리할 수 있다(김영배, 2015).

그림 6-1 플립드러닝의 핵심 원리

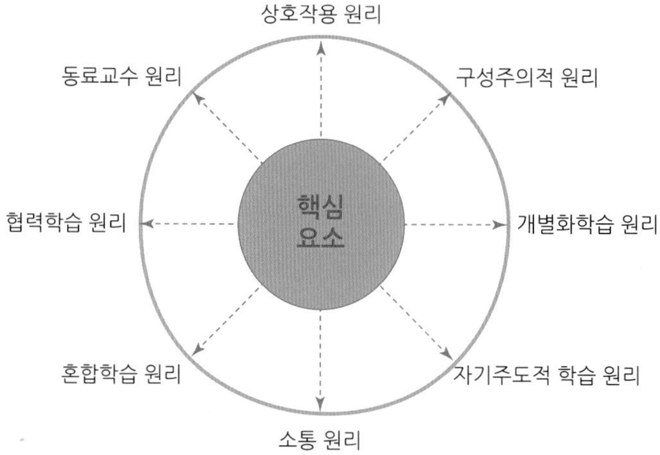

자기주도적 학습 원리

플립드러닝에서 학습자는 자신의 학습에 대해 책임감을 갖고 적극적으로 참여해야 한다. 사전학습에서는 교수자 없이 스스로 학습해야 하며, 교실에서는 교수자 및 동료 학습자들과 의미 있는 상호작용을 할 수 있도록 노력해야 한다.

개별화학습 원리

플립드러닝에서는 개인의 학습 속도, 학습 유형을 고려한 맞춤형 학습이 가능하다. 교수자는 수업시간 동안 학습 활동을 모니터링하여 학습자가 무엇을 알고 무엇을 모르고 있는지를 파악하고 개별 지도를 할 수 있다.

동료교수 원리

여기에서 동료교수(peer instruction)란 교실 수업에서 학습자들이 서로 가르치고 배우는 것을 의미한다. 학습자들은 읽고, 듣고, 보는 방식의 전통적인 강의식 교수법보다 발표하고, 토론하고, 서로 설명하면서 더 많은 것을 배우게 된다.

협력학습 원리

교실 활동에서는 팀별로 주어진 과제를 효율적으로 해결하기 위하여 지식, 기능, 태도를 서로 공유하고 공동 작업을 하게 된다. 이러한 과정을 통해서 학습자는 개념에 대한 깊은 이해와 사회적 기술을 발달시킬 수 있다.

구성주의적 원리

구성주의적 원리란 학습자에게 풍부한 학습 자원을 제공하며 주제에 대해 깊이 있는 탐구를 하도록 유도함을 의미한다.

혼합학습 원리

학습자는 수업 전의 온라인 학습과 수업 중의 오프라인 학습, 이 둘이 적절히 배합된 혼합학습 환경을 경험하게 된다.

소통 원리

플립드러닝은 교수자와 학습자, 학습자들 간의 소통을 통해 학습이 이루어지는 것을 전제로 한다. 교수자는 강의식 수업에서보다 좀 더 많은 시간을 학습자와 소통하는 데 할애할 수 있고 학생들도 수업 시간 중에 동료 학생들과 좀 더 자유롭게 상호작용할 수 있다.

상호작용 원리

플립드러닝에서는 교수자와 학습자, 학습자와 학습자 간, 그리고 콘텐츠와의 상호작용을 통해 더욱 성공적으로 학습이 이루어지게 되며 그 범위가 확장되어 간다.

플립드러닝의 주요 단계

플립드러닝은 시간의 흐름에 따라 수업 전, 중, 후의 활동으로 구분된다. 플립드러닝 수업을 효과적으로 운영하기 위해서는 학습 목표 및 내용 선정, 사전 학습, 강의실에서의 학습 활동, 수업 후 활동, 평가 활동 등이 체계적으로 설계되어야 한다. 이를 위해 고려해야 할 환경 요소와 도구 그리고 교수 활동 지침 등은 다음과 같다(김연경, 2016).

수업 전 활동(Before-Class)

플립드러닝을 수행할 교과목과 그에 맞는 주제를 어떤 것으로 해야 할지를 결정한 후에 그에 맞는 수업목표와 내용을 선정하고 사전학습에 대한 계획을 세워야 한다. 특히 이 수업에서는 '과제'를 강의실로 가져오고, 수업 전에 '강의'를 듣도록 전환하므로 사전학습과 교실을 어떻게 연계할 것인지에 대해 구상이 필요하다. 교실에서 이루어지는 활동이 적극적이고 역동적으로 이루어지기 위해서는 학습자가 수업 전에 사전 학습을 수행해야 한다. 이를 위해 교수자는 온라인 콘텐츠를 제작하거나 기존의 콘텐츠를 제공할 수 있다. 온라인 강의는 플립드러닝 모델과 결합되어 있어야 하며 전통적인 교재는 그에 맞게 재구성되어야 한다.

그림 6-2 전통적인 강의식 수업과 플립드러닝의 진행과정 비교

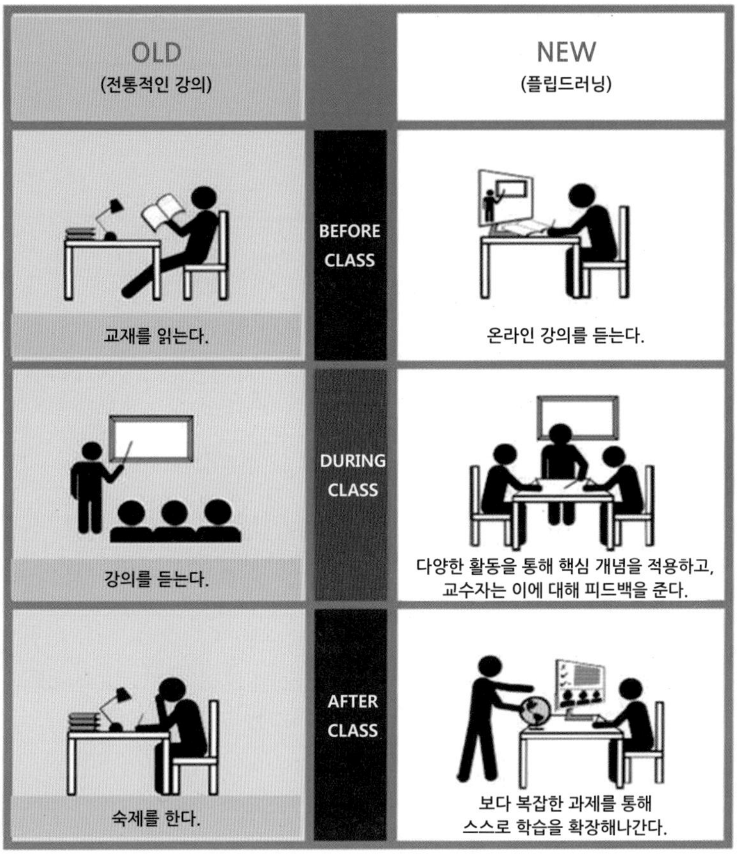

교실에서의 학습 활동(During-Class)

교실에서의 학습 활동으로는 사전학습 평가, 미니강의, 팀 활동, 관찰 및 피드백, 발표 및 평가 등이 활용될 수 있다.

사전학습 평가

수업 전 학습과 교실에서의 활동 간의 분명한 연결을 제공하는 과정으로 학습자가 동영상 및 읽기자료를 학습하여, 내용을 정확하게 이해했는지를 점검하는 활동이다. 보통은 강의 전 학습내용 이해도 점검을 위해 퀴즈를 실시한다.

미니강의

요약강의, 핵심정리, 개요 강의 등 다양한 형태로 불리는데 온라인으로 제공되는 동영상 강의 내용을 정리해주거나 동영상에 포함되어 있지 않은 부가적 내용을 설명해 주는 활동이다. 수업내용 중 핵심을 안내하기 위한 목적으로 활용된다. 미니강의는 주요 개념을 바탕으로 가능한 10분 이내로 짧게 진행한다.

학습자간 팀 활동

토의, 토론, 역할극, 프로젝트 학습, 탐구학습, 문제해결, 동료 교수법, 사례연구, 실험, 게임, 시뮬레이션 등의 방법을 적용할 수 있다. 활동 목적에 따라 적절한 방법을 선택한다.

관찰 및 피드백

개별 학습자의 이해도 및 팀 과제 진도를 지속적으로 점검하고 개입이 필요한 개인 또는 팀에게는 피드백을 제공하거나 질의응답을 수행한다. 학습내용의 이해 수준이 낮은 학습자가 관찰될 경우 컴퓨터나 모바일 기기를 이용하여 동영상 및 읽기자료를 재학습하게 하고, 팀 과제 진도 점검 시에는 학습자의 참여도, 의사소통, 과제해결 과정 등을 평가한다.

발표 및 평가

팀 과제 결과물을 팀별로 발표하도록 한다. 모든 학습자가 고루 참여할 수 있도록 주차별로 다른 조별 발표자가 배치되게끔 지도한다. 팀별 발표는 수업 상황에 따라 일부 조만 선택하여 진행할 수도 있다. 이때 팀별 활동 관찰 및 과제물 수준을 점검하여 지정하는 것이 효과적이다. 전체 팀의 발표 종료 후, 핵심 내용을 간략히 정리하고 세부 내용들의 관계를 구조화하여 설명한다.

수업 후 활동(After-Class)

수업 후에는 수업에서 했던 작업을 정리하고 학습자의 학습 목표 달성을 돕기 위하여 다음과 같은 활동을 수행한다.

결과물 업로드

주차별로 팀이 수행한 모든 과제의 결과물을 탑재하도록 한다. 학습관리시스템이 있다면 학습자가 학습관리시스템에 수업 당일 내에 과제 결과물을 업로드 하도록 수업 마지막 단계에서 미리 안내한다.

학습 활동 성찰

학습자들이 교실 밖과 안에서 이루어진 학습 활동에 대해 성찰하도록 권장한다. 성찰 활동은 성찰일지 양식을 배포하여 배운 점, 학습과정, 학습내용의 적용 가능성, 팀 활동 소감 등의 작성으로 이루어질 수 있다. 단, 학습 활동 성찰에 너무 많은 시간을 할애하는 것은 피해야 한다.

피드백 평가

과제 결과물을 모니터링하면서 학습자의 반응 및 상호작용 수준, 사전 학습, 과제 수행의 어려움을 확인한다. 또한 심화학습이 필요할 경우 학습자들에게 별도의 자료를 제공해 줄 수 있다.

최종 평가

플립드러닝에서는 다양한 수업 방식으로 수업을 진행하는 만큼, 다양한 요소를 종합하여 평가하는 방식이 고려되어야 한다. 평가 요소에는 퀴즈 평가, 결과물 평가, 팀 활동 평가, 발표, 학습내용 성취도 및 목표달성 여부 확인을 위한 중간 및 기말고사 등이 포함된다.

플립드러닝의 교육적 의미

플립드러닝은 '교사와 학생이 만나는 시간을 어떻게 하면 의미 있게 보낼 것인가'라는 문제의식에서 출발했다(Bergmann & Sams, 2012). 따라서 기존의 전통적 수업 방식의 한계를 보완해 줄 수 있는 접근으로써, 다양한 교육적 의미를 살펴 볼 수 있다.

수업의 주체로서 능동적인 학습자

플립드러닝은 학습자의 자기주도적인 참여활동을 기본 전제로 한다. 학습자는 수업 전에 주어진 동영상이나 자료를 통하여 학습 내용을 미리 숙지하고 교실에서는 해당 과제와 관련된 학습 활동을 수행한다. 이 과정이 원활하게 이루어지기 위해서는 학습자가 자발적이고 능동적인 수업의 주체가 되어야 한다.

다양한 상호작용 및 커뮤니케이션 활동 증진

교수자는 수업 전 학습 활동을 하고 온 학습자들과 질의 응답 활동을 수행하거나 팀별로 학습 진행상황을 점검하고 피드백 하는 과정에서 수업의 상호작용성을 높일 수 있다. 학습자 역시 전통적인 수업에서보다 교수자 혹은 동료 학습자들과 더욱 다양한 형태의 상호작용과 커뮤니케이션을 경험하게 된다.

반복 학습 및 심화 보충활동 가능

수업 전에는 대개 온라인 동영상 자료가 주어지게 되는데 이 매체는 특성상 반복해서 학습이 가능하므로 학습자들이 내용을 반복 심화하는 데 도움을 줄 수 있다. 또한 교실 내에서는 학습한 내용을 바탕으로 심도 있는 토론이나 응용 혹은 문제해결 활동 등을 수행하기 때문에 학습 내용을 보다 깊이 있게 이해할 수 있게 된다.

수업 집중도 향상 및 긍정적 태도 변화

수업 시간에는 강의보다는 보통 활동 중심의 교수−학습이 진행되므로 학습자는 수업에 몰입하게 되고 수업태도도 적극적이며 능동적으로 변모하게 된다.

학습자의 자기주도 학습 능력 신장

학습자는 수업 전에 제공되는 자료들을 미리 학습하기 위해서 자신의 시간을 조정할 줄 알아야 한다. 또한 학습자는 교실에서도 누군가의 강의를 듣는 것이 아니라 학습 내용을 이해하고 팀별 활동의 주체로서 참여해야 하기 때문에 이런 과정에서 자기주도 학습 능력이 증진될 수 있다.

학습자의 능력을 고려한 수준별 학습이나 개별화 학습 가능

교수자는 학습자들의 이해 수준을 기반으로 수준별로 팀을 나눈 뒤 팀별 수준에 따라 교정수업, 보충수업, 혹은 심화수업 등을 상황에 맞춰 적절히 수행할 수 있다. 또한 학습자는 미리 학습하면서 이해가 잘 되지 않았던 부분에 대해 수업시간에 교수자에게 질문하고 개별 지도를 받을 수 있다.

3절 액션러닝

개념 및 특징

액션러닝(Action Learning: AL)은 '행동(Action)'을 통해 '배운다(learning)'는 원리에 기초를 두는 교수-학습 기법이다. 달리 말하면, 과제해결을 위해 모인 구성원들이 실제 과제를 해결하거나 해결 방안을 도출하는 과정에서 질문과 성찰을 통해 학습이 이루어지는 과정이라고 할 수 있다. 액션러닝은 영국의 리반스(Revans)가 광부들을 대상으로 실시한 집단 컨설팅에서 생산성 향상 효과를 위해 처음 적용한 개념으로 점차 기업에서 조직 내 문제를 해결하기 위한 방법으로 제안되었다(장경원, 고수일, 2015).

액션러닝은 과제 해결과 더불어 개인 또는 모둠의 학습을 체계적으로 조직화할 수 있도록 돕는 과정으로써, 문제 해결 방법을 찾는 것과 이를 통한 전반적인 경험을 중시한다. 학습자는 자신의 아이디어를 실행에 옮겼을 경우 아이디어가 효과적이고 실용적일 것인지, 어떠한 것을 간과하지는 않았는지, 어떤 문제가 야기될 수 있으며 향후 어떻게 개선할 수 있을지를 고려하여야 한다. 따라서 액션러닝은 학습자가 관련 내용에 대한 지식뿐만 아니라 해결 과정에 대한 지식을 습득할 수 있게 한다.

액션러닝의 구성요소

액션러닝의 구성요소는 연구자마다 견해가 다양하지만 일반적으로 조지워싱턴 대학의 마쿼트(Marquardt) 교수의 모델이 가장 설득력 있는 것으로 알려져 있다. 액션러닝은 과제, 학습 팀, 실행전략, 질문과 성찰, 학습에 대한 몰입, 촉진자라는 여섯 가지 요소로 이루어져 있다(장경원, 고수일, 2013).

과제

액션러닝에서 다루는 과제는 교육에 참가하는 개인 또는 팀이 반드시 해결할 필요가 있는 중요하면서도 난이도가 있는 과제여야 한다. 허구로 만든 과제가 아니라 조직의 생존이나 이익과 직결되는 실제적인 과제여야 한다.

학습 팀

학습 팀은 성, 연령, 이력, 성격, 학습스타일 등에서 다양한 배경을 가진 학습자 4~8명 정도로 구성한다. 4명 미만일 경우에는 팀원들 간의 역학 관계를 기대하기 어려워 창의력이 잘 발휘되지 않을 수 있다. 반면에 8명을 초과할 경우에는 팀원들의 발언과 성찰의 기회가 부족해 효과적인 활동이나 결과가 나오기 어렵게 된다. 학습 팀은 토의하는 과정에서 각자가 가진 다양한 관점을 바탕으로 여러 가지 질문을 제기하고 문제해결 과정을 성찰하게 된다. 이 과정에서 학습이 일어나는 것이다.

실행전략

실행전략은 액션러닝 과정에서 도출된 해결방안이라고 할 수 있다. 학습 팀에서 개발한 해결안이 실행으로 연결될 수 있다는 것은 학습 팀으로 하여금 과제 해결을 위한 동기를 유발시킨다. 마쿼트는 다음과 같은 공식을 사용하여 실행을 강조하였다. 즉, 학습은 정형화된 기존 지식, 적절한 질문과 성찰 그리고 실행을 통합적으로 사용한 것이다.

L= P+ Q+ R + I

학습(Learning), 정형화된 지식(Programed knowledge), 질문(Question), 성찰(Reflection), 실행(Implementation)

질문과 성찰

액션러닝의 학습은 교수자에 의해 주도되기보다는 학습 팀이 문제를 해결하는 과정에서 문제의 본질과 효과적인 문제해결 방법에 대해 자기주도적으로 학습하고 성찰하는 가운데 일어난다. 적절한 질문은 학습 팀원의 사고를 자극하여 다양한 문제해결 방법을 도출하여 창의적 사고를 촉진할 수 있다. 그리고 적극적인 성찰은 학습 팀원 간의 암묵적 지식 공유를 가능하게 한다.

학습에 대한 몰입

학습 참가자들은 스스로 학습하고 다른 참가자들의 학습을 도우려는 자세를 가져야 한다. 이를 통해 과제와 직접적으로 관련된 내용에 대한 지식을 습득할 뿐 아니라 해결 과정에 대한 지식 또한 습득할 수 있다.

촉진자

촉진자는 학습코치(learning coach)라고도 불리며, 학습자 집단의 과제 수행과 학습이 효과적으로 이루어지도록 개입하는 사람을 말한다. 촉진자는 문제의 내용적 측면과 관련되기보다 문제해결 과정에서 필요한 각종 도구들을 제공하여 학습자의 수준 높은 성찰이 이루어지도록 돕는다. 그리고 학습내용을 정리할 수 있는 기회와 분위기를 제공함으로써 구성원들의 학습의욕을 고취시키고 학습효과를 제고하는 데 기여할 수 있다.

액션러닝의 주요 단계

액션러닝 프로세스는 문제 상황 제시, 문제 인식, 문제 명료화, 가능한 해결책 도출, 해결책 우선순위 결정, 액션플랜 작성, 현장적용, 성찰의 8단계를 기본으로 한다.

문제 상황 제시

액션러닝은 발생 가능한 혹은 발생하고 있는 실제적 문제에서부터 시작한다. 이 단계는 학습자가 해결해야 할 실제적 문제가 제시되는 단계이다.

문제 인식

이 단계에서는 학습자들이 팀 토론을 통하여 제시된 문제를 다각적으로 인식하여 가능한 내용을 모두 살펴보는 단계이다. 학습 팀원들은 개방된 생각을 가지고 의견을 공유하여야 한다.

문제 명료화

이 단계는 학습자들이 팀 토론을 통하여 문제를 분석하여 문제해결과 의사결정 과정을 위한 명확한 기준점을 제시하는 단계이다. 팀원들은 문제 명료화 과정을 거치면서 제시된 문제를 자신의 문제로 받아들이게 된다.

가능한 해결책 도출

학습자들은 팀 토론을 통하여 명료화된 문제의 원인과 그 해결책을 도출하기 위해 다양한 접근법을 모색하고 그 해결책에 대한 아이디어를 도출해야 한다.

해결책 우선순위 결정

학습자들은 팀원 간의 토론과 합의를 통하여 가능한 해결책들의 우선 순위를 결정한다. 이 결정에는 제안된 문제 해결책들의 경제성, 시급성, 실현가능성 등이 고려되어야 한다.

액션플랜 작성

학습자들은 개별학습 및 학습결과를 공유하여 실제적 문제에 대한 액션플랜, 즉 실행계획을 작성한다. 액션플랜은 구체적인 실천 계획이어야 한다. 액션 플랜이 발표되면 촉진자는 발표 내용을 정리하여 다시 한 번 설명해 준다.

실행하기

액션플랜을 바탕으로 문제 현장에서 실행한다. 교수자는 학습자가 실행할 수 있도록 각종 도구 및 정보를 지원하고 학습 활동을 촉진한다.

성찰

학습자들은 자신과 팀의 학습과정 및 학습결과에 대하여 성찰하는 시간을 갖는다. 잘한 점, 부족한 점, 계속 진행할 점 등을 선별한 후 활동을 지속하거나 종결한다.

액션러닝의 기법

액션러닝이 효과적으로 이루어지기 위해서는 여러 가지 기법들이 필요하다. 액션러닝에 사용되는 기법들은 창의적인 아이디어를 끄집어내며 창출된 아이디어를 분석하고 유목화하며 실행계획을 세우는 데 도움을 준다. 일반적으로 액션러닝 기법은 다음 표와 같이 생각의 생성 및 조직화, 분석 및 결정, 실행 및 평가를 위한 도구로 나누어 볼 수 있다. 그러나 이 기법들이 반드시 분류된 항목을 위한 도구로 사용되어야 한다는 의미는 아니다. 학습 팀은 상황에 따라 어떠한 기법을 선택하여 활용할 수 있고 또 중복해서 사용할 수도 있다.

표 6-2 액션러닝 기법의 활용

분류기준	내용	기법
생성 및 조직화	아이디어를 만들어 내고 이를 정리하는 데 도움	브레인스토밍, 브레인라이팅, 명목집단법, 연꽃 발상법, 육색사고모자, 멀티보팅, 마인드맵 등
분석 및 결정	제시된 아이디어를 결정하고 분석하는데 사용	로직트리, 5WHY, 의사결정 그리드, PMI, 피쉬본 등
실행 및 평가	아이디어를 실천하거나 과제를 해결하는 데 도움	성찰일지, 보고기법, 포트폴리오, 액션플랜 등

출처: 김예준(2017; 13).

브레인스토밍(Brainstorming) 및 브레인라이팅(Brainwriting)

브레인스토밍은 창의적인 아이디어를 만들어내기 위해 자유로운 상태에서 새로운 아이디어를 만들어내는 기법이다. 비판 금지, 자유 보장, 질보다 양, 의견 편승의 4원칙에 따라 새로운 아이디어를 끌어내는 방법이라고 할 수 있다. 브레인라이팅은 브레인스토밍의 원리를 적용하되 아이디어 창출은 개별적으로 한 뒤 아이디어를 종이에 적고 돌려가면서 아이디어를 추가하는 기법이다.

명목집단기법과 아이디어 유목화

명목집단기법(Nominal Group Technique: NGT)은 아이디어 생성도구로써 팀원들 간 다양한 아이디어를 신속하게 이끌어내는데 유용한 기법이다. 최대한 많은 아이디

그림 6-3 명목집단기법과 아이디어 유목화

어를 수합하기 위한 전략으로써 토의에 참가한 참여자들이 다른 사람과 이야기하는 것을 멈추고 토의 주제에 대한 자신의 생각을 포스트잇에 적은 후 모두가 볼 수 있는 큰 종이에 붙일 수 있도록 일정한 시간을 부여한다. 모든 아이디어가 부착되고 나면 유사한 아이디어들을 모아 분류하는데 이를 '아이디어 유목화'라고 한다.

연꽃발상법

구성원이 한 자리에 모여서 핵심 아이디어 중심으로 세부 아이디어를 발전시키는 기법이다. 구성원 모두가 잘 볼 수 있게 아이디어를 큰 종이에 써서 전시하면서 발전시킬 수 있다.

그림 6-4 연꽃발상법

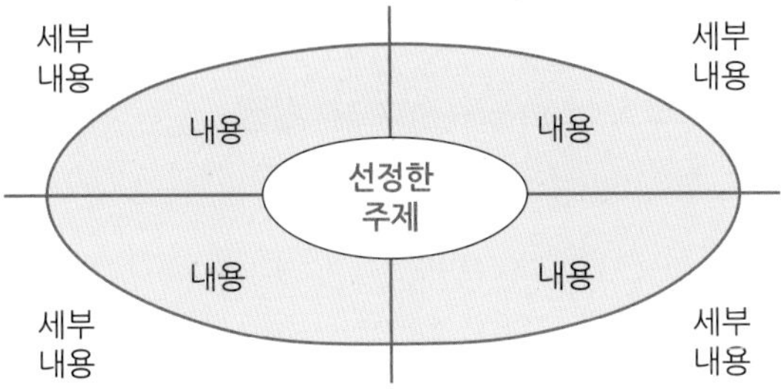

다중투표(Multi-Voting) 기법

다중투표 기법은 다양한 의견과 아이디어를 분류한 다음 여러 가지 항목 중에서 어느 한 가지를 선택하고 결정할 경우에 팀 구성원들이 투표를 통해서 결정하는 기법이다. 주로 명목집단법을 활용한 뒤 후속 활동으로 이어지는 기법으로 사용된다. 즉, 수집된 아이디어를 상황에 따라 유사한 것끼리 모아 항목별로 분류하고 참가자들이 다중투표를 하여 아이디어의 범위를 축소하는 데 도움을 준다. 분류된 아이디어 위에 작은 스티커를 붙여 투표하고 가장 많이 투표된 항목을 선별하여 문제 해결에 활용한다.

5WHY 기법

문제에 대한 기저의 원인을 찾는 방법이다. 단, 무조건 '왜'만 외치면 안된다. 현 시점에서 해결할 수 있는 답변이 나올 수 있도록 통제가 가능한 질문과 대답이어야 하고, 근거가 있고 검증이 가능한 사실만 가지고 대답해야 한다. 또한 더 이상 '왜'라는 질문을 할 수 없을 때까지 답하도록 함으로써 문제의 근본 원인을 찾아가도록 하는 기법이다.

PMI(Plus, Minus, Implication or Interesting) 기법

생성된 아이디어의 채택 여부를 결정하는 기법이다. 결정의 기준은 아이디어가 갖고 있는 긍정적인 측면, 부정적인 측면, 아이디어가 함축하는 시사점 혹은 흥미로운 점 등이다. PMI 기법을 활용할 때는 도출된 각 대안들이 장점과 단점을 비교하여 채택한다.

SWOT(Strength, Weakness, Opportunity, Threat) 기법

이 기법은 조직의 상황 분석을 외부 환경 분석과 내부 환경 분석으로 구분하여 외부 환경 분석을 통해서 기회(Opportunity) 요인과 위협(Threat) 요인을 파악하고 내부 환경 분석을 통해서 강점(Strength)과 약점(Weakness)을 찾아낸다. 이들 요인 분석을 토대로 강점을 이용하고 기회를 활용하는 전략(SO), 강점을 이용하고 위협을 극복

그림 6-5 SWOT 분석

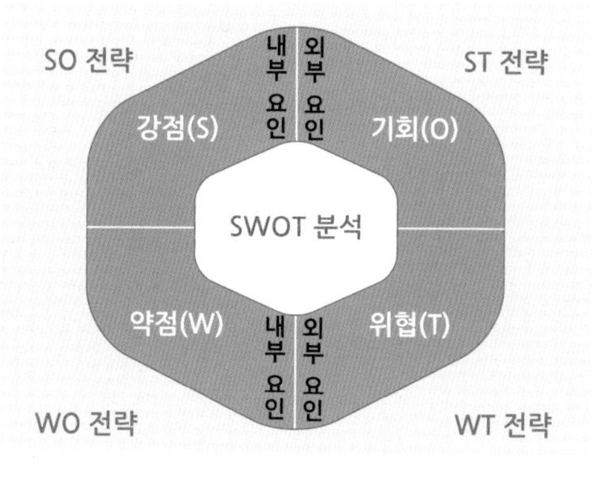

하는 전략(ST), 약점을 보완하고 기회를 활용하는 전략(WO), 약점을 보완하고 위협을 극복하는 전략(WT)을 수립한다.

4절 하브루타

개념 및 특징

하브루타는 유대인의 고전적 학습법으로 두 사람이 함께하는 짝 토론 또는 두 사람끼리 텍스트를 공부하면서 질문, 토의, 논쟁하는 활동을 뜻한다(Kent, 2008). 하브루타(Havruta)는 친구라는 뜻의 히브리어 '하버(Haver)'에서 유래되었다. 하브루타를 할 때에는 짝과 함께 앉아서 텍스트를 읽고 그 의미를 질문하고 토의하며 그 내용이 자신의 삶에 대해 제기하는 문제들에 대해 폭넓게 탐색한다. 즉, 두 학생이 텍스트를 읽고 텍스트가 의미하는 바에 대해 서로 질문하며 생각을 나눈다. 대화는 질문과 대답, 그리고 다시 질문으로 계속 이어진다. 상대방의 의견이나 대답에 동의할 수 없을 때에는 그 이유를 설명하거나 또 다른 생각을 제시하도록 질문한다. 이 방법은 깊은 논쟁을 가능하게 하고 사고력 확장과 고등 정신능력을 길러준다. 뿐만 아니라 한 가지 질문에 수많은 답이 가능하다는 것을 알게 해 준다. 하브루타는 일방적인 강의가

아니라 텍스트를 매개로 파트너 간의 상호작용을 강조하기 때문에 두 사람의 상호작용뿐만 아니라 텍스트를 포함한 세 파트너 간의 상호작용이라고도 할 수 있다.

하브루타의 원리

하브루타는 Kent(2010)가 제시한 3단계 원리를 바탕으로 Parry(2004)가 제시한 탈무드 토의의 요소를 적용하여 이루어진다.

하브루타의 3단계 원리

1단계 경청하기와 재확인하기

하브루타 수업의 시작에 해당한다. 경청하기(Listening)란 상대방의 생각에 관심을 가지고 상대방이 말하고자 하는 것에 집중하여 듣는 것을 말한다. 그런 후 재확인하기(Articulating)를 통해 경청하기에 대한 피드백을 한다. 상대방이 자신의 말에 관심이 있고 이해하고 있음을 확인하는 것이다.

2단계 반문하기와 집중공략하기

상대방의 이야기를 심도 있게 이해하고 결론을 이끌어내기 위해 여러 가지 방안들을 생각해 보는 단계이다. 편협한 생각으로 나아가지 않도록 서로의 생각에 대해 보완해야 할 점, 참고해야 할 점은 없는지를 고려하고 여러 가지 방안들에 대해 반문해 본다.

3단계 지지하기와 도전하기

지지하기(Supporting)란 아직까지 결론이 정해지지 않았다면 계속 찾을 수 있도록 상대방을 지지해 주는 것이다. 그리고 도전하기(Challenging)란 결론이 정해지지 않은 문제에 대해 상대방이 지속적으로 생각할 수 있도록 하고 보완해야 할 점들에 대해 다시 한 번 생각해 보게 하는 것이다. 이 단계에서는 서로에 대한 협력적인 분위기를 형성하고 가장 좋은 결론을 만들기 위해 책임감을 가지고 노력해야 한다.

표 6-3 탈무드 토의의 일곱 가지 원리

원리	설명
진술(statement)	말하는 사람이 사실적으로 이야기한다. 사실을 있는 그대로 간략하게 언급한다.
질문(question)	진술한 사람의 정보를 듣고 상대방이 그것에 대해 날카로운 질문을 한다.
대답(answer)	진술한 사람이 질문에 대해 답변을 한다.
반박(contradiction)	대답에 대해 반박하거나 반대 의견을 낸다. 반박은 싸우는 것이고 말다툼하는 것으로 날카로운 반박일수록 좋다.
증거(proof)	원래 말한 사람이 자신의 주장에 대해 논리적으로 증거를 대고 증명을 한다.
갈등(difficulty)	다시 증거를 댄 것들에 대해 사실이나 진실이 아닌 것들을 현명하게 찾아내어 지적한다.
해결(resolution)	결론짓기, 파트너와 함께 갈등 상황에 대한 해결책을 찾고 바람직한 방향을 모색하면서 마무리한다.

출처: 김정숙, 이순아(2015; 512).

탈무드 토의의 원리

탈무드 토의의 일곱 가지 원리는 두 사람 간의 상호작용을 반영하고 있다. 즉, 제1화자가 어떤 사실에 대해 진술하면 청자는 그 진술을 경청하고 제2화자가 되어 질문한다. 제1화자는 제2화자의 질문에 답을 하고, 제2화자는 대답에 대해 반박을 한다. 서로가 질문과 대답을 주거니 받거니 하면서 대화가 지속되는 가운데 예리한 논리가 만들어지고 갈등 해결 방안이 모색된다.

하브루타 모형 및 주요 단계

하브루타를 활용한 수업 모형은 매우 다양하다. 수업에서 학습자들이 서로 협력하며 대화, 질문, 토론하는 활동은 모두 하브루타의 범주에 포함된다. 하브루타를 적용한 수업모형은 다음과 같이 다섯 가지로 정리할 수 있다(전성수, 고현승, 2014).

질문 중심 하브루타

질문 만들기는 하브루타 수업의 가장 기본이다. 따라서 질문 중심 하브루타가 학교 현장에서 보편적으로 활용되고 있는 수업 모형이다. 질문 중심 하브루타 수업은 질문이 수업 활동의 연결고리가 되므로 질문 만들기부터 시작한다. 즉, 학습자들은 텍스트를 읽고 질문을 만들어 짝과 일대일 토론을 한다. 토론을 통해 둘이 해결하지 못한 질문을 가지고 두 팀, 즉 넷이서 모둠 토론을 실행한다. 모둠은 다시 가장 좋은 질문을 뽑아 집중 토론을 한다. 모둠은 집중 토론 내용을 정리하여 발표하고 학습자들이 선택한 질문을 중심으로 학습자 전체와 교수자가 토론하는 쉬우르 단계로 이어진다. 쉬우르는 유대인의 교육기관인 예시바에서 짝과 탈무드 논쟁을 한 내용을 바탕으로 스승인 랍비가 전체 학생과 토론하는 시간을 말한다. 즉, 학습자 전체와 교수자가 질문 중심으로 하브루타 하는 것을 의미한다.

논쟁 중심 하브루타

논쟁 중심 하브루타 수업 모형은 교과서나 교재에서 논제를 뽑거나 학습자들이 평소에 관심 있는 이슈를 논제로 정해 토론하는 방법이다. 이 때 논제는 학습자 수준에 맞게 선정하는 것이 중요하다. 논제를 정한 다음 짝 토론과 모둠 토론을 진행하는

표 6-4 하브루타 수업 모형 및 단계

하브루타 수업 모형	진행과정
질문 중심의 하브루타 수업	질문 만들기 ⇨ 짝 토론 ⇨ 모둠 토론 ⇨ 발표 ⇨ 쉬우르
논쟁 중심의 하브루타 수업	논제 조사하기 ⇨ 짝 논쟁 ⇨ 모둠 논쟁 ⇨ 발표 ⇨ 쉬우르
비교 중심 하브루타 수업	비교 대상 정하기 ⇨ 조사하고 질문 만들기 ⇨ 짝 토론 ⇨ 모둠 토론 ⇨ 발표 ⇨ 쉬우르
친구 가르치기 하브루타 수업	내용 공부하기 ⇨ 친구 가르치기 ⇨ 배우면서 질문하기 ⇨ 입장 바꾸기 ⇨ 이해 못한 내용 질문 ⇨ 쉬우르
문제 만들기 하브루타 수업	문제 만들기 ⇨ 짝과 문제 다듬기 ⇨ 모둠과 문제 다듬기 ⇨ 문제 발표 ⇨ 쉬우르

출처: 전성수, 고현승(2015; 97-101).

데 그 방식은 다양하게 변형할 수 있다. 학습자들은 각자 조사한 내용을 바탕으로 짝과 일대일 토론을 한 다음, 논쟁을 통해 두 사람이 함께 더 좋은 입장을 정한다. 이를 가지고 모둠으로 이동하여 모둠 토론을 하고 모둠의 입장을 정한 뒤 그 근거를 정리한다. 논제에 대한 입장과 근거들을 정리하여 발표하고 쉬우르 한다.

비교 중심 하브루타

어떤 대상이든 비교가 가능하다면 비교 중심 하브루타 수업의 소재가 될 수 있다. 이 수업에서 비교 대상을 잘 선정하면 학습자들의 사고는 매우 촉진되고 호기심 또한 높아질 수 있다. 학습자들은 유사점과 차이점을 논의하고 대조하면서 서로의 사고를 자극할 수 있다. 비교 중심 하브루타에서는 교과서나 교재 등에서 비교할 대상을 정한 후 그것에 대해 자세하게 조사하고 질문을 만든다. 질문을 중심으로 비교 대상에 대해 짝 토론, 모둠 토론, 쉬우르를 진행한다.

친구 가르치기 하브루타

친구 가르치기 하브루타 수업은 가르치고 배울 범위를 정한 후 자신이 그 부분을 철저하게 공부한 후 서로 가르치고 배우는 수업이다. 짝의 실력이 비슷하면 손해 나는 느낌 없이 치열하게 서로 질문하고 반박하면서 공부할 수 있기 때문에 짝의 수준은 비슷한 것이 좋다. 설명을 듣는 학습자는 내용을 들으면서 생기는 질문을 수시로 하면 된다.

문제 만들기 하브루타

문제 만들기 하브루타 수업은 정해진 범위에서 학습자들이 문제를 만들어 보는 수업이다. 문제를 풀 때 중요한 것은 문제를 출제한 의도를 파악하는 것이다. 즉, 문제를 읽고 문제를 낸 의도를 파악하고 핵심을 짚어내면 문제를 잘 풀 수 있다. 문제의 의도를 파악하기 위해서는 출제자의 입장이 되어보는 것이 좋다. 학습자가 시험문제를 만들면서 출제자의 입장에서 무엇이 중요한지에 대해 고민하는 그 순간, 실질적인 배움이 일어날 수 있다. 아울러 문제를 파악하는 안목도 생기게 된다. 문제 유형은 필요에 따라 사지선다형, 오지선다형, 단답형, 서술식, 논술식 등으로 교수자가 정해 줄 수 있다. 학습자들은 문제를 출제하고 짝토론을 통해 문제를 다듬고 좋은 문제를 뽑아 모둠 토론에 제출한다. 모둠 토론에서는 제안된 문제 가운데 가장 좋은 문제를 선택하고 다듬어서 발표한다. 교수자는 학습자들이 발표한 문제를 가지고 쉬우르 한다.

5절 교육연극

개념 및 특징

교육연극은 관객을 대상으로 공연하는 것이 목적이 아니라 연극을 제작하는 과정에서 학생들이 교육목표에 달성하기를 기대하는 교수법의 한 종류이다(장연주, 2018). 따라서 전문연극(professional theatre)과는 차별화되며 일종의 교수-학습 방법으로써 학생들의 표현력, 상상력, 개성, 창의성, 잠재력을 개발할 수 있는 과정 중심의 교육에 역점을 두게 된다. 교육연극은 20세기 초 '행동함으로써 배우기(learning by doing)'(Dewey, 1916, 1920), '극적으로 행동함으로써 배우기(learning by dramatic doing)'(St. Clair, 1991)라는 개념이 등장하면서 구체적인 교육방법으로 자리 잡기 시작하였다.

과정 중심의 연극

교육연극은 공연을 목적으로 하는 일반적인 연극과는 달리 연극의 감상자와 행위자가 구분되지 않는다. 일반적인 연극이 공연의 예술적 성과를 중요시한다면, 교육연극은 연극을 만드는 과정에서 발생하는 교육적 효과와 기능을 보다 중요시한다. 즉, 전문적인 연극을 위한 테크닉을 요구하지 않으며, 학생들이 자유롭게 자신의 개성과 창의성을 표현하도록 한다. 교육연극은 학생들에게 하나의 경험을 제공하고 그들이 자신을 표현하는 데 있어 모방, 감정이입, 협동, 상징적인 행동 등을 통해 삶을 반영하는 기회가 될 수 있도록 유도한다. '내가 만약 ~라면', '마치 ~처럼' 우리가 다른 사람이 되어본다는 것은 그 사람의 눈으로 사물을 보고 느낀다는 것을 의미한다. 이런 느낌들은 생각하는 방식에 영향을 주고 이러한 변화는 우리에게 새로운 시각을 제공해준다. 또한 학생과 교사 간에 끊임없는 교류를 통해 다양한 시각에서 지식을 공유할 수 있도록 한다.

교육연극의 11가지 요소

교육연극의 과정이 구체화되기 위해서 '드라마 형식(dramatic form)'을 위한 요소들이 충족되어야 한다. 이러한 요소로써 헤이즈먼과 오툴은 다음 11가지 요소들을 제시하였다(Haseman & O'Toole, 2017).

> 1) 드라마 맥락(human context), 2) 긴장(tension), 3) 초점(focus), 4) 장소(place), 5) 시간(time), 6) 내러티브(narrative), 7) 언어(language), 8) 움직임(movement), 9) 분위기(mood), 10) 상징(symbol), 11) 드라마적 의미(dramatic meaning)

즉, 상황, 인물, 관계들을 포함하는 드라마 맥락(human context)을 세운 뒤, 긴장(tension)에 의해 드라마 맥락에서 사건이 진행되고, 초점(focus)을 통해 사건들이 구체화되고, 장소(place)와 시간(time)에서 구현되며, 이야기, 즉 내러티브(narrative)로 구성된다. 이러한 요소들은 언어(language)와 움직임(movement)에 의해 표현되는데 이들은 분위기(mood)와 상징(symbol)을 창조한다. 이 10개의 요소들이 함께 작동하여 드라마적 의미(dramatic meaning)를 만들어 내는데 그것이 바로 마지막 11번째 요소이다. 이렇게 교육연극의 과정은 복잡하게 얽혀 있는 드라마적 요소들로 구성된다.

이러한 과정에서 학생들은 가상현실에서 일어나는 시간적, 공간적 경험을 하게 되고, 가상현실을 통해 만나게 된 연극 사건을 의미 있고 가치 있는 것으로 받아들이게 된다. 그러므로 교육연극 수업을 지도할 교사는 위의 드라마 형식 11가지 요소를 고려하여 수업을 설계해야 한다. 특히, 학생들이 생성해내는 드라마적 의미가 무엇인지를 잘 판단하여 수업을 진행해야 한다. 실제로 처음 교육연극을 활용하는 교사의 경우 학생들이 드라마적 의미를 생성해 냈음에도 불구하고 그것을 구분해내지 못하고 지나치는 경우가 많다.

활용 분야

교육연극은 학교 안팎의 다양한 장에서 활용되고 있다. 우선 학교 내 교과학습에 활용된 사례로는 국어교육, 외국어교육, 과학교육 등을 들 수 있으며(장연주, 2018), 초등학교 수업 현장에서는 시와 동화교육, 즐거운 생활, 미술 교과 등에서도 활용되고 있다(심상교, 2004). 또한 비교과교육에서는 또래 괴롭힘 등 학교폭력예방교육과 다문화교육에서도 교육연극이 활용되고 있다. 교육연극을 통해 또래 괴롭힘을 당하는 학생들의 감정을 공감하게 되고, 그들이 겪고 있는 문제에 대한 해결점을 찾는 과정을 다루게 된다. 또한 교육연극을 통한 다문화교육은 다문화 아동에 대한 관계적, 사회적 거리감을 좁히는 데 효과가 있는 것으로 나타났다(김서현, 2011). 즉, 교육연극은 외부자의 시선으로 자신의 행동과 가치를 볼 수 있게 해준다(Fleming, 2006).

학교 밖 사회 교육으로써 교육연극은 1990년대부터 일부 극단이나 단체, 동호인 혹은 교사 모임 등에 의해 간헐적으로 크고 작은 교육연극 프로그램들이 병원, 노인 시설, 교도소 등에서 제작, 실행된 데서 기인한다. 이 작업들은 편견과 선입견, 환경 문제, 인종차별 문제, 따돌림 문제, 폭력, 성 문제 등의 사회적 쟁점에 대하여 참여자들이 연극을 통해 긴밀한 소통을 나눔으로써 보다 넓고 깊은 이해와 관점을 배양하도록 돕는다(장연주, 2018).

이 외에도 전국교사연극모임, 서울교대 교육연극학과 모임, 한국예술종합학교 T.I.E 프로젝트 팀 등의 크고 작은 단체들이 외국 노동자 인권이나 청소년 왕따 등의 다양한 소재로 워크숍 형태의 소규모 작업들을 실천하고 있다. 최근에는 2015년 개정 교육과정과 연계하여 교사들을 위한 교육연극 활동이 늘어가고 있으며 지방의 각 교육지원청의 특색사업으로 교원 역량강화를 위한 교육연극 워크숍이 운영되기도 한다.

교수자가 고려해야 할 사항

교육연극 수업을 실행하고자 할 때 교수자가 고려해야 할 사항들을 살펴보자.

수업 전에는 수업 시간(기간), 장소와 학생에 대한 정보를 파악해야 한다

수업 시간(기간)은 학교 교과과정 내에서 교육연극을 활용할 경우 교과목이나 학생들의 연령과 수업 상황에 맞게 조절할 필요가 있다. 예를 들어, 45분 수업시간 내에 교과목에 대한 이해를 높이기 위해 연극놀이를 사용할 경우 연극놀이의 시간은 10~20분이 적당하다. 하지만 교과과정 이외에 방과 후 수업이나 창의적 체험활동에서 연극놀이를 시도할 경우 일회성의 수업보다는 최소 10회 이상의 정기적인 수업이 더 효과적이다.

수업 장소는 교실보다 조금 넓고 맨발로 활동해도 안전한 공간이 좋다

기존 교실에서 수업을 진행할 경우에는 책걸상을 교실 한쪽으로 치워, 보다 넓은 공간을 확보해야 한다. 수업의 성격에 따라서 운동장이나 잔디밭 등 야외공간이 활용될 수도 있다. 학생들의 인원은 보통 15~20명 안팎이 적절하다. 그러나 30~40명의 학생들과 함께 진행할 경우에는 두 그룹으로 나누어 한 그룹이 활동하는 것을 다른 그룹이 지켜보게 하는 것도 효율적인 방법이 될 수 있다.

수업의 진행은 설정–토의–발표–판단의 단계로 나누어 진행할 수 있다

첫 단계로 교사는 어떤 주제와 상황으로 학습이 진행될 것인가를 파악하여 학습 목표를 설정하고, 학습자들에게 주제나 상황에 적합한 정보를 조사하여 어떠한 역할을 해야 할지 결정하도록 한다. 그리고 작품을 만들기 위한 조별작업으로 학생들이 그들의 표현 활동을 위한 정보를 토의하도록 지도한다. 발표 단계에서는 토의된 내용을 바탕으로 30초 내외의 특정 동작을 구체화하며 마지막으로 발표된 내용들이 정해진 주제나 상황과 어떠한 관련성이 있는지 분석하고 평가하는 과정을 거친다. 이러한 분석과 평가는 교육연극이 그저 재미있는 놀이와 구분되는 학습활동이 되기 위해서 반드시 필요한 과정이다(심상교, 2004).

교사는 교육연극 수업에서 일어나는 돌발적인 사태에 대처할 수 있어야 한다

이는 비교적 정해진 절차와 과정 속에서 진행되는 기존의 교수–학습 방법과는 다른 교육연극의 특징이자 난점이기도 하다. 보통 교사들은 정확한 계획 없이 수업을 진행하는 것을 곤란하게 생각하며 자신이 수업을 통제하지 못한다는 두려움으로 인해 학생들이 스스로 연극을 진행하고 참여하는 것에 관대하지 못할 수 있다(O'Neil, 2001). 따라서 교사는 열린 가능성 속에서 수업하고 있음을 자각하고 있어야 하며, 발생된 사태에 대해 참여자들이 함께 해결해 나간다는 과정에 초점을 두는 것이 교육적 측면에서 더 효과적이다. 〈표 6-5〉는 앞서 언급한 사항들을 수업 전, 중, 후로 나누어 정리한 것이다.

교육연극은 결과가 아닌 과정 중심의 교수-학습방법이므로, 그 평가 역시 과정 중심적이어야 한다. 이 과정 중심 평가에는 학생들이 교육연극 활동 전반에 걸쳐 얼마나 효과적으로 준비하고, 대처하고, 그들이 맡은 역할을 구축하고, 표현하고, 반성 및 성찰하는지가 고려되어야 한다(O'Toole & Dunn, 2002: 25). 교육연극은 드라마의 이야기와 드라마 속 인물을 통해 학생들이 끊임없이 성찰하고 변화할 수 있는 도움을 주는 교수-학습 방법이다. 따라서 교사는 학생들이 그들 스스로 어떻게 성장하고 발전하고 있는지를 수시로 점검할 수 있는 다양한 평가 방안과 루브릭을 고안해야

표 6-5 교육연극 수업 실행 시 교수자가 고려해야 할 사항

수업 전	수업 중	수업 후
• 수업 시간, 장소, 학생 인원 및 특성을 파악하였는가? • 수업목표가 학생들의 연령과 특성에 적합한가? • 목표 설정을 위한 효과적인 전략을 세웠는가? • 연극 수업의 규칙을 설명하였는가? 예) 배역 설정 시 학생들의 대사 고려 예) 불필요한 신체 접촉 금지	• 설정-토의-발표-판단의 각 단계에 적합한 시간을 배분하였는가? • 각 활동을 마칠 때 학생들에게 활동에 대한 자기평가의 시간을 갖게 하였는가? • 수업 목표와 관련된 활동을 진행하고 있는가? • 수업이 계획대로 진행되지 않을 경우, 수업 설계 수정을 고려하였는가? • 학생들의 생각을 유도하고 그들의 성찰을 깊게 하는 데 도움이 되는 질문을 하였는가?	• 수업 목표를 달성하였는가? 그 지표는 무엇으로 알 수 있는가? • 학생들의 사소한 의견이라도 존중하고 연극에 적용시켰는가? • 전체 학생들이 수업에 활발히 참여하였는가? • 연극의 진행과정이 적절했는가? • 교수자로서 잘했거나 잘못했다고 생각되는 점은 무엇인가?

출처: 장연주(2014; 34) 재구성.

할 것이다. 이 과정에서 행동(Action), 성찰(Reflection), 변화(Transformation)가 바로 예술(ART)이며, 이것이 바로 교육연극 수업을 좌우하는 세 가지 양식이라는 점을 기억할 필요가 있다(Taylor, 2012).

이판사판 질문하기

Q. 하브루타나 교육연극 같은 건 왜 배워요?

A. 아… 이 두 가지 교수-학습 방법은 다른 책에 잘 안 나오는 내용이라는 것, 알고 있습니다. 그런데 모든 교수-학습 방법은 어떠한 상황에서 어떤 필요에 의해 출현하거나 수입된 것이고 그것이 성공적이면 점차 확산되기 시작하지요. 하브루타는 우리 나라 학생들이 수업 시간에 능동적으로 질문하고 말하는 연습을 좀 했으면 좋겠다는 생각에서 다루게 되었구요. 교육연극은 연극과 접목된 교수-학습 방법을 다루는 고유한 분야라서 소개하고 싶었습니다. 교육방법 및 교육공학의 경계를 좀 확장할 필요가 있다고도 생각했구요. 상당히 의미 있는 주제라고 생각하는데 여러분도 새로운 것들, 많이 배우셨으면 좋겠네요.

43:27 / 97:30

참고문헌

- 김서현(2011). 교육 연극이 다문화가정 아동에 대한 초등학생들의 태도에 미치는 영향 연구. 이화여자대학교 석사학위논문.
- 김연경(2016). 대학수업을 위한 활동이론 기반 플립드러닝 수업모형 개발. 중앙대학교 박사학위논문.
- 김영배(2015). 플립드 러닝 지원시스템 설계원리 개발. 부산대학교 박사학위논문.
- 김예준(2017). 액션러닝 기법을 적용한 협력쓰기 수업이 초등영어 쓰기에 미치는 영향. 서울교육대학교 석사학위논문.
- 김정숙, 이순아(2015). 하브루타 교육원리를 적용한 초등학교 독서토론 활성화 방안 연구. **학습자중심교과교육연구, 15**(12), 509-533.
- 심상교(2004). **교육연극 · 연극교육**. 연극과 인간.
- 장경원, 고수일(2015). **액션러닝으로 수업하기. 제 2판**. 서울: 학지사.
- 장연주(2014). 교수학습방법으로써의 교육연극 활용 사례 연구. **열린교육연구, 22**(1), 1-20.
- 장연주(2018). **교사를 위한 교육연극의 이론과 실천**. 박영스토리.
- 전성수, 고현승(2015). **질문이 있는 교실**. ㈜경향비피.
- 정주영, 홍광표, 이정아(2012). **술술 풀리는 PBL과 액션러닝**. 서울: 학지사.
- 조연순(2006). **문제중심학습의 이론과 실제: 문제로 시작하는 수업**. 서울: 학지사.
- 최정임(2004). 사례분석을 통한 PBL의 문제설계 원리에 대한 연구. **교육공학연구, 20**(1), 37-61.
- 최정임, 장경원(2015). **PBL로 수업하기**. 서울: 학지사.
- Dewey, J. (1916). *Democracy and education: An introduction to the philosophy of education*. Macmillan.
- Dewey, J. (1920). *Reconstruction in philosophy*. Dover Publications.
- Bergmann, J. & Sams, A. (2012). *Flip Your Classroom: Reach Every Student in Every Class Every Day*. Washington, DC.
- Fleming, M. (2006). Justifying the arts: Drama and intercultural education. *Journal of Aesthetic Education*, 40(1), 54-64.
- Hamdan, N. P. McKnight, McKnight, K and Arfstrom K. M.(2013). The flipped

learning model: A Review of Flipped Learning, ‖ Flip. Learn. Netw.

- Haseman, B. & O'Toole, J. (2017). *Dramawise reimagined: Learning to manage the elements of drama*. NSW: Currency Press.
- Kent, O.(2008). Interactive text study and the co-construction of meaning: Havruta in the DeLeT BeitMidrash. Unpublished Doctoral Dissertation, Brandeis University.
- Kent, O.(2010). A Theory of Havruta Learning. *Journal of Jewish Education*, 76(3), 215-245.
- O'Neil, C. (2001). *Structure and spontaneity: The process drama of Cecily O'Neil*. Taylor, P., Warner, C. (Eds.). Trentham Books.
- O'Toole, J. & Dunn, J. (2002). *Pretending to learn: Helping children learn through drama*. Frenchs Forest, NSW, Australia: Longman.
- Parry, A. (2004). *The Talmud*. New York: Aplha.
- St. Clair, J. P. (1991). Dorothy Heathcote as philosopher, educator and dramatist. Unpublished doctoral dissertation. University of North Carolina, Greensboro, USA.
- Taylor P. (2012). 연극 수업에 미적 가치를 되살리기. In P. Taylor Ed. **문화예술교육의 도약을 위한 평가-쟁점과 원리**. 백령, 홍영주, 성진희, 김병주 역. 커뮤니케이션북스.

교수매체

이 장에서는 교수·학습과정에서 사용할 수 있는 매체의 유형과 활용 방법을 살펴보고자 한다. 교수매체의 활용은 교수–학습의 효과를 증대시킬 수 있으므로 성공적인 강의나 수업을 기획하는 교수자들이 간과할 수 없는 영역이다.

1절 교수매체의 특성 및 종류

개념 및 필요성

매체(media)는 '무엇과 무엇의 사이(between)'를 의미하는 라틴어 'medium'의 복수형인 'medius'라는 말에서 유래한다. 즉, 의사소통에 있어서 송신자(sender)와 수신자(receiver) 사이를 연결하는 매개체를 의미하며 이러한 매개체가 수업내용의 전달에 사용될 때 '교수매체'라고 한다. 따라서 교수매체는 교수자와 학습자 그리고 학습자와 학습자 간에 교수목표를 효과적이고 효율적으로 달성하기 위해 필요한 의사소통을 도와주는 다양한 형태의 매개수단으로 정의할 수 있다. 나아가 최근 구성주의적 관점에서는 교수매체를 단순히 교수내용의 전달수단에 국한시키는 것이 아니라, 학습자의 지식 구성 과정을 촉진시키는 도구로 간주한다.

초기의 교수매체는 교재나 자료 등 교수과정의 매개체, 즉 하드웨어의 의미가 강했다. 그러나 최근에는 자료나 매개체의 이용방법 및 활용을 위한 계획, 설계, 실행, 평가의 방법론적인 측면까지 포함하는 광범위한 개념으로 사용되고 있다. 교수매체의 개념은 협의와 광의의 개념으로 구분할 수 있다.

협의의 개념

학습자의 이해를 돕기 위해 교수내용을 구체화하거나 보충하기 위한 보조적 수단으로서 사용되는 기계나 자료 혹은 시청각적, 언어적 정보 전달에 이용되는 시청각 기자재를 의미한다. 예를 들어, 모형, 사진 등의 자료나 슬라이드, 비디오, 컴퓨터, CAI 프로그램 등이 이에 해당된다.

광의의 개념

교수자와 학습자 간에 교수목표 달성을 위해 사용되는 모든 수단을 의미하며 인적자원, 학습내용, 학습 환경, 시설, 기자재 등을 포함하는 포괄적인 개념이다. 즉, 수업설계 전략의 계획부터 학교의 교육환경, 인적 자원, 전달하고자 하는 메시지 내용 등 모두를 포함하는 종합적인 개념이다.

교수매체의 필요성

교수매체는 교과내용을 단순히 전달하거나 요약하는 것에서 그치는 것이 아니라, 수업내용을 가장 효율적으로 전달하며 교수자-학습자, 학습자-학습자 간의 상호작용을 높이는 데 기여할 수 있다. 교수매체의 필요성을 다음 몇 가지로 정리해 볼 수 있다.

첫째, 매체는 구체적인 경험을 제공하는 데 중요한 역할을 한다. 호반(Hoban)은 사실과 가까운 매체일수록 더 정확한 메시지를 전달할 수 있고 추상성이 높아질수록 이해도가 낮아진다고 주장하였다(Hoban & Hoban, 1937). 연령이 낮은 학습자일수록 사실과 가까운 학습 경험을 제공함으로써 학습의 효과성과 효율성을 증진시킬 수 있다.

둘째, 교수매체의 활용은 학습자의 주의를 끌거나 동기를 유발하는 데 용이하다.

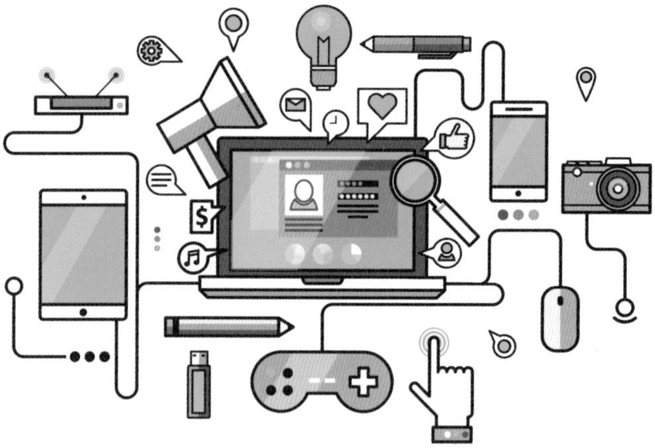

다양한 매체를 활용함으로써 학습자의 오감을 자극하여 주의 획득을 용이하게 할 수 있다. 또한 학습내용을 표현하는 최적의 시청각적 방법을 활용함으로써 학습내용에 대한 이해를 촉진시킬 수 있다. 인간은 기본적으로 시각 정보와 청각 정보를 동시에 처리할 수 있기 때문에 두 정보 유형을 적절히 활용하면 최적의 학습효과를 낼 수 있다.

셋째, 교수매체는 효율적인 의사소통을 위한 매개의 역할을 수행한다. 의사소통은 송신자의 메시지를 수신자에게 보내는 과정이다. 매체는 시각, 청각, 미각, 촉각 등의 다양한 감각기관을 통해 메시지를 전달하는데 어떤 상징체계를 사용하느냐에 따라 정보의 의미와 정확도가 달라지기도 한다. 이 때 송신자의 메시지는 채널을 통하여 전달되는데 이 채널의 역할을 담당하는 것이 바로 매체인 것이다.

기저 이론

역사적으로 최초의 교수매체로 간주되는 것은 1658년에 제작된 코메니우스(Comenius)의 '세계도회(Orbus Pictus: The world of pictures)'라고 알려져 있다.

'세계도회'는 그림을 이용한 교과서로서 어린 아동에게 단어를 가르치기 위해 그림과 단어를 함께 제공한 책이다. 이 책에서의 그림은 단어 설명에 대한 단순한 삽화

그림 7-1 **세계도회**

출처: 코메니우스(1659, 1998; 29).

대기①는 조용히 살랑거립니다.
바람②은 강하게 붑니다.
폭풍③은 나무를 넘어뜨립니다.
회오리바람④은 빙글빙글 돕니다.
지하⑤의 바람은 지진⑥을 불러 일으키고
지진은 붕괴를 가져옵니다.

가 아니라 언어를 가르치기 위해 시각 자료를 함께 제공하여 학습을 증진시키려고 한 목적이 강하므로 최초의 교수매체로 간주되고 있다. 즉, 인쇄매체인 책에 텍스트 이외에 그림을 삽입한 그 의도가 교수목표를 달성하기 위해 그림이라는 시각적 매체를 사용한 것으로 간주되는 것이다.

교수매체의 기저이론으로는 매체의 속성에 따른 기능적 분류와 커뮤니케이션 관점에 따른 의사소통 모형이 있다. 매체의 속성에 따른 기능적 분류에는 호반(Hoban)

과 데일(Dale)의 이론이 있으며, 커뮤니케이션 관점에서의 의사소통 모형에는 벌로(Berlo)의 SMCR 모형과 쉐넌(Schannon)과 슈람(Schramm)의 의사소통 모형이 있다. 이 장에서는 호반과 데일의 이론을 살펴볼 것이다. 벌로의 모형과 쉐넌과 슈람의 모형은 이 책의 제 3장을 참고하도록 한다.

호반(Hoban)의 시각 자료 분류

호반과 그의 동료들은 시각 자료를 사실성의 정도에 따라 구분하였다(Hoban & Hoban, 1937). 즉, [그림 7-2]에 제시된 것처럼 사실과 가까운 매체일수록 구체성이 높아지고 추상성은 낮아진다. 반면에, 언어는 추상성이 가장 높고 구체성이 떨어지는 매체의 예로 제시되어 있다. 호반은 전달 매체가 고도의 추상성을 갖는다면 메시지의 이해도는 떨어지고, 반대로 구체성이 높으면 이해도는 높아지는 것으로 보았다. 그러나 모든 매체는 구체성과 추상성을 동시에 가지고 있다. 따라서 학습자의 이해를 돕기 위해서는 추상적인 내용을 사실적이고 구체적으로 제시하는 매체를 사용하는 것이 필요하다. 호반의 이론은 이러한 분류 체계를 제시하였지만, 시각매체만을 가지고 설명하였다는 한계가 있다.

그림 7-2 호반(Hoban)의 시각 자료 분류

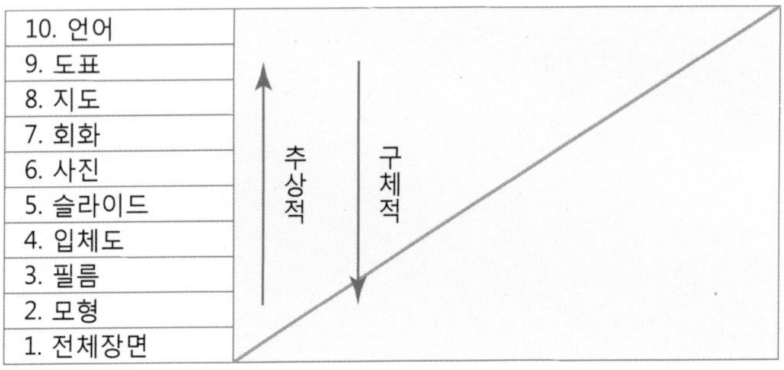

데일(Dale)의 경험의 원추

데일은 호반의 구체성-추상성 분류를 발전시켜 경험의 원추(Cone of Experience) 이론을 제시하였으며 매체를 3단계로 분류하였다. [그림 7-3]에서 보듯이 실제로 해

그림 7-3 데일(Dale)의 매체 분류

보거나 가서 보는 것이 행동에 의한 학습이고 시청각 매체를 통한 간접적인 경험단계가 관찰에 의한 학습이다. 그리고 언어와 기호와 같은 매체를 통한 상징적인 경험단계가 추상에 의한 학습이라고 할 수 있다. 데일의 경험의 원추는 매체의 추상성과 구체성에 따른 분류에 학습 경험의 특징을 결합하였다는 데 그 의의가 있다. 특히, 이 모형은 사전에 구체적인 경험을 하였을 때 이후 간접적 경험이나 추상적 경험을 더욱 의미 있게 받아들일 수 있다고 설명한다.

유형

교수매체는 매우 다양하며 그것들을 유형화하여 분류하는 기준과 방식도 다양하다. 몇 가지 주요 분류 기준을 소개하면 다음과 같다.

구체성-추상성에 따른 분류

구체성-추상성에 따른 분류는 앞에서 언급한 호반의 시각 자료 분류 이론과 데

일의 경험의 원추 이론이 대표적이다. [그림 7-2]와 [그림 7-3]을 참고하기 바란다.

상징체계의 유형에 따른 분류

상징체계의 유형에 따른 분류는 상징체계에 따라 시각매체, 청각매체, 시청각매체, 상호작용매체로 나누어 볼 수 있다.

시각매체

칠판, 융판, 모형, 실물, 사진, 각종 그림 자료(그림, 포스터, 차트, 그래프, 만화 등), 슬라이드, 필름 스트립, OHP, LCD 프로젝터, 파워포인트, 실물화상기 등

청각매체

라디오, 카세트 녹음기와 테이프, 레코드판(LP), 콤팩트디스크(CD), mp3 등

시청각매체

TV, VTR, 영화, 비디오테이프, 멀티미디어 CD-ROM, PMP, DVD, PDP 등

상호작용매체

매체와 사용자의 상호작용성을 강조한 것으로 멀티미디어, 양방향TV, 하이퍼미디어, 상호작용 비디오 등

빛의 투사에 따른 분류

투사매체는 빛을 투사해 내용을 제시하는 특성을 가지고 있으므로 실내 공간을 어둡게 해야 선명한 화면을 볼 수 있다. 따라서 학습자와 교수자의 직접적인 상호작용에 방해를 주는 역효과가 있을 수 있으나, LCD 프로젝터나 실물화상기 등은 실내를 완전히 어둡게 하지 않아도 화면이 잘 보이므로 이러한 역효과를 완화할 수 있다.

투사매체

슬라이드, OHP, 실물화상기, LCD 프로젝터, 영화, 파워포인트

비투사매체

칠판, 융판, 괘도, 실물, 모형, 사진, 각종 그림 자료(그림, 포스터, 차트, 그래프, 만화 등)

데이터의 성질에 따른 분류

최근 정보통신의 발달로 인해 모든 매체들이 각각의 아날로그 신호체계에서 컴퓨터가 인식할 수 있는 디지털 신호체계로 변환되고 있다. 그 이유는 디지털 신호로 변환되어야 컴퓨터와 연동하여 자료를 저장, 검색, 편집, 제작하는 것이 용이해지기 때문이다. 교수매체에서도 첨단 기술의 빠른 발달로 인하여, 아날로그 매체들은 그 자체의 활용성 및 유용성이 낮아져 디지털 매체에 통합되거나 쇠퇴하는 추세에 있다.

아날로그 매체

TV, 라디오, OHP, 실물화상기, 슬라이드, 녹음기, VTR 등

디지털 매체

컴퓨터, 디지털TV, DVD, 디지털 카메라, mp3 등

세대별 구분에 따른 분류

매체를 시대적 발전과정에 따라 분류한 것이다. 20세기 컴퓨터의 출현과 정보통신 발달로 인하여 컴퓨터와의 호환 및 연결성은 최근 매체들의 핵심적인 기능이 되고 있다. 여기서 주목할 점은 정보통신의 발달과 컴퓨터의 출현으로 3, 4세대 매체의 사용은 통합 흡수되거나 위축되어가는 반면, 1, 2세대의 전통적 매체들은 각 매체의 특성 및 장점으로 인해 여전히 대중적이고 보편적인 매체로 자리매김하고 있다는 점이다.

1세대

칠판, 융판, 모형, 차드, 그림, 도표, 전시 등

2세대

교과서, 인쇄물 등 인쇄 매체

3세대

슬라이드, 영화, 라디오, 녹음기, TV등 대량 전달 매체

4세대

CD-ROM, CAI(Computer Assisted Instruction), 언어실습장치 등의 교육자동화

이러한 분류 유형에 따른 매체의 종류와 특징은 〈표 7-1〉과 같이 간단하게 요약할 수 있다.

표 7-1 교수매체의 유형 분류

분류		종류	특징
시각매체	비투사매체	실물, 모형, 괘도, 그래프, 포스트, 만화	광학적 · 전기적 투사방법을 사용하지 않고 매체 사용 가능
	투사매체	슬라이드, OHP, 실물화상기	광학적 · 전기적 투사방법을 사용하여 매체 사용
청각매체		라디오, 녹음기, 전축	청각적인 정보 전달
시청각매체		비디오테이프레코더, 영화, TV	시각과 청각적 정보 동시에 전달
상호작용매체		컴퓨터보조수업(CAI), 상호작용 비디오, 멀티미디어, 쌍방향 TV	컴퓨터를 기본으로 사용하며, 학습자와 상호작용이 가능

출처: 이성흠 외(2013; 219) 재구성.

매체별 특성

인쇄매체

인쇄매체는 가장 오래된 형태의 매체로 교재, 참고서, 팸플릿, 소책자, 학습지 등을 포함한다. 교수매체의 가장 기본적인 형태인 인쇄매체는 문자를 중심으로 구성되므로 지식을 쉽게 전달하는데 효과적이다.

장점

첫째, 다른 교수매체에 비해 상대적으로 제작, 구입하기 저렴하며 재사용이 가능하다. 둘째, 사용이 편리하고 이용하는데 특별한 어려움이 없다. 셋째, 조명에 크게 상관없이 사용이 가능하며 목적 달성을 위해서 쉽게 변환하여 사용이 가능하다. 넷째, 특별한 도구 없이 언제, 어디서든지 사용이 가능하며 공간 이동에 어려움이 없다.

단점

첫째, 학습자가 어느 정도의 독해능력이 있어야 사용 가능하다. 둘째, 대부분의 인쇄매체는 교수자의 일방적인 제시로 전달되기 때문에 학습자는 수동적 자세를 가질 우려가 있다. 셋째, 인쇄매체는 좁은 지면에 많은 용어와 개념을 제시하여 학습자에게 지적 부담감을 줄 수 있다. 넷째, 학습동기가 유발되지 않은 상태에서 사용되는 인쇄자료는 학습자에게 지루함을 줄 수 있다.

칠판

칠판은 교실에서 가장 보편적이고 오랫동안 사용해 온 시각매체이다. 그럼에도 불구하고 칠판의 효과적인 활용이 간과되어 왔고 테크놀로지의 발달로 낡은 도구로 간주되는 경향이 있다.

장점

첫째, 수업의 개요와 핵심목록을 전달하는데 효과적이다. 둘째, 수업 중 이루어지는 토의과정에서 제기되는 의견 혹은 질문에 대한 요약이 가능하다. 셋째, 어려운 이

름, 새로운 용어, 친숙하지 않은 어휘들을 적어 학습자에게 보여줌으로써 이해를 도울 수 있다. 넷째, 공식이나 계산 등 단계별로 진행 과정을 제시할 수 있다. 다섯째, 대부분의 교실에 칠판이 설치되어 있기 때문에 별도의 시설 준비가 요구되지 않는다. 여섯째, 가격이 저렴하고 관리가 쉬우며 유지비용 또한 적게 든다.

단점

첫째, 많은 양의 자료를 제시하기에 부적절하다. 둘째, 세부적이고 복잡한 그림을 제시하기에 부적절하다.

OHP(Overhead Project)

OHP는 투명한 필름이나 실물자료에 강한 빛을 투사함으로써 상을 확대시켜 스크린에 보이게 하는 교수매체이다. 스위치, 초점조절 나사, 상의 높낮이를 조절하는 승강 장치를 조절하여 TP(Transparency) 용지를 순차적으로 OHP에 투사시켜 스크린에 자료를 제시한다. 다른 교수매체들은 교육 이외의 분야에서 개발된 것을 교수매체로 전환하여 사용한 반면, OHP는 처음부터 교육용으로 개발되었다는 특징이 있다.

장점

첫째, 약간 어두운 조명에서도 사용 가능하므로 장소에 크게 구애를 받지 않는다. 둘째, 제작이 간단하고 저렴하며 반영구적으로 사용이 가능하다. 셋째, 학생 수가 많은 경우에 적합하며 포인터를 사용하여 쉽게 학생들의 주의를 집중 시킬 수 있다. 넷째, TP 용지 위에 그림이나 글씨의 첨삭이 용이하며 펜이나 마커를 사용하여 중요한 부분을 강조할 수 있다. 다섯째, 학생들과 시선을 맞출 수 있으며 학생들의 반응을 보면서 속도나 제시 순서를 조절할 수 있어 학습자와 상호작용하는 데 효과적이다.

단점

첫째, 프로그램화되어 자동적으로 제시되는 것이 아니라 교수자에 의해 효과여부가 결정되므로 교수자의 제시 능력 및 철저한 사전준비가 필요하다. 둘째, 정적인 자료로 주의집중을 장기간 유지하기가 어렵다. 셋째, 교수자가 준비한 자료를 일방적으로 제시하는 경우, 학생들을 수동적으로 만들 수 있다. 넷째, 이미지가 똑바로 나타나지 않고 왜곡되는 키스톤 현상(keystone effect)이 나타날 수 있으므로 주의해야 한다.

그림 7-4 OHP

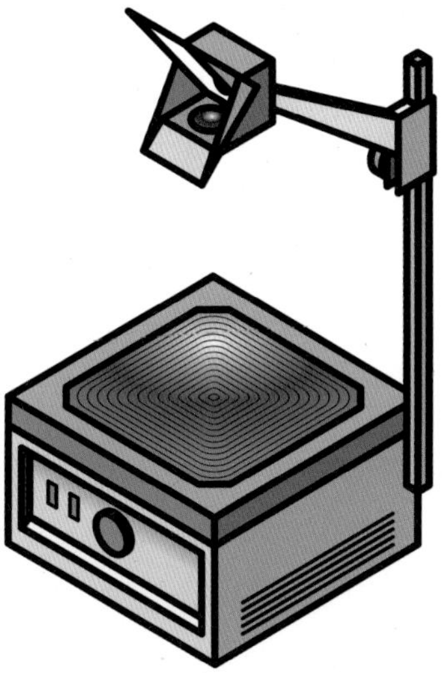

실물화상기

실물화상기는 책, 그림, 곤충, 물건 등 실물을 직접 투사하여 TV나 컴퓨터를 통하여 제시하는 매체로 TV와 PC에 연결하여 여러 자료(그림, 사진, 책, 사물, 생물, 지도 등)를 영상으로 확대하여 보여준다. 활용 시에는 학습자의 시야에 투사물이 잘 들어올 수 있도록 투사대상을 실물화상기에 올바르게 위치시켜야 한다. 그리고 초점을 최적화하여 학습자가 투사물을 보는 데 불편함이 없게 해야 한다.

장점

첫째, OHP가 TP라는 전용 용지를 통해 자료를 준비해야 하는 번거로움이 있다면, 실물화상기는 별도의 자료를 제작, 변환할 필요가 없어 사용이 간편하다. 둘째, 원본 자료를 직접 기기 위에 올려 제시하므로 원본 자료의 손상이 거의 없고 어떠한 자료라도 필요할 때 바로 확대하여 보여줄 수 있다. 셋째, 필요한 부분을 다양한 각도에서 볼 수 있으며, 부착된 카메라를 통해 자료를 확대 또는 축소하여 제시 가능하다. 넷째, 최근에는 기능들이 더욱 향상되어 컴퓨터와 연결해 화상을 보고 이를 컴퓨터에 저장할 수 있다.

단점

첫째, TV, 컴퓨터 모니터, 프로젝션과 같은 출력기기가 필요하다. 둘째, 상이 커질수록 선명도가 떨어진다. 셋째, 원본 내용 중 관련 없는 부분도 같이 제시되므로 학생들의 집중력을 떨어뜨릴 수도 있다.

그림 7-5 실물화상기

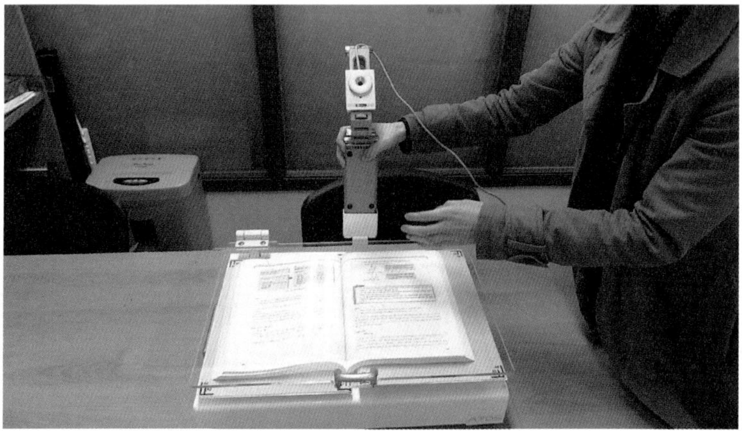

슬라이드

슬라이드는 35mm 필름을 한 프레임(frame)씩 잘라 한 장씩 차례로 보여줄 수 있도록 고안된 투사매체와 그 필름을 말한다. 가장 널리 사용되는 것은 35mm 필름 주변을 단단한 틀에 끼워 넣은 표준형 슬라이드이다. 슬라이드는 컴퓨터의 활용이 보편화됨에 따라 활용이 감소되고 있는 추세이다.

장점

첫째, 일반 카메라로 쉽게 제작할 수 있고 프로젝트의 조작이 용이하다. 둘째, 슬라이드용 필름의 가격이 비교적 저렴하기 때문에 다량의 복사가 가능하여 보급이 매우 용이하다. 셋째, 연속적인 과정을 차례로 찍어 제시함으로써 순차적인 내용의 학습에 효과적이다. 넷째, 슬라이드가 하나씩 구분되어 있기 때문에 다양한 순서로 재배열이 가능하며 교수자가 필요에 따라 제시순서를 바꿀 수 있다. 다섯째, 그룹 또는 개별학습에서 모두 활용이 가능하다.

단점

첫째, 동적인 내용에 활용되기 어렵다. 둘째, 슬라이드가 각각 분리되어 있어 순

그림 7-6 슬라이드

서가 뒤바뀌거나 분실될 우려가 있다. 셋째, 슬라이드를 보기 위해서는 불을 끄거나 어둡게 해야 하므로 준비과정에서 주의산만이 야기되고 여러 형태의 학습을 동시에 수행하기 어렵다. 넷째, TV, 컴퓨터 모니터, 프로젝션과 같은 출력기기가 필요하고 상이 커질수록 선명도가 떨어진다.

전자책

전자책(e-Book)이란 책의 내용을 디지털 형태의 정보로 가공 및 저장한 출판물을 의미한다. 이는 오프라인 형태의 CD-ROM 등과 온라인 형태의 전자책, 소프트웨어 형태의 전자책으로 구별할 수 있다. 하드웨어 형태의 전자책은 PDA 등 전용단말기를 통해 볼 수 있는 인터넷을 통해 파일을 다운로드 받아서 사용할 수 있다. 반면 소프트웨어 형태의 전자책은 휴대용 컴퓨터나 PC 등의 환경에서 인터넷 등을 통해 다운로드 받아서 사용하며 때로는 전용 뷰어를 설치해야 한다.

장점

첫째, 인쇄된 책에 비해 방대한 양의 내용을 저장, 편집, 관리하는 데 용이하다. 둘째, 멀티미디어 정보와 다양한 정보 기술의 활용으로 좀 더 실감 있는 정보의 전달이 가능하다. 셋째, 인쇄된 책과 달리 동일한 책의 내용이라도 다양한 화면 구성 기

그림 7-7 전자책

능을 이용하여 볼 수 있다. 넷째, 전자 매체이지만 밑줄을 긋거나 메모를 할 수 있으며 책갈피에 북마크 기능을 활용할 수 있다.

단점

전자파에 오랜 시간 동안 노출되어 있으면 시력이 나빠질 수 있다.

전자칠판

전자칠판은 컴퓨터와 연결된 보드 위에 특별히 제작된 펜으로 수업 내용을 판서하고 이를 대형 스크린을 통해 학습자들에게 보여주는 시스템이다. 전자칠판의 유형은 칠판의 형태로 구현되는 프로젝터를 사용한 프론트형과 LCD TV를 사용하는 LCD형이 있고, 교수자가 직접 모니터에 쓰는 내용을 투사하는 교탁형이 있다. 초기의 전자칠판은 화이트보드에 필기한 내용을 인쇄할 수 있는 기능이 있었으나 최근에는 컴퓨터와 접목하여 다기능을 가진 전자칠판으로 발전하였다.

장점

첫째, 전자칠판을 컴퓨터와 연결하여 모니터처럼 활용하여 학습자와 공유할 수 있다. 둘째, 전자칠판에서 컴퓨터의 프로그램이나 동영상, 인터넷 등을 조작할 수 있

그림 7-8 전자칠판

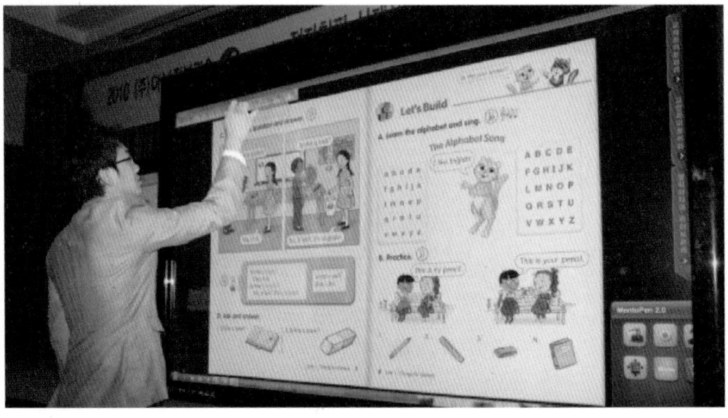

고 그 위에 판서 기능을 통해 글을 써서 강조할 수 있다. 셋째, 카메라, 마이크 등과 연결하여 교수자가 수업하는 내용을 동영상, 판서 내용과 함께 파일로 저장이 가능하다.

단점

첫째, 프론트형 전자칠판은 가격은 저렴하지만 프로젝터를 사용하기 때문에 화질이 다소 어둡고 램프교체 등 보수비용이 자주 발생한다. 둘째, LCD형 전자칠판은 밝고 선명한 화질을 구현할 수 있으나 가격이 비싸고 화면에서 열이 많이 발생한다. 셋째, 교탁형은 교수자가 직접 작은 모니터에 판서를 해야 하므로 판서내용이 많아질 때는 활용이 불편하다.

컴퓨터와 인터넷

1970년대 후반 소형 컴퓨터의 출현은 교수활동에 중요한 전환점이 되었다. 즉, 컴퓨터의 교육적 활용은 소형 컴퓨터의 출현 시대인 1970년대 후반을 기준으로 첫째, 소형 컴퓨터 이전 시대, 둘째, 컴퓨터가 학교에 도입된 1977년부터 1990년대 중반까지의 소형 컴퓨터 시대, 셋째, 1994년 웹(World Wide Web) 출현 이후의 인터넷 시대로 나누어 볼 수 있다.

장점

첫째, 컴퓨터가 제공하는 시청각 매체에 의해 학습자의 흥미 및 동기가 상승할 수 있다. 둘째, 학습자에 대한 즉각적인 피드백을 통해 학습효과를 한층 더 강화시킬 수 있다. 셋째, 학습자 개인에 대한 학습 결과 등의 정보를 분류하여 체계적으로 저장할 수 있다.

단점

첫째, 인터넷을 활용하여 학습하는 경우 학습자가 원하는 프로그램을 찾는 것이 어려울 수 있다. 둘째, 컴퓨터 보조 수업의 경우, 학습자가 학습에 흥미가 없으면 컴퓨터를 이용하여 학습과 관련 없는 활동을 할 수 있다.

모바일 기기

모바일 기기는 시공간의 제약을 받지 않고 학습자가 어디서나 교육콘텐츠를 활용하여 학습할 수 있다는 점에서 주목받는 매체이다. 활용 시 주의사항으로는 무선통신 이용에 따른 비용을 학습자가 감수해야 한다는 점이다.

장점

모바일 기기를 이용하면 무거운 종이책을 여러 권 가지고 다녀야 하는 부담에서 벗어날 수 있다.

단점

학습자가 학습의 필요성을 느끼지 못할 경우, 인터넷 서핑과 같은 오락에 주의를 빼앗길 수 있다.

2절 교수매체 선정 및 활용

각각의 교수매체는 자신이 가진 고유한 특성과 장점이 있기 때문에 최신의 많은 기능을 가진 교수매체가 반드시 가장 좋은 것은 아니다. 따라서 교수매체를 활용할 때는 각 매체의 장점을 잘 살려 사용하는 것이 중요하다. 또한 교수매체 선정 시에는 다음과 같은 사항들을 고려해야 한다.

교수매체 선정 시 고려사항

학습자 특성

매체를 통해 학습할 학습자가 어떠한 특성을 가지고 있는지를 분석하는 것은 매우 중요하다. 나이, 성별, 학년, 지적 수준 등 기본적인 특성을 파악하는 것 이외에 학습자가 선호하는 매체가 무엇인지, 적성, 성격, 태도 등은 어떠한지, 학습 스타일

(learning style)은 어떠한지, 교과나 매체와 관련된 선수 경험은 어떠한지 등을 파악하여 적절한 매체를 선정하여야 한다. 일반적으로 나이가 어린 학습자들에게는 직접 조작이 가능하고 시각적으로 구체성이 높은 매체를 제시하여 내용 전달이 정확하게 될 수 있도록 한다. 반면, 성숙한 학습자들에게는 추상적인 매체를 통해 자기 주도적으로 정보를 해석하고 고차원적인 사고를 촉진할 수 있도록 하는 것이 바람직하다. 하지만 성인 집단의 인지적 기능에는 많은 편차가 있음을 명심해야 한다.

매체에 대한 교수자의 태도와 능력

교수자의 매체에 대한 태도나 사용 능력도 매체 선정의 중요한 요인이다. 아무리 효과가 좋은 교수매체라 할지라도 수업 상황에서 직접 조작해야 할 교수자가 그 매체를 선호하지 않거나 조작이 미숙하다면 학습 효과는 오히려 반감될 수 있다. 그러므로 교수자가 특별히 선호하거나 기피하는 매체가 있는지, 사용하고자 하는 매체에 친숙한지, 호감을 가지고 있는지, 매체 조작이 용이한지 등을 고려하여야 한다.

수업 상황

수업이 이루어지는 수업 상황도 분석하고 고려해야 한다. 수업 집단의 크기가 대집단인지 소집단인지 또는 개별학습이 가능한지에 따라 매체 선정이 달라질 것이다. 예컨대 대집단이라면 학습자 모두에게 효과적으로 전달할 수 있는 파워포인트와 프로젝션, 비디오나 실물화상기 같은 프레젠테이션 매체를 쓰는 것이 효과적이다. 그리고 집단의 크기가 작거나 개별학습이 가능하다면 실물 모형, 인터넷을 통한 이러닝과 같은 방법을 활용할 수도 있다. 집단의 크기뿐만 아니라 발견학습, 시뮬레이션, 토의학습 등 수업에서 주로 활용될 교수방법도 교수매체 선택에 영향을 미친다. 주요 교수방법에 따라 활용할 수 있는 교수매체를 정리하면 〈표 7-2〉와 같다.

학습 목표와 내용

학습 목표 및 내용도 효과적인 교수매체 선택을 위해 고려해야 할 부분이다. 학습 목표는 크게 지적, 정의적, 신체적 영역으로 구분된다. 예를 들어, 인지적 영역의 학습 목표를 위해서는 프레젠테이션이나 실제 내용의 사실적 개요를 보여줄 수 있는

표 7-2 교수방법과 교수매체 선정

구분	컴퓨터 소프트웨어	비디오	그래픽			오디오	인쇄자료	실물/모델
			시각자료	슬라이드/OHP	게시판			
내용제시		✓	✓	✓	✓	✓	✓	
시연	✓	✓	✓		✓			✓
토의					✓			
협동학습	✓		✓					✓
발견학습	✓		✓				✓	✓
문제해결	✓	✓	✓		✓		✓	
시뮬레이션	✓		✓				✓	✓
반복연습	✓						✓	
개인교수	✓						✓	

출처: 노혜란, 박선희, 최미나(2012; 279) 재구성.

매체를 선정하는 것이 좋다. 그리고 비디오와 같은 영상 매체는 인지적 영역뿐만 아니라 정의적, 신체적 측면의 학습에도 활용할 수 있다.

매체의 물리적 속성과 기능

매체 자체가 어떠한 속성과 기능을 가지고 있는지도 매체를 선정하는 직접적인 계기가 될 수 있다. 즉, 시각 매체인지 청각 매체인지, 혹은 시청각 매체인지 등의 속성에 따라 교수학습의 효과를 극대화시킬 수 있는 방법이 다르기 때문이다. 매체의 속성뿐만 아니라 기능, 안전성, 견고성 등도 함께 고려해야 한다.

수업장소의 물리적 환경

실제 수업이 실행될 장소의 물리적 환경도 매체 선택에 영향을 미친다. 즉, 컴퓨터 매체와 프로젝터를 선택했는데 PC 시설이나 스크린 장치를 확보할 수 없다면 실제 수업에 활용하기 어려울 것이다. 따라서 매체 선정 시에는 수업이 진행될 장소와 지원 장치에 대한 사전 점검이 필요하다.

교수매체 선정: ASSURE 모형

ASSURE 모형은 교수매체 선정 및 활용 시 사용할 수 있는 가장 보편적인 모형으로 알려져 있다. 하이니히(Heinich)와 그 동료들에 의해 개발된 이 모형은 6단계로 구성되어 있으며 매체를 선택하고 활용하는 데 필요한 절차적 지침을 제공하고 있다(Heinich, Molenda & Russell, 1989). ASSURE는 각 단계의 영어 머리글자를 조합한 것으로 〈표 7-9〉와 같이 요약될 수 있다.

그림 7-9 ASSURE 모형

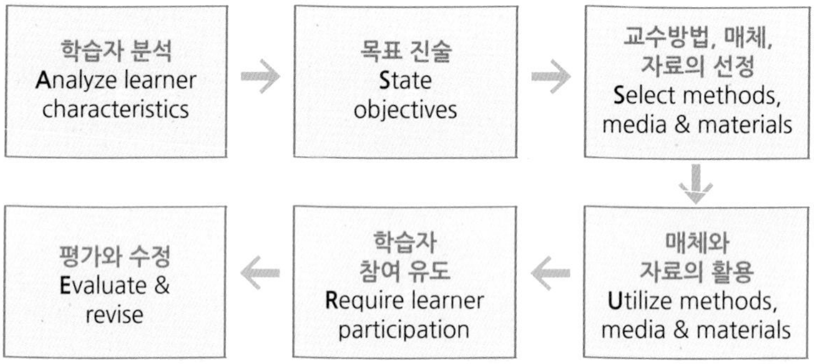

A 학습자 분석

이 모형의 첫 단계는 학습자를 분석하는 것이다. 즉, 학습자의 인지적 수준(지능, 선수학습과 선행학습 정도 등), 정의적 수준(동기 수준, 태도 등), 신체적 발달 수준이 고려되어야 하며, 학습자의 사회문화적 특징과 같은 환경적인 요인도 분석되어야 한다. 또한 매체와 관련된 학습자들의 선호도를 조사하는 것도 중요하다.

S 목표 진술

목표 진술은 수업내용에 대한 구체적인 목표를 설정하는 것이다. 목표 진술은 학습자가 해당 수업 후에 수업의 결과로 습득한 지식, 기술, 태도를 드러낼 수 있도록 진술되어야 한다. 예를 들어, "근의 공식을 이해하고 이를 토대로 이차방정식 문제를 풀 수 있다" 또는 "자동차로 인한 환경문제의 해결책을 설명할 수 있다"와 같이 구체적이어야 한다. 목표 진술은 여러 가지 방법을 사용하는 것이 가능하지만 다음과 같이 메이거(Mager)의 ABCD 진술기법을 사용하면 효과적이다.

대상(Audiences)

체계적인 교수활동의 핵심은 교수자가 무엇을 하는가보다는 학습자가 무엇을 하는가에 초점을 맞추고 있다는 것이다. 따라서 목표 진술의 대상자는 학습자로 기술하며 어떤 학습자인지를 구체적으로 명시해 주는 것이 바람직하다.

행동(Behavior)

목표의 핵심은 수업 후 성취하게 될 새로운 능력을 행동적 용어로 진술하는 것이다. 이 때 쓰이는 동사는 교수자의 의도가 분명하게 전달되는 관찰 가능한 행동 동사로 진술되어야 한다.

조건(Condition)

목표 진술은 수행이 관찰되어야 할 조건을 포함해야 한다. 목표의 성취를 나타내는 데 있어서 어떤 도구, 기자재를 사용할 것인지 또는 어느 범위까지 허용할 것인지 등의 조건이 진술되어야 한다.

정도(Degree)

잘 진술된 목표에서는 바람직한 성과 여부를 판단할 준거가 제시되어 있다. 학습자가 어느 정도의 정확성, 능숙함을 나타내어야 하는지를 결정하여 진술해야 한다.

S 방법, 매체, 자료의 선정

이 단계에서는 수업목표 달성을 위해 수업에 활용할 매체와 자료를 선정해야 한다. 기존의 교수매체를 다시 사용하는 방법도 가능하지만, 수업의 목적과 상황에 맞도록 수정해서 활용할 수 있어야 한다.

U 매체와 자료의 활용

매체와 자료의 활용은 어떤 방식으로 매체를 적용할 것인지에 대한 전략을 수립하는 단계이다. 교수매체의 효과적인 활용을 위해서는 다음의 원칙을 고려해 보는 것이 바람직하다.

자료에 대한 사전 검토

수업자료를 미리 보지 않고 사용해서는 안 된다. 교수자는 자료가 학습자의 특성과 목표에 적당한지 검토해야 한다.

자료 준비

교수활동을 도와줄 교수매체나 자료를 준비해야 한다. 수업에 필요한 모든 자료나 매체를 수집한 후 그것을 어떤 순서로 어떻게 사용할지를 결정해야 한다.

환경 정비

학습자가 매체와 자료를 사용하기에 알맞은 시설을 준비해야 한다. 편안한 의자, 적당한 조명과 환기, 분위기 조절 등의 요소는 어느 수업상황에서도 준비되어야 할 기본 요소라 할 수 있다. 또한 교수자는 사용할 기자재가 제대로 작동하는지 수업 전에 미리 확인해야 한다.

학습자 준비

교수자가 학습경험을 제공할 때 학습자를 미리 준비시키는 것도 필요하다. 수업내용에 대해 전반적인 개요를 제시하거나 공부할 주제와 사용되는 매체가 어떻게 관련되는지를 설명해 줄 수 있다.

학습경험 제공

교수자 중심의 수업인 경우 전문가의 입장에서 자료를 제시하는 형태의 학습경험을 제공하며 학습자의 주의를 집중시키고 유지하는 방식을 사용한다. 학습자 중심의 수업인 경우 학습자가 인터넷을 통해 주제를 탐구하고, 내용을 토론하고, 포트폴리오를 위한 자료를 준비하는 등의 활동을 할 수 있다.

R 학습자 참여 유도

학습자 참여 유도는 구체적인 수업활동을 구상하는 단계다. 매체 활용을 통해 학습자의 적극적인 수업활동 참여를 유도해야 한다. 또한 교수자는 학습자의 참여 및 연습 활동에 즉각적이고 정확한 피드백을 제공해야 한다.

E 평가와 수정

마지막 단계에서는 수업이 성공적으로 이루어졌는지 수업의 효과와 영향에 대한 평가 및 수정을 실시해야 한다. 여기에는 두 가지 종류의 평가가 있을 수 있다. 하나는 학습자가 학습 목표에 어느 정도 도달하였는지를 평가하는 것이다. 또 다른 하나는 매체 선정 및 활용에 관한 판단이 적절했는지에 대한 평가이다. 이 둘을 종합하여 매체와 자료를 수정할 수 있다.

ASSURE 모형의 단계와 내용은 다음의 〈표 7-3〉과 같다.

표 7-3 **ASSURE 모형의 단계와 내용**

ASSURE 모형의 단계			내용	교수매체
A	학습자 분석	일반적 특성 분석	• 학습자의 연령, 학년, 직업이나 지위, 사회, 문화, 경제와 같은 일반적인 특성들을 파악 • 관찰, 면담을 통해 자료 습득	• 교재, 그림, 인쇄매체, PPT, 동영상, 인터넷 활용 등의 여부 확인
		출발점 능력	• 학습자의 선수지식, 기능, 태도 등의 정도 • 사전검사, 질문활용	
		학습유형	• 지각적 선호도, 정보처리습관, 동기 요인, 생리적 요인파악	
S	수업목표 진술		• 수업목표는 학습자가 수업이 끝난 후에 무엇을 할 수 있는가를 진술(명세목표, 학습자 목표 성취기준 제시)	• PPT 활용, 칠판, 유인물 등
S	방법, 매체 및 자료 선정		• 학습과제를 위한 적절한 수업방법을 결정 • 방법을 수행하는 데 적합한 매체 유형을 선정 • 매체 유형 내에서 사용할 특정 자료를 선택하거나 수정하거나 설계	• 이용 가능한 자료와 기자재 선택
U	매체와 자료의 활용		• 자료에 대한 사전검토 • 자료준비, 환경준비, 학습자 준비 • 학습경험제공	• 실행연습 • 교실배치와 필요기자재 점검 후 수업실시
R	학습자 참여유도		• 학습자의 적극적인 참여 • 연습기회, 피드백	• 대집단(컴퓨터), 소집단(토론, 조사, 관찰) • 자기검증, 컴퓨터보조수업, 인터넷활동 등의 연습
E	평가와 수정	성취도 평가	• 수업목표를 달성했는지의 관점에서 평가 • 토론, 퀴즈, 연습	• 자료제작 방법발표 • 매체활용의 도움 정도, 자료사용 정도파악
		수업방법, 매체의 평가	• 수업자료의 효과성, 개선점, 비용-효과성, 효율성 등을 검토	
		교수 · 학습과정 평가	• 전체적인 관점에서 수업전략이나 전달체제 등의 적절성 여부, 기타 전략 등 평가	

출처: 손은주, 추성경, 임희수(2015; 234).

교수자료 선택과 개발

교수매체를 선정하고 나면 그 매체를 활용하기 위한 자료, 즉 소프트웨어를 선정해야 한다. 예컨대, 컴퓨터를 사용하기로 결정했다면 그 매체에서 활용할 자료를 선정해야 할 것이다. 자료 선정은 세 가지 방식을 띌 수 있다. 첫째, 현재 사용 가능한 자료를 구하는 것, 둘째, 현재 가지고 있는 자료를 수정하는 것, 셋째, 새로운 자료를 제작하는 것이다.

현재 사용 가능한 자료 확보

시간적 측면에서는 이 방법이 가장 효과적이다. 그러나 교수자가 당장 필요로 하는 자료가 어디 있는지를 파악하는 것이 그렇게 쉬운 일만은 아니다. 미국의 경우에는 국립교수매체정보센터(National Information Center for Educational Media)에서 해마다 최신의 자료를 전국적으로 수집하고 목록을 만들어 전국의 교사들에게 제공하고 있다. 최근에는 인터넷과 모바일을 이용한 서비스도 제공된다. 국내에서는 한국교육개발원, 국회도서관, 시·도 교육청 단위의 연구센터 그리고 각종 교사 모임 등에서 다양한 교수-학습 자료를 공개, 공유하고 있다.

수업자료를 선정할 때 고려해야 할 기준은 다음과 같다(손은주, 추성경, 임희수, 2015).

- **교육목표와의 일치성**: 수업목표와 일치하는가?
- **학습자 능력의 적합성**: 학습자들이 이해하기 어렵지는 않은가?
- **정보의 확실성 및 참신성**: 제시되는 자료나 정보들은 내용상 오류가 없으며, 비교적 최근의 내용을 담고 있는가?
- **흥미와 집중의 가능성**: 학습자들의 흥미를 유발하여 주의를 집중하도록 하는가?
- **참여의 가능성**: 활발한 상호작용이 필요한 경우에 이를 수용하여 참여할 수 있도록 고려하고 있는가?
- **기술적인 질**: 각종 기술적인 면에서 오류는 없는가?(동영상의 경우 버퍼링, 음향과 화상의 제시 등)

- **효율성**: 얼마나 오랜 시간이 소요되는가? 소요되는 시간은 수업목표의 양과 질에 비하여 적절한가?
- **공정성**: 한 개인이나 집단의 의사를 편협하게 전달하고 있지는 않는가?

기존 자료를 수정하는 경우

교수자들이 정확하게 원하는 자료는 아니지만 기존 자료 가운데 일부 내용을 수정하거나 보완하면 수업에 활용할 수 있는 자료들이 있다. 하지만 기존 자료를 수정하거나 보완하기 전에 수정하는 것과 새로 만드는 것 두 가지 중에 어느 것이 더 쉬운지를 확인할 필요가 있다. 수정해야 할 분량이 너무 많으면 새로 제작하는 것이 낫다.

새로운 자료를 제작하는 경우

새로운 교수자료를 설계하고 제작하는 것은 시간과 노력이 많이 드는 일이다. 만일 그 자료의 제작에 컴퓨터나 비디오 등 여러 가지 장비와 기술 그리고 전문 인력이 필요한 경우에는 더욱 그러하다. 따라서 새로운 자료를 제작하는 경우에는 다음 사항들을 점검해 보는 것이 좋다(손은주, 추성경, 임희수, 2015).

- 학습자의 특성을 충분히 파악하고 있는가?
- 자료를 만들기 위해 필요한 시간과 비용을 가지고 있는가?
- 자료를 만들기 위한 충분한 장비와 기술을 가지고 있는가?
- 자료를 활용할 환경에 대해 충분히 파악하고 있는가?
- 자료를 활용할 사람들에 대해 충분히 파악하고 있는가?
- 내용은 충분히 파악하고 있는가? 만약 그렇지 않다면 도와줄 외부 전문가는 확보하고 있는가?
- 개발과정에서 생길 수 있는 문제에 대해 도움을 받을 수 있는 사람은 있는가?

교수자료 제작 원리와 기법

교수자료는 아주 다양하지만 여기에서는 일반적으로 많이 사용되는 텍스트, 시각자료, 동영상, 프레젠테이션 자료에 국한하여 이 자료들을 제작하는 데 필요한 원리들을 살펴본다(박성익 외, 2003).

텍스트 자료

텍스트 자료 설계 원리는 교과서, 유인물 등 인쇄매체뿐만 아니라 컴퓨터를 활용한 자료, 웹사이트 등 텍스트를 활용하는 모든 자료의 제작에 해당된다.

판독성(legibility)

판독성은 글자 모양을 보고 어떻게 생긴 것인지 알아볼 수 있는 정도를 뜻한다. 예를 들면, 표지판의 내용을 멀리서도 정확하게 알아볼 수 있는 정도이다. 제작자는 용도에 따라 분명한 형태의 글자와 크기를 사용해야 한다. 판독성에는 글자 크기, 주변의 여백, 색깔 등이 영향을 미친다. 지나치게 무겁거나 가벼운 서체, 글자의 폭이 너무 넓거나 좁은 서체를 피하는 것도 판독성을 높이는 방법이다.

가독성(readibility)

가독성은 문자가 어떻게 생겼느냐의 문제가 아니라 문자를 얼마나 효과적으로 읽을 수 있느냐의 문제이다. 즉, 같은 시간 내에 피로를 덜 느끼며 빨리 읽을 수 있게 하는 정도이다. 가독성은 글자의 꼴과 크기, 글줄의 길이, 글자 간격, 종이 질, 글자체에 대한 독자의 익숙함 등에 영향을 받는다.

글자체

글자체는 한글이나 영문의 폰트에 해당한다. 글자체는 크게 세리프(serif)와 산세리프(sanserif)로 나눌 수 있는데, 세리프는 글자 획 끝 부분에 첨가된 작은 요소를 말한다. 세리프는 세리프를 가진 글자체를 말하고, 산세리프는 세리프를 가지지 않는 글자체를 말한다. 세리프를 가진 글자체에는 신명조, 궁서체, 바탕체 등이 있고, 산세리프체는 돋움, 고딕, 굴림 등이 있다. 세리프는 변별력이 높고 글자 내부 공간의 조형성이 좋아서 글이 길고 글자 크기가 다소 작은 본문에 적절하다. 반면 산세리프체는 시각적으로 주목을 요하는 제목 등 큰 글자에 사용하는 것이 적절하다.

글자 크기

글자 크기는 본문용과 제목용으로 나눌 수 있다. 본문용에는 영문 13포인트 이하, 한글 10-11포인트 이하 글자를 사용하는 것이 좋다. 한글은 대부분 글자체가 아래위로 꽉 차있어 같은 수치의 영문보다 더 커 보이기 때문이다. 제목용은 영문 14포인트 이상, 한글 12-13포인트 이상의 글자체를 말한다. 제목용은 비교적 크게 보여 전체적인 균형과 자간을 균일하게 유지해야 하므로 글자 칸의 크기나 간격 조정이 필요할 때도 있다.

글줄 길이

글줄 길이란 한 줄의 길이를 말하는 것으로 지면 크기, 문자 크기, 단어 수에 의해 결정된다. 글줄 길이는 왼쪽에서 오른쪽 끝까지의 길이를 말하는데 글줄 길이가 너무 길면 독서 속도가 떨어지고 피곤을 느끼는 반면, 글줄 길이가 너무 짧으면 낱말이 자주 잘려 이해에 어려움을 준다. 글줄 길이는 글자의 크기와 책의 크기에 따라 달라질 수 있다.

줄 간격

줄 간격은 글줄과 글줄 사이의 간격으로 글줄 길이와 함께 글을 읽는 눈의 이동에 영향을 준다. 줄 간격이 충분치 않다면 독자의 시선은 다음 행을 찾는데 혼란을 느껴 때때로 같은 줄을 다시 읽는 일이 생길 수 있고, 반대로 줄 간격이 지나치게 넓다면 이 또한 독자가 다음 행을 찾는데 어려움을 느낀다.

시각자료

시각자료는 인쇄물, 슬라이드, TP, 컴퓨터에 이르기까지 매우 광범위하게 적용된다. 일반적으로 단순히 텍스트만 제공하는 것보다 시각자료를 적절히 활용할 경우 정보 전달에 효과적이다.

내용

교육용 자료를 제작하는 경우에는 반드시 전달하고자 하는 정보를 포함해야 한다. 즉, 제시되는 시각자료는 학습내용이나 상황과 관련이 있어야 한다는 뜻이다. 전달하고자 하는 내용과 관련이 없는 그림이나 사진은 오히려 학습자의 주의를 분산시킬 수 있다.

색상

적절한 색상의 선택은 학습자의 흥미를 유발하고 주의를 집중시킬 수 있다. 색깔이 있는 자료를 사용할 때에는 몇 가지 주의를 해야 한다. 첫째, 일반적으로 색상은 중요한 요소나 정보를 강조할 때 사용하는 것이 좋다. 강조하고자 하는 사물이나 정보는 배경색상과 대비가 가장 잘되는 색상을 사용해야 한다. 그러나 너무 많은 색의 사용은 주의를 분산시키고 혼란을 줄 수 있으므로 피해야 한다. 둘째, 학습자 특성에 맞는 색을 선택해야 한다. 예를 들어, 어린 아이들은 차분하고 어두운 색보다 밝고 선명한 색을 선호한다. 셋째, 일관되게 사용해야 한다. 같은 주제나 사물에 대해서는 같은 톤의 색을 일관되게 사용한다. 그렇지 않으면 색상의 사용이 오히려 역효과를 가져올 수 있다.

동영상 자료

최근에는 멀티미디어 자료가 보편화되고 UCC(User-Created Contents) 등이 보급되면서 많은 동영상 자료가 교육에 활용되고 있다.

주제 선정

동영상 자료는 직접적인 관찰이 필요하거나 감동을 주는 윤리적 주제 등을 보여주기에 적절하다. 그리고 정적인 정보나 텍스트가 많은 정보 등은 굳이 동영상 자료로 활용할 필요가 없다. 주제와 관련된 정보 전달에 가장 효과적인 형태의 매체를 선택하는 것이 매체 활용의 핵심이다.

촬영 및 편집 기법

동영상을 제작하다 보면 화려한 촬영 및 편집 기법에 현혹되기 쉽다. 이러한 기법들은 동영상에 세련미를 더해줄 수 있지만 지나치게 다양한 기법은 오히려 내용에 대한 주의집중을 방해해서 산만해지는 결과를 가져올 수 있다. 따라서 기법보다는 내용을 조직적으로 설계하는 것이 중요하다. 이를 위해서는 충분한 기획이 우선되어야 하고 실제 촬영 전에 체계적인 스토리 보드를 제작해야 한다.

화질 및 배경음악

동영상 화질은 정확한 정보 전달과 몰입에 중요한 요소이다. 따라서 선명한 화질의 영상을 사용해야 하는데 고화질일수록 파일 용량이 커지므로 적절한 화질과 용량의 균형을 맞춰야 한다. 특히 인터넷을 활용할 경우 고화질의 동영상은 파일 전송 속도를 느리게 한다. 동영상의 특징 중 하나는 시각정보과 청각정보를 동시에 전달한다는 것이다. 따라서 배경음악을 적절히 사용하면 정보 전달뿐만 아니라 화면의 분위기를 살릴 수 있고 감정적인 요소도 적절히 전달할 수 있다. 그러나 배경음악을 선택할 때에는 내용에 비해 배경음악이 너무 강조되지 않도록 해야 한다. 특히 설명이 제공될 때 배경음악이 너무 크면 내용에 몰입하는 데 방해가 될 수도 있다. 너무 유명한 음악이나 내용과 관련되지 않은 음악도 내용의 몰입을 방해할 수 있다.

길이 및 자막

동영상은 학습자의 수동적인 관찰을 요구하므로 긴 동영상은 쉽게 지루할 수 있다. 긴 원본자료를 사용해야 하는 경우에는 내용과 관련된 부분만을 편집해서 사용한다. 동영상에 적절한 자막을 제공하면 정보 전달에 효과적이다. 하지만 자막이 너무 길거나 불필요한 코멘트가 많이 들어간 경우에는 내용 집중에 방해가 되므로 주의해야 한다. 자막에 사용되는 글자 모양과 크기도 학습에 영향을 줄 수 있다.

프레젠테이션 자료

컴퓨터가 보편화되면서 현재 수업에서 가장 널리 사용되는 자료는 흔히 PPT라고 불리는 프레젠테이션 자료이다. 프레젠테이션 자료는 텍스트, 그래픽, 동영상 모두 사용할 수 있어 훨씬 역동적이고 세련된 자료를 만들 수 있다는 장점이 있다. 하지만 너무 다양한 기능을 사용하게 되면 정보 전달에 방해가 될 수 있다. 효과적인 프레젠테이션 자료를 제공하기 위해서는 다음과 같은 주의사항을 고려해야 한다.

첫째, 내용은 되도록 적게 넣는다

많은 내용을 전달하다 보면 한 슬라이드에 너무 많은 텍스트를 넣게 된다. 프레젠테이션 화면은 여러 사람이 거리를 두고 보기 때문에 글자가 너무 많거나 글자 크기가 작으면 잘 보이지 않는다. 그러므로 슬라이드에는 핵심 내용만 입력하고 자세한 내용은 말로 설명하거나 유인물로 대체하는 것이 좋다. 내용은 한 화면에 4-6줄을 넘지 않게 하고 요약의 형태로 진술한다.

둘째, 여백을 잘 살린다

프레젠테이션 화면에는 적당히 빈 공간이 있어야 보기 좋다. 너무 꽉 차 있으면 여유가 없어 보이고 청중에게 부담을 준다. 여백을 잘 살리는 방법 중 하나는 텍스트보다 그래픽, 도형 등을 활용하는 것이다.

셋째, 가급적 도해를 이용한다

프레젠테이션 슬라이드 작성 시 단순히 텍스트를 배치하지 말고 같은 내용을 시각적으로 빨리 이해하기 쉽도록 전달하는 방법을 고려해야 한다. 따라서 텍스트보다 그림이나 표, 도형, 차트 등의 도해를 활용해서 학습자가 직관적으로 내용을 이해할 수 있도록 설계하는 것이 좋다.

넷째, 다양한 멀티미디어 기능을 사용한다

시각적 정보와 함께 소리와 움직임이 병행되면 정보에 대한 집중력과 이해도를 높일 수 있다. 하지만 멀티미디어 기능의 지나친 사용은 오히려 주의집중을 떨어뜨릴 수 있으므로 내용과 상황에 따라 적절한 멀티미디어 기능을 사용하는 것이 좋다.

다섯째, 배경 색상에 주의한다

어두운 장소에서는 검정 바탕에 흰 글씨가 눈에 더 잘 띈다. 또한 그래픽이나 도형이 많이 사용된 슬라이드는 어두운 색상을 사용하는 것이 그림의 효과를 돋보이게 한다. 반면 밝은 곳에서 비교적 긴 시간에 걸쳐 프레젠테이션 자료를 제시해야 하는 경우에는, 밝은 배경의 색을 사용하는 것이 시각적으로 덜 피로하다.

여섯째, 효과에 치중하지 않도록 한다

가장 중요한 것은 내용이지, 효과가 아니다. 필요한 핵심 내용을 압축하여 슬라이드 내용을 파악하는 데 방해가 되지 않을 정도로 깔끔하게 만들어야 한다. 애니메이션이나 동영상, 사운드 등은 강조의 효과를 주기 때문에 가끔씩 내용을 이해하는데 꼭 필요한 경우에만 삽입한다.

일곱째, 단순히 판서를 위한 용도로 사용하지 않도록 한다

학교에서 사용하는 프레젠테이션은 단순히 텍스트 위주의 판서를 위한 내용이 주를 이루는 경우가 많다. 단순히 판서를 위한 용도라면 칠판을 사용하는 것이 더 효과적일 수 있다.

여덟째, 모든 수업에서 프레젠테이션 자료를 사용할 필요는 없다

수업 내용 중 강조해야 할 부분이나 그림, 동영상 등으로 설명해야 할 경우에 사용하는 것이 바람직하다. 또한 시기적으로 아이들이 한참 졸려하는 오후 수업이나 학기말 수업에 멀티미디어 수업을 활용하면 수업의 효과를 살릴 수 있다. 중요한 것은 적절한 내용과 적절한 시기에 적절한 매체를 사용하는 것이다.

이판사판 질문하기

Q. 교육공학을 하려면 컴퓨터 잘 해야 하지 않아요?

A. 어머, 누가 그런 말 했어요? (하하) 근데 사실 저도 그렇게 생각했었어요. 대학생 때 교육공학 수업 듣기 전에 은근히 이런 것 때문에 걱정도 좀 하고요. 그런데 교육공학= 컴퓨터나 테크놀로지는 절대 아닙니다. 이건 1장을 공부했으면 지금쯤 다 아실거예요. 교육공학을 할려면 사람을 디자인하고 바꾸는 데 관심이 있으면 좋을 것 같아요. 섬세한 디자이너 같은 감성, 이런 게 있으면 좋구요. 사람에 대한 애정과 변화 가능성에 대한 믿음, 이런 것도 필요하구요. 「재능은 어떻게 단련되는가」, 「탤런트 코드」 이 두 책을 보면 평범과 비범을 가르는 몇 가지 원칙이 나오는데요. 그 가운데 '마스터 코치'에게 지도 받는 것이 얼마나 중요한가가 나옵니다. 좋은 스승을 만나 지도를 받는 것은 아주 큰 행운이지요. 그 지도는 일반적인 지도와 어떻게 다를까요? 이런 걸 더 깊이 공부하고 싶으면 교육방법이나 교육공학을 공부해 보세요. 교육공학의 문제는 테크놀로지가 아니라 사람인거죠.

참고문헌

- 노혜란, 박선희, 최미나(2012). **교육방법 및 교육공학**. 제2판. 서울: 교육과학사.
- 박성익, 임철일, 이재경, 최정임(2003). **교육방법의 교육공학적 이해**. 제2판. 서울: 교육과학사.
- 손은주, 추성경, 임희수(2015). **교육방법 및 교육공학**. 개정판. 교육과학사.
- 이성흠, 이준, 구양미, 이경순(2013). **교육방법 및 교육공학: 의사소통, 교수설계, 그리고 매체활용**. 제3판. 교육과학사.
- 코메니우스, J. A. (1998). **세계도회-세계최초의 삽화본 범지 교과서**-(이원호 역). 도서출판 아름다운 세상(원저 1659 출판).
- Heinich, R., Molena, M. & Rusell, J. D. (1989). *Instructional media and the new technologies of instruction*. Macmillan.
- Heinich, R., Molena, M., Russell, J., & Smaldino, S. (1996). *Instructional media and the new technologies of instruction*. NY: Macmillan Pub. Co.
- Hoban, C. F. & Hoban, Jr. C. F. (1937). *Visualizing the curriculum*. NY: The Corden Company.
- Pike, B. (2001). *Creative training techniques for speech* (5th ed.). NJ: Scott, Foresman & Co.
- https://www.youtube.com/watch?v=3cWTNf3KRzQ
- https://windowstalk.tistory.com/335
- http://kr.aving.net/news/view.php?articleId=161523

교수실행

서양 속담에 아는 것과 가르치는 것은 별개라는 말이 있다(Knowing is one thing and teaching is another). 전문적인 지식이 많은 사람이 반드시 잘 가르치는 것은 아니다. 전문지식이 풍부한 교사나 학자도 다른 사람을 잘 가르치기 위해서는 강의기술과 마음자세 부분에서 훈련과 연습이 필요하다. 이것이 곧 교수 실행에 관한 것이고 교수법의 핵심이라고 할 수 있다.

1절 유능한 교사의 핵심 특성

유능한 교사가 되기 위해서는 여러 가지 자질을 갖추어야 하지만 핵심적인 특성을 꼽자면 다음과 같다(조벽, 2001).

학생들을 위한 배려, 수업 내용에 관한 지식, 흥미유발, 학생들에게 충분한 시간을 할애함, 토론을 장려함, 명확하게 설명하는 능력, 열의, 준비

이 여덟 가지 자질은 '전문지식', '강의기술', '마음자세'의 세 가지 영역으로 나눌

그림 8-1 유능한 교사의 핵심 특성

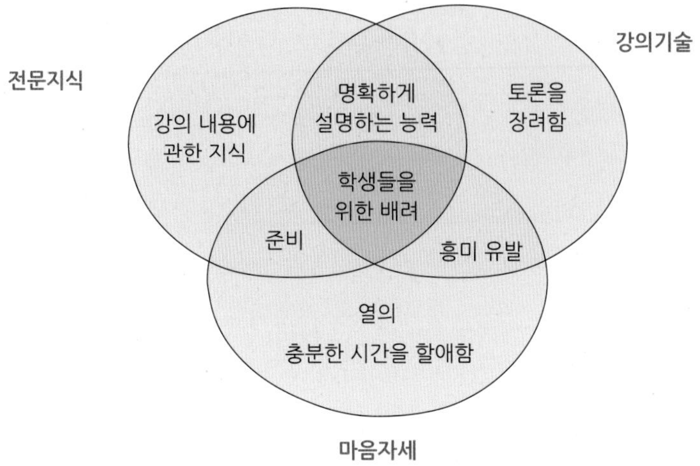

출처: 조벽(2001; 41).

수 있다. 그런데 유능한 교사나 강사가 되기 위해서는 강의기술이나 마음자세보다 더 중요한 사항이 있다. 바로 자신의 학생이나 학습자를 이해하는 것이다.

2절 학생 이해하기

학생의 다양성을 이해하자

학생을 이해하는 데 있어 가장 큰 원칙은 모든 학생은 다르다는 것이다.

학생의 일반적 특성

학생의 일반적 특성에는 다음과 같은 사항이 포함될 수 있다. 학생들은 성별, 가정환경, 학업준비상태, 타고난 성격, 출신 지역, 지능, 사고력, 인지발달단계, 학습스타일의 측면에서 모두 다양하다. 이 가운데 성별, 가정환경, 학업준비상태, 타고난 성격, 출신지역 등은 거의 변화되기 힘든 영역이지만 지능, 사고력, 인지발달단계, 학습스타일은 교수-학습 활동을 통해 변화시킬 여지가 있다.

지능의 다양성

지능은 보통 IQ(Intelligence Quotient) 테스트에 의해서 한 개인이 또래의 연령 그룹에 비해 인지적 능력이 어느 정도 되는지를 표준화된 검사를 통해 측정한 점수이다. 이 검사는 보통 언어능력, 공간지각, 수리영역 등을 측정하며 지능 지수는 평균을 100으로 하고 정상분포곡선으로 분포하도록 가정된다. 그러나 인지적 영역에 초점을 두었던 고전적인 지능에 대하여 하워드 가드너(Howard Gardner)는 다중지능이론을 제안하였다. 다중지능이론은 한 개인의 지능은 보다 더 다양한 관점에서 조망될 수 있다는 것이다. 그가 제안한 다중지능에는 다음과 같은 일곱 가지 능력이 포함되었다 (Gardener, 1993).

- 논리/수학 능력
- 언어능력
- 공간능력
- 음악능력
- 운동 감각 능력
- 대인 관계 능력
- 자기 내적 통찰력

이후 가드너는 자연친화력(naturalist intelligence)과 실존지능(existential intelligence)을 추가로 제안하였다(Gardner, 1999).

- 자연친화력
- 실존지능

그림 8-2 **두뇌의 다양성**

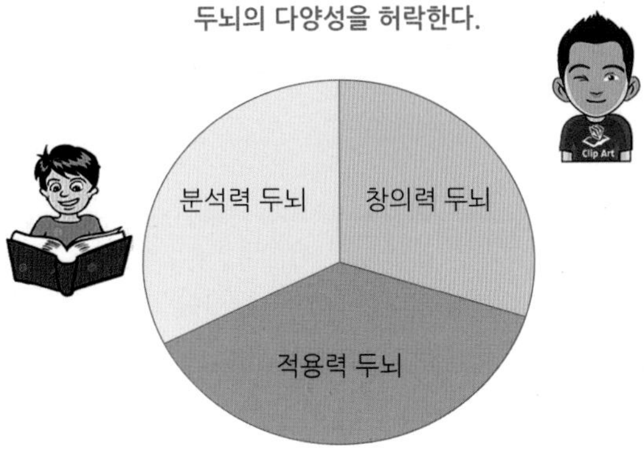

참고: Steinberg(1996).

자연친화력은 자신을 둘러싼 주변 자연을 이해하고 좀 더 큰 생태계 내에서 인류의 역할을 생각해 보는 능력을 의미한다. 즉, 동물과 식물에 대한 이해 그리고 생태계 전체와 자신의 관계를 생각해 볼 수 있는 능력이다. 실존지능은 집단적 가치와 직관을 통해 다른 사람과 세상을 이해하는 능력을 말한다. 예를 들어, 실존지능은 인간은 어디에서 와서 어디로 가는가, 삶의 이유와 목적은 무엇인가와 같은 질문을 다룬다. 이 능력이 뛰어난 사람들은 오감을 초월한 인식으로 큰 그림을 볼 수 있다. 가드너에 따르면, 철학자, 신학자, 성직자, 인생 코치들이 실존지능이 뛰어난 사람들에 속한다.

다중지능의 관점에 따르면 개인은 모두 뛰어난 능력이 있고 약한 능력이 있다. 학생을 이해할 때도 이런 관점에서 보면 다양성을 인정하는 데 도움이 될 것이다. 예를 들어, 아인슈타인은 논리/수학 능력은 뛰어났지만 운동 감각 능력은 그만큼 뛰어나지 못했을 수 있다. 학생들과 함께 자신의 강점과 약점을 찾아보는 것도 서로를 이해하는 좋은 방법이 될 수 있을 것이다.

스타인버그(Steinberg, 1996)도 두뇌의 다양성을 허락해야 한다고 주장한다. 「성공적인 지능」이라는 책에서 그는 두뇌를 분석력 두뇌, 창의력 두뇌, 적용력 두뇌의 세 가지로 구분한다. 그리고 고전적인 의미의 IQ 테스트가 주로 분석력 두뇌의 능력을 보는 것이었다면 21세기에는 분석력뿐만 아니라 창의력, 적용력 두뇌가 균형 있게 발달한 사람이 성공할 수 있다는 것이다. 특히 창의력과 적용력은 기계의 인공지능이 아닌 인간의 자연지능이 더 뛰어난 역량을 보일 수 있는 영역이 될 것이다.

학습유형의 다양성을 이해하자

학생들은 지능이 다양할 뿐만 아니라 학습유형도 다양하다. 가르치는 사람이 이 부분을 이해하는 것은 특히 중요하다. 왜냐하면 교사가 가르치는 어떤 방법이 모든 학생에게 다 잘 맞는 것은 아니기 때문이다. 교사는 하나의 방법으로 가르치더라도 학생들은 여러 가지 방법으로 배울 수도 있다. 각자에게 맞는 효과적인 학습법이 다르기 때문이다.

학습유형의 대표적인 이론으로는 콜브(Kolb)의 학습 스타일(Learning style) 이론을 꼽을 수 있다. 원래 성인학습을 설명하기 위해 고안된 이 이론에 따르면, 학습자들

그림 8-3 콜브의 학습 양식

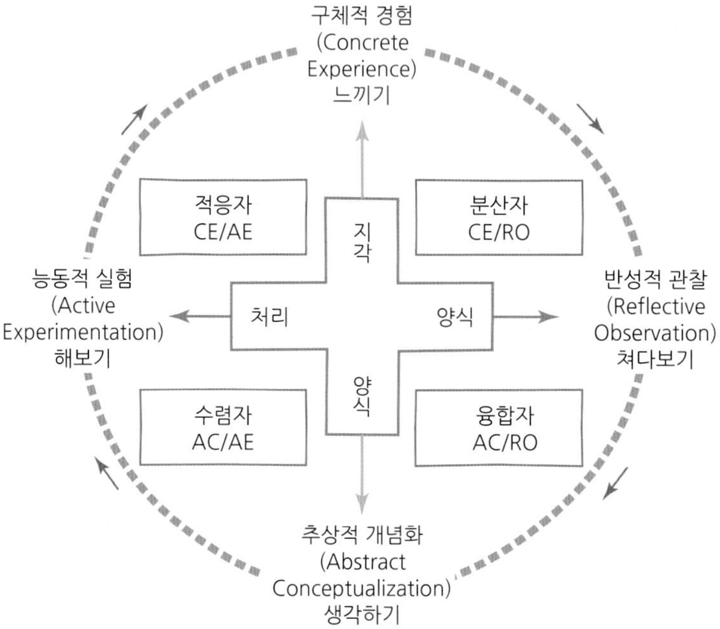

은 구체적 경험을 통해 학습한 후 반성적 관찰과 추상적 개념화를 거쳐 능동적 실험을 통해 자기 학습을 생산하는 순환적인 구조를 경험한다는 것이다.

그리고 각 단계마다 학습 방법이 다르기 때문에 각 단계에서의 학습자 특성을 적응자, 분산자, 융합자, 수렴자라고 명명했다. [그림 8-3]에서 알 수 있듯이, 적응자는 구체적 경험(CE)과 능동적 실험(AE)을 결합한 특징을 가지고 있다. 분산자는 구체적 경험(CE)과 반성적 관찰(RO), 융합자는 반성적 관찰(RO)과 추상적 개념화(AC), 수렴자는 추상적 개념화(AC)와 능동적 실험(AE)의 결합적 특징을 가지는 순환 구조로 되어 있다. 자신의 학습유형을 알고 싶다면 웹에서 간단한 학습유형 테스트도 해볼 수 있다. 각 학습양식의 유형별 특징은 다음과 같다.

표 8-1 학습양식의 유형별 특징

학습양식 유형	특징
적응자(Accommodator) CE-AE 융합	• 구체적인 경험을 통해서 학습을 경험 • 문제를 해결하는 과정에서 기술적인 분석보다 다른 사람이 제공해 준 정보와 직감에 의존하는 경향이 강함
분산자(Diverger) CE-RO 융합	• 다양한 관점으로 구체적인 상황을 관찰하는 학습을 선호 • 폭넓은 영역의 정보를 수집하는데 능함
수렴자(Converger) AC-AE 융합	• 개념과 이론에 대한 분석 및 종합을 선호 • 문제상황에서 결정하는 능력이 뛰어나 문제나 과제가 제시될 때 정답을 찾기 위해 아주 빠르게 움직임
융합자(Assimilator) AC-RO 융합	• 다양한 정보를 통합하고 그것을 이론적 모형으로 조직하는 능력이 뛰어남 • 추상적인 개념에 관심이 많지만 이를 실제적으로 적용하는 데는 별로 관심이 없음

출처: 권정희, 이재경(2002; 116).

학생의 주의력을 이해하자

주의력(attention)은 다른 일에 방해 받지 않고 하나의 과제에 몰두하는 능력을 말한다. 주의력은 2세 아동의 경우는 최대 5분 정도이며 나이가 들면서 증가하다가 10대 청소년과 성인의 경우는 최대한 20분까지 지속될 수 있다. 일반적으로 건강한 10대와 성인의 경우는 주의력이 10분에서 20분 사이라고 한다(https://en.wikipedia.org/wiki/Attention_span). 이러한 추정은 평가 도구나 대상에 따라 다르고 또 문화권마다 다를 수도 있다. 문제는 여러 가지 매체의 발달에 따라 현대인의 주의력이 점차 감소하고 있으며 학생들도 그렇다는 점이다. 최근의 보고에 따르면, 2000년에는 12분이었던 일반인의 주의력이 2018년 현재는 8분으로 줄어들었다고 한다(Ainsworth, 2018). 문제는 교실 학습 환경에서도 학생들의 주의력이 점점 약해지고 있다는 점이다.

또한 주의력은 보다 더 관심을 끄는 대상에게 저절로 가게 되어 있다(조벽, 2003). 특히 움직이거나 소리가 나는 사람이나 사물은 주의력을 해치는 방해 요소가 된다. 그러나 이는 모든 동물의 생존 본능이자 특성이기도 하다. 교실 학습 상황에서도 이런 요소들이 가득하다. 옆자리의 친구부터 교실 밖에서 들려오는 소리까지 모든 요인들이 학습의 주의력을 방해할 수 있다. 이런 상황에서 교사가 자신이나 수업에만 주의력을 집중시키는 것은 상당히 어려운 일이고 많은 노력과 기술을 요한다. 일단 기본적으로는 학생들과 학기 초에 수업 시간에 지켜야 될 사항으로 다음과 같은 약속을 하는 것이 좋다.

- 자신의 학습에 방해가 되는 행동은 하지 않는다.
- 다른 사람의 학습에 방해가 되는 행동은 하지 않는다.

수업 분위기 잡기

수업 분위기는 거의 학기 초에 결정된다. 물론 학생 변인도 있겠지만 담임 교사가 학급의 분위기를 어떤 식으로 조성했느냐에 따라 학급의 수업 분위기가 달라진다. 말콤 글래드웰(Malcolm Gladwell)이 쓴 「블링크(Blink)」라는 책의 부제는 '생각하지 않고 생각하는 것의 힘'(The power of thinking without thinking)이다. 어떤 사람이 다른 사람을 보고 그 사람의 인상을 결정하는 데는 약 3초 정도밖에 걸리지 않는다고 한다. 학생들이 교사를 볼 때도 마찬가지일 것이다.

3초

수업 방법을 다양하게

수업 방법을 다양하게 하는 것도 학생들의 주의력을 유지하는 방법이 된다. 위에서 살펴보았듯이 학생들의 주의력이 성인과 동일하다고 해도 최대 20분이다. 그리고 하나의 동작이나 작업을 계속 하다 보면 자연히 주의력이 약해지고 산만해지게 된다. 주로 앉아서 듣는 수업의 경우, 주의력이 떨어지고 자기 생각에 빠지게 되는 것은 어찌 보면 자연스러운 현상이라고 할 수 있다. 수업 방법을 다양하게 하는 것은 학생들의 주의력 향상뿐만 아니라 학습 효과에도 도움을 줄 수 있다. 미국의 교육연구소(NTL: National Training Laboratories)는 학생들이 다양한 방법으로 공부한 다음 24시간 후 기억할 수 있는 비율을 다음과 같이 학습피라미드(Learning Pyramid)로 정리했

그림 8-4 학습 피라미드: 기억에 남는 평균 비율

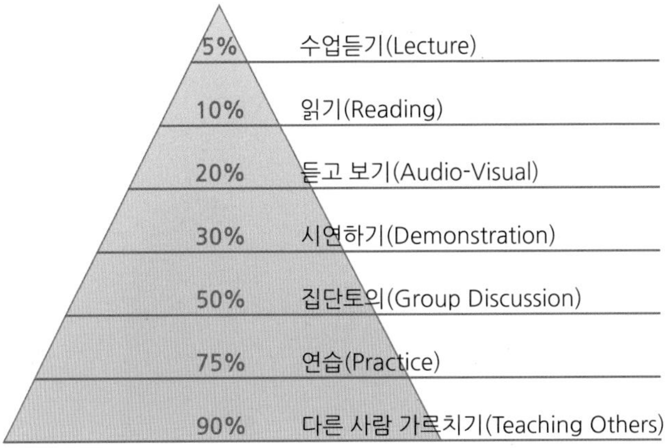

출처: MOSAICA & Corporation for National Service(1996).

다. 학생들이 강의를 듣기만 할 때는 5%만 기억할 수 있었는데, 읽기(10%), 듣고 보기(20%), 시연하기(30%), 집단 토론(50%), 연습(75%) 등으로 방법이 바뀜에 따라 기억하는 비율이 높아졌다. 그리고 다른 사람을 가르칠 때는 90%까지 상승했다(Mosaica & Corporation National Service, 1996).

3절 강의기술

수업이나 강의를 잘하기 위해서 교사는 전문적 지식뿐만 아니라 상당한 강의기술과 연습이 필요하다.

효과적인 말하기

강의에서 가장 많은 비중을 차지하는 부분은 '말하기'일 것이다. 수업 방법이 아무리 다양하더라도 결국은 교수자의 말하기를 통해 내용이 전달되고 학습자의 활동이 조직화될 것이기 때문이다. 베인(Bain)에 따르면 효과적인 말하기를 위해 교수자는 다음을 고려해 볼 수 있다. 첫째, 학습자는 설명이나 가르침이 아닌 '대화'적인 방법을 좋아하므로 교수자는 격식 없는 어조를 사용하는 것이 좋다. 둘째, 교수자는 차가운 언어보다 따뜻한 언어를 사용하는 것이 좋다. 차가운 언어란 말하는 사람이 자기와

관계없이 내용만 전달하는 듯한 초연하고 감정이 들어가지 않은 언어를 말한다. 반면에 따뜻한 언어란 스토리텔링 하듯이 내용 전달자의 감정이 느껴지는 언어이다. 셋째, 따뜻한 언어를 사용하더라도 수업 논조는 뚜렷하게 전달해야 한다. 즉, 교수자가 따뜻하고 대화적으로 말하는 것이 무조건 효과적이라는 뜻이 아니라, 적절한 의도를 가지고 말하기가 이루어져야 한다는 의미이다(Bain, 2004).

- 격식없는 어조: 설명이나 가르침이 아닌 '대화'로
- 차가운 언어(초연, 덜 감정적, 덜 기술적)보다는 따뜻한 언어(스토리텔링)로
- 적절한 의도: 수업 논조는 뚜렷하게

목소리에 변화주기

교수자의 목소리는 효과적인 말하기를 위해서 대단히 중요한 부분이다. 교사의 목소리 질은 내용 전달뿐만 아니라 학생들의 집중도와 수업 분위기에도 영향을 미칠 수 있다. 특히, 청각 이미지는 사람의 인상과 인격을 유추하게 하며 카리스마를 전달하기도 한다(Cooper, 2002). 연구에 의하면, 학생들은 시각적 단서 없이 교사의 목소리

그림 8-5 목소리에 변화주기

학.생.들.은.단.조.로.운.목.소.리.로.진.행.하.는.강.의.를.
가.장.힘.들.어.합.니.다.

목소리의 크고 작음
높고
음의 낮음
속도의 빠르고 느~~림~~에
적절한 변화를 주어야 합니다.

출처: 조벽(2001; 234).

만 들려주어도 그 목소리의 성, 연령, 성격, 건강, 수업 방식까지 유추하였다(신나민, 임정훈, 2009). 학생들이 선호하는 교사의 목소리는 발음이 분명하고, 소리가 깨끗하며, 높낮이의 변화가 적절하고, 크고, 밝고, 편안한 목소리인 것으로 나타났다(신나민, 임정훈, 2009). 따라서 교수자는 자신의 목소리 크기뿐만 아니라 억양, 즉 고저장단에 변화가 있는지 살펴볼 필요가 있다. [그림 8-5]에 있는 글을 그 느낌대로 읽어 보자.

질문하기

질문은 대화를 이끌어가는 강력한 수단이다. 교수자는 질문과 대화를 통해 학생들을 수업에 자연스럽게 참여시킬 수 있다. 학습자가 수업에 적극적으로 참여하면 수업이 지루하지 않고 학생은 자신의 학습에 대해 주인 의식을 갖게 된다. 수업 시간에 하는 질문은 다음과 같은 기능을 할 수 있다(Cotton, 1988).

표 8-2 질문의 유형들

유형	특징	예
폐쇄형	답이 정해져 있다	대한민국의 수도는?
개방형	답이 정해져 있지 않다	미래 대한민국의 수도를 어디로 정하는게 좋을까?
수렴적	비교적 짧은 시간 내에 자신의 인식이나 교재 내용에 바탕을 두고 답할 수 있다	흥부전에서 제비가 박씨를 물고 온 이유는?
발산적	다양한 답이나 대안적인 시나리오 등을 유도하며 창의적인 사고를 자극할 수 있다	흥부는 박에서 나온 금은보화를 어떻게 사용했을까?
사실적	기본적인 사실이나 인식을 묻는다	백설공주를 도와 준 난장이는 모두 몇 명인가?
평가적	상당한 인지적 능력과 감정적 판단 수준을 모두 요구하는 질문이다	햄릿에서 오펠리아의 죽음과 로미오와 줄리엣에서 줄리엣의 죽음은 어떻게 다른가 혹은 같은가?
혼합적	위의 질문 유형이 섞여 있는 질문이다. 많은 경우 질문의 유형이 하나로 구분되지 않을 때도 있다.	

출처: Wilson(2018). https://thesecondprinciple.com/teaching-essentials/five-basic-types-questions/

- 학생들이 수업에 관심을 갖고 활발하게 참여하도록 할 수 있다.
- 학생들의 준비 상황을 평가하고 숙제나 과제를 완성했는지 점검해 볼 수 있다.
- 비판적 사고 기술과 탐구하는 태도를 개발시킬 수 있다.
- 이전 수업을 되돌아보고 요약할 수 있다.
- 수업 목표를 달성했는지 평가해 볼 수 있다.
- 학생들이 스스로 자기 지식을 추구해 보도록 자극할 수 있다.

그러나 실제 수업 시간에는 질문 그 자체보다는 교수자가 어떤 목소리 톤으로 어떤 분위기에서 어떤 종류의 질문을 하느냐가 더 중요한 사안이다. 질문은 다음과 같이 여러 가지 방법으로 분류해 볼 수 있다.

특히 교실 수업에서 교사가 질문을 효과적으로 사용하기 위해서는 질문하는 방법, 즉 '질문하기'(questioning)도 중요하다. 다음과 같은 방법을 고려해 볼 수 있다(Cotton, 1988).

제기하기(Pose)

모두가 생각해 보고 응답할 수 있는 큰 질문을 제기한다.

잠시 멈추기(Pause)

교사는 학생들에게 생각할 시간을 주어야 한다. 가능하다면 학생들이 함께 생각하고 논의할 시간을 주는 것도 좋다.

선택하기(Pounce)

질문에 아무도 답을 하지 않거나 손을 들지 않을 때는 누가 답할지를 교사가 정해야 할 때도 있다.

넘기기(Bounce)

교사는 질문에 대한 답의 깊이와 넓이를 확대하기 위해 한 학생이 한 답을 확장시켜 다른 학생에게 자신의 생각을 더해 보도록 유도할 수 있다.

효과적인 프리젠테이션

효과적인 프리젠테이션은 효과적인 말하기와 다르다. 프리젠테이션에는 메시지뿐만 아니라 자료와 이를 전달하는 도구가 포함될 수 있다. 내용 제시의 측면에서 본다면 전통적으로 교실에서 가장 많이 사용되어온 프리젠테이션 도구는 칠판이다. 칠판을 효율적으로 사용하기 위해서는 다음과 같은 점을 고려해야 한다(조벽, 2015).

- 사전에 내용을 조직화 한다.
- 글씨를 흘려 쓰지 않고 정확하게 쓴다.
- 글씨를 적당히 크게 써서 뒤에 있는 학생들도 잘 보이도록 한다.
- 핵심적인 내용만 적는다.
- 판서에 너무 많은 시간을 사용하지 않는다.

최근에는 칠판 외에도 파워포인트 슬라이드, 즉 PPT가 수업이나 강의 프리젠테이션 도구로 많이 사용되고 있다. PPT는 교수자의 말하기 내용과 중복되는 것을 피하고 보완하기 위한 목적으로 사용하는 것이 좋다. 즉, PPT의 내용을 그대로 읽지 않도록 하고 자신이 말하는 내용 가운데 강조하거나 보충해야 할 자료로 PPT를 만드는 것이 좋다. 학습자의 집중과 관심을 끌 수 있는 PPT를 만들기 위해서는 크기, 대조, 배치, 타이밍과 같은 사항을 고려할 수 있다(Howell, 2018). 이 원칙들은 대부분 우리의 인식 작용과 관련이 있다. 위협에 대처하기 위해 우리는 작은 것보다 큰 것에 집중한다(크기). 그리고 익숙한 것보다 다른 것에 집중한다(대조). 우리 눈은 보통 왼쪽부터 오른쪽으로 위에서 아래로 정보를 읽어 나간다(배치). 그리고 들으면서 동시에 그와 관련된 내용을 볼 때 더 잘 집중한다(타이밍).

크기

- 중요한 내용은 다른 내용보다 크게 쓴다.
- 불필요한 내용을 자잘한 글씨로 많이 넣지 않는다.
- 문장으로 쓰기보다는 중요한 단어나 구로 정리한다.

대조

- 주목해야 할 부분은 다른 정보와 다르게 디자인한다.
- 글자의 폰트, 사이즈, 색깔을 바꾸는 것도 방법이 될 수 있다.
- 글자만 있는 슬라이드 다음에 이미지만 있는 슬라이드를 배치하는 것도 강력한 방법이다.

배치

- 화면을 보는 사람들은 대개 내용보다 공간을 더 많이 본다.
- 중요한 정보 주변에는 충분한 공간을 두는 것이 좋다.
- 왼쪽 위에 중요한 정보를 배치한다([그림 8-6] 참고).
- 그림, 글자 크기, 색상 등에 변화를 주어 독자가 주목해야 할 부분을 가이드해 준다.

타이밍

- 화면으로 구성하는 것이 3차원이라면, 시간은 4차원을 조정하는 것이다.
- 중요한 정보는 그것과 관련된 내용을 말할 때 그 순간 등장하는 것이 효과적이다.

그림 8-6 화면에서 눈의 움직임

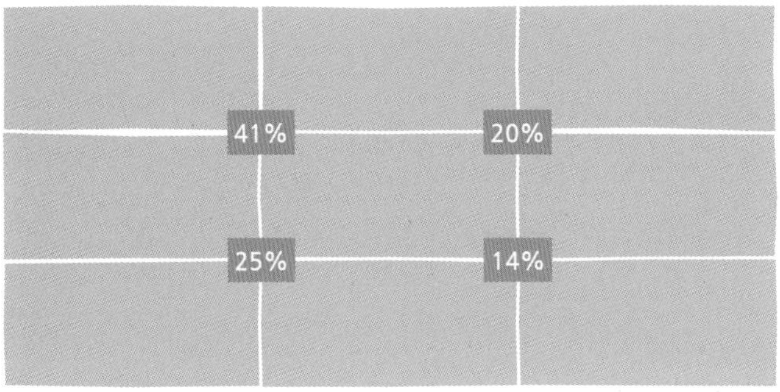

출처: 권성호(2000; 215).

• 슬라이드의 순서와 한 장의 슬라이드 내에서도 강조해야 할 부분은 시간으로 조정한다.

몸동작을 충분히 이용

교수행위는 일종의 퍼포먼스이기 때문에 몸동작(body language)도 중요한 강의기술 가운데 하나이다. 커뮤니케이션 효과에서 말이 차지하는 비율은 실제로 7%밖에 되지 않고 목소리(33%), 몸짓(55%), 기타(5%) 등이 나머지 효과를 결정한다고 한다(조벽, 2001). 몸짓에는 얼굴표정, 제스처, 태도 등 비언어적 요인들이 포함된다. 강의 전달력을 높이고 교실에서 학생들과 좋은 관계를 형성하기 위한 몸동작을 구체적으로 살펴보자(Mandve, 2017).

자세

올바른 자세는 교수자의 첫인상을 좋게 하고 자신감을 보여준다.

눈맞춤

모든 학생들과 골고루 시선을 맞추면서 소통하는 것이 좋다.

얼굴표정

미소를 띤 표정은 소통을 쉽게 하고 학생들에게 따뜻함을 느끼게 해준다.

긍정적인 동작들

앞으로 숙여 경청하기, 고개 끄덕이기 등은 학생들의 불안을 낮춰주고 동기를 높여 준다.

적절히 움직이기

교탁 뒤에만 서있지 말고 교실 앞뒤로 가끔씩 움직여 줌으로써 모든 학생들의 집중을 유도할 수 있다.

4절 마음가짐

좋은 교수자가 되기 위해서 가장 중요한 것은 그렇게 되고 싶은 마음이 간절해야 한다는 것이다. 마음가짐이 그런 노력을 이끌어내기 때문이다.

연구

교수법에 대한 기본적인 사항을 배웠다면 자신의 것으로 만드는 과정이 필요하다. 이 과정이 연구인 것이다. 모든 교수-학습 상황은 다르다. 학생, 교사, 교육내용, 시설, 환경 거의 모든 것이 다르기 때문에 아무리 훌륭한 교수법이라도 자신의 상황에는 맞지 않을 수도 있다. 결국, 교수자는 매 순간 자신의 상황에 맞는 교수법을 연구해야 하는 것이다.

> 자신과 자신의 학생들에게 제일 좋은 것이 어떤 것일지 그것을 집중적으로 연구해야 한다. 그렇게 할 때 인습이나 편견을 버리고 독창적이고 가장 효과적인 학습 환경의 문이 열릴 것이다(Bain, 2004; 101).

그리고 연구 마인드를 유지하기 위해서는 다음과 같은 질문을 자신에게 던져 보는 것도 좋다.

- 좋은 교사란 어떤 교사인가?
- 그 교사는 어떻게 가르치는가?

관계

마음가짐에서 또 하나 중요한 요소는 교수자-학습자 혹은 교사-학생의 관계에 대해 생각해 보는 것이다. 평범함을 비범함으로 만들고 재능에 불을 당기는 사람을

‘마스터 코치’라고 부른다(Coyle, 2009). 어떤 분야이든지 훌륭한 교사나 스승의 도움 없이 배우는 사람의 노력과 열정만으로 최고가 되기는 힘들다. 훌륭한 교수자는 ‘신중하게 계획된 연습’을 디자인하고 피드백을 정확하게 주고 힘든 연습의 과정을 지켜봐 준다(Colvin, 2008). 이런 열정을 가지려면 교수자-학습자 사이에 상당한 신뢰 관계가 있어야 한다. 그리고 자신이 어떤 유형의 교사인지 생각해 보는 것도 자신의 교수법과 교사-학생 관계를 점검해 볼 수 있는 계기가 된다(조벽, 2001; 33~34).

권위

교수자의 권위도 중요한 교수전략이다. 교사의 권위에는 지식권위, 권력권위, 직책권위가 있다. 지식권위는 어떤 분야에 전문지식을 갖춘 사람이기 때문에 부여되는 것이다. 권력권위는 누군가에게 상, 벌을 줄 수 있는 권위이다. 직책권위는 교사라는 직업에 대해 사회적으로 부여된 권위이다. 직책권위는 어떤 교사에게나 주어진 것이므로 별 효과가 없다. 권력권위를 남용하면 학생들이 싫어한다. 교수법에서 효과를 발휘하기 위해서는 지식권위에 투자해야 한다(조벽, 2001; 89).

- 새 시대의 지식권위에 투자하라.
- 지식권위란 지식을 선별(판단)하고, 종합(통합)하고, 전달할 수 있는 능력을 말한다.

5절 교수법 향상을 위한 노력

위의 사항 외에도 교수자는 교수법 향상을 위해 다음과 같은 노력을 할 수 있다.

티칭 포트폴리오(teaching portfolio)

티칭 포트폴리오란 교수자가 자신의 교수 활동의 전 과정을 보여 줄 수 있는 자료들을 조직화하여 모아둔 집합물로 정의할 수 있다(Seldin, 2004). 티칭 포트폴리오는 두 가지 목적을 가질 수 있다(Mues & Sorcinelli, 2000). 첫째는 개인의 교수 활동을 반성적으로 성찰하고 향상시키기 위한 개발 과정으로써의 포트폴리오이다. 둘째는 승진이나 우수 교수자에게 주는 상과 같은 결정을 하기 위해 만든 평가적 산물로써의 포트폴리오이다.

중요한 것은 포트폴리오 작성 자체가 예비교사 교육 가운데 중요한 측면이 될 수 있다는 것이다(김민정, 2015). 왜냐하면 포트폴리오는 교수활동에 관련된 자료를 단순히 모은 것 이상으로써 교수활동에 대한 자기 성찰과 철학, 전망이 포함되기 때문이다. 티칭 포트폴리오를 작성하는 작업 자체가 교수자가 자신의 수업에 대해 반성적으로 사고하고 향후 수업 전략을 세우는 데 도움을 준다(조용개, 2009). 이런 노력을 통해 교수자는 자신의 교수 경력을 향상시키고 수업 자료도 축적해 나가는 이점을 누릴 수 있다.

티칭 포트폴리오는 목적에 따라 다양한 방식으로 작성될 수 있지만 일반적으로 포함될 수 있는 구성 요소들은 다음과 같다.

표 8-3 티칭 포트폴리오의 구성 요소들

구분	예
자신에 의해 수집되는 자료	• 교수자의 성찰적 진술(개인의 교육철학, 수업전략, 수업목적, 수업방법 등) • 수업혁신과 효과성에 대한 평가 • 교육과정 개선에 대한 기술 • 수업계획서(실러버스: 코스 내용, 목표, 수업방법, 수업자료 과제 등)
타인으로부터 제시되는 자료	• 학생들의 강의평가 결과 • 동료 교수자나 학생들로부터 인정받은 사항 • 수업자료 또는 수업을 관찰한 동료 교수자들의 진술 • 과제 및 실행에 대한 평가 등
교수-학습 산출물	• 학습자들의 사전 및 사후 시험 점수 • 학생들의 리포트 혹은 에세이 • 현장보고서 • 실험 기록 • 학생들의 학습 향상도를 보여주는 기록 또는 채점 사례 등

출처: 조용개(2009; 7) 재구성.

일반적으로 티칭 포트폴리오 작성의 형식은 다음과 같이 구성된다(Shannon Consortium, 2018).

- 타이틀 페이지와 목차
- 제목과 소제목: 제시하는 자료들에 모두 제목을 붙인다.
- 참고문헌, 필요하면 부록까지 첨부한다.
- 자신의 교수활동에 대한 진술을 지지할 수 있는 증거물들

마이크로티칭(micro-teaching)

마이크로티칭은 1960년대 미국 스탠포드 대학에서 시작되었으며 예비 교사들을 실제 교실과 같은 환경에 준비시키기 위한 테크닉으로 알려져 있다(Remesh, 2013). 즉, 예비 교사들은 실제 학교 현장에서 가르치기 전에 모의로 교수 활동을 해 봄으로써

자신의 교수 행위를 향상시키고 자신감을 가질 수 있다. 대학의 경우 마이크로티칭은 주로 비디오 녹화를 위한 카메라, 마이크 그리고 컴퓨터가 설치된 수업분석실에서 이루어진다. 마이크로티칭의 절차는 주로 다음과 같은 단계로 이루어진다.

표 8-4 마이크로티칭의 절차

단계	과제
수업 계획	• 개발할 기술이나 능력 결정 • 시간과 장소, 대상, 규모, 장비의 사용 여부 등 계획 수립
수업	• 실제 수업 실시 • 비디오테이프 녹화 혹은 체크리스트나 오디오 장치 활용
피드백과 평가	• 자기 평가, 체크리스트를 통한 평가, 오디오나 비디오에 의한 평가 • 동료 평가, 지도교사나 전문가의 관찰과 지도조언 등
재수업	• 수업계획을 수정하거나 교수 기법을 보완하여 재수업 • 수업과 재수업의 간격은 가능한 짧은 것이 바람직함

출처: 서윤경(2009; 277).

마이크로티칭이란 쉽게 말해 작게 가르쳐 본다는 것이다. 즉, 실제 수업보다 시간, 내용, 규모 등을 축소하여 5-20분 정도의 모의 수업을 진행하고 이 과정을 녹화하여 분석한 후 교수자에게 피드백을 주는 과정으로 진행된다(서윤경, 2009). 피드백은 전문가나 동료들이 해줄 수도 있고 수업 자가 진단표를 가지고 자기 분석을 해볼 수도 있다. 보통 수업 시연의 경우에도 이런 진단표를 활용하여 평가할 가능성이 높다. 이 진단표는 이 장에서 설명한 교수법 전체에 대한 내용을 담고 있는 요약이라고 할 수 있겠다.

표 8-5 마이크로티칭에 사용할 수 있는 진단표

요소	문항	개선필요함		보통		잘함
목소리	1. 목소리 크기가 적절한가?	1	2	3	4	5
	2. 말하는 속도가 적절한가?	1	2	3	4	5
	3. 발음이 명확한가?	1	2	3	4	5
	4. 목소리에 변화가 있는가?	1	2	3	4	5
	5. 목소리에 생동감(자신감)이 있는가?	1	2	3	4	5
몸동작	1. 몸동작이 의도적이고 적절한가?	1	2	3	4	5
	2. 서 있는 자리를 옮겨 주는가?	1	2	3	4	5
	3. 학생들에게 시선을 주고 있는가?	1	2	3	4	5
	4. 모든 학생들을 살펴보는가?	1	2	3	4	5
	5. 몸동작의 효과를 극대화하는가?	1	2	3	4	5
칠판/OHP	1. 잘 보이는가?	1	2	3	4	5
	2. 짜임새 있고, 정돈되어 있는가?	1	2	3	4	5
	3. 악센트 효과가 있는가?	1	2	3	4	5
	4. 양이 적절한가?	1	2	3	4	5
	5. 말하는 내용과 중복되지 않았는가?	1	2	3	4	5
수업진행	1. 시간을 의미 있게 보내는가?	1	2	3	4	5
	2. 수업에 숨 돌릴 여유가 있는가?	1	2	3	4	5
	3. 호기심을 유도하는가?	1	2	3	4	5
	4. 수업 속도가 적절한가?	1	2	3	4	5
	5. 수업이 끝나가고 있다는 것을 느낄 수 있는가?	1	2	3	4	5
수업구성	1. 수업 목표가 확실히 전달되었는가?	1	2	3	4	5
	2. 수업이 여러 단락으로 나눠져 있는가?	1	2	3	4	5
	3. 한 가지 이상의 수업 방법을 사용하는가?	1	2	3	4	5
	4. 지난 수업 내용과의 연관성이 보이는가?	1	2	3	4	5
	5. 가장 중요한 내용이 부각되었는가?	1	2	3	4	5

요소	문항	개선필요함		보통		잘함
질문/대답/반응	1. 학생들에게 효과적인 질문을 하는가?	1	2	3	4	5
	2. 학생들이 참여(대답)할 기회를 주는가?	1	2	3	4	5
	3. 학생들이 대답했을 때 긍정적 반응을 보이는가?	1	2	3	4	5
	4. 학생이 못했을 때 격려하는가?	1	2	3	4	5
	5. 학생들이 질문하도록 유도하는가?	1	2	3	4	5

출처: 조벽(2012; 204~205).

이판사판 질문하기

Q. 수업 내용은 잘 가르칠 자신 있어요. 그런데 학생들이 집중을 안하면 어떡하죠?

A. 와우! 이 질문 정말 공감합니다. 사실 교사의 경우, 교과목에 대한 전문 지식은 누구 못지 않은데요. 수업 시간에 학생들을 동기화시키고 참여시키는 게 정말 힘들지요. 이 부분을 열심히 하는 선생님도 있고 그냥 내용 전달에 집중해서 수업하시는 분들도 계시죠. 후자의 경우는 선생님도 힘들고 학생들도 소외받는 느낌이 들것 같아요. 교사로써 이 부분을 지혜롭게 대처하기 위해서는 많은 전략과 노력이 필요합니다. 뉴튼의 법칙 가운데 세 번째 '작용-반작용의 법칙'을 기억해보세요. 쉽게 말해 모든 물리적 법칙은 한 만큼 돌려받는다는 겁니다. 사람 간의 관계도 그렇지요. 학생들이 잘 표현을 안해도 어떤 선생님이 노력하는 선생님이라는 것은 다 알고 있습니다. 그러니 선생님이 이런 상황에서 포기하면 안되겠지요. 끝까지 학생들에게 애정을 가지고 여러 가지 노력을 하다 보면 학생들이 마음을 열고 고개를 들지 않을까요? 어려운 일이지만 그래서 또 보람 있는 일이기도 한 것 같아요. 누군가를 가르친다는 것은…

참고문헌

- 권성호(2000). **하드웨어는 부드럽게 소프트웨어는 단단하게**. 양서원.
- 권정희, 이재경(2002). 웹기반 학습환경에서 학습양식이 학업성취 및 웹기반 학습자 지원 기능 선호에 미치는 영향. **교육공학연구, 18**(4), 111-138.
- 김민정(2015). 교수자 티칭 포트폴리오의 공개와 수업개선 참여활동이 예비교사의 티칭 포트폴리오 작성 및 수업설계 전문성에 미치는 영향, **학습자중심교과교육연구, 15**(11), 267-288.
- 서윤경(2009). 예비 교사를 대상으로 한 마이크로티칭의 효과와 운영 전략 탐색, **한국교원교육연구, 26**(4), 271-297.
- 조벽(2001). **조벽 교수의 명강의 노하우 & 노와이**. 해냄.
- 조벽(2012). **조벽 교수의 수업컨설팅**. 해냄.
- 조용개(2009). 대학 수업의 질적 개선 및 평가에 필요한 티칭 포트폴리오 구성요소 탐색. **교육공학연구, 25**(1), 1-27.
- Ainsworth, R. (2018). *Attention spans are getting shorter. Or are they?*, Source Global Research, February, 15, 2018, Retrieved from https://www.sourceglobalresearch.com/blog/2018/02/15/attention-spans-are-getting-shorter-or-are-they.
- Bain, K. (2004). *What the best college teachers do*, Harvard University Press. Cambridge: MA. 안진환, 허영은(역). 2005. **미국 최고의 교수들은 어떻게 가르치는가**. 파주: 뜨인돌.
- Colvin, G. (2008). *Talent is overrated*, Penguin Group, 김정희(역), (2010), **재능은 어떻게 단련되는가?** 부키.
- Cotton, K. (1988). "Classroom questioning", North West Regional Educational Laboratory, Retrieved from http://www.nsead.org/downloads/Effective_Questioning&Talk.pdf.
- Colye, D.(2009). *The talent code*. New York: Penguin Random House. 윤미나(역). **탤런트 코드**. 웅진 지식하우스.
- Gardener, H., (1993). *Multiple Intelligence: the theory in practice*, New York: Basic Books.
- Gardner, H. (1999), *Intelligence Reframed: Multiple Intelligences for the 21st*

Century, New York: Basic Books.

- Howell, T. (2018). *4 ways to draw attention to information in PowerPoint*, Retrieved from https://www.synapsiscreative.com/4-ways-attention-information-powerpoint/
- Kolb, D. A. (1984). *Experiential learning*. NJ: Englewood Cliff.
- Mosaica & Corporation for National Service(1996). *Starting strong: a guide to pre-service training*. Washington, D.C.: MOSAICA: The Center for Nonprofit Development and Pluralism.
- Remesh, A. (2013), Microteaching, an efficient technique for learning effective teaching, *Journal of Research in Medical Sciences*, 18(2), 158-163.
- Shannon Consortium (2018), *Preparing your teaching portfolio*, Retrieved from https://www.ul.ie/ctl/sites/default/files/preparing_your_teaching_portfolio.pdf.
- Wilson(2018), *What types of questions are you asking students? Mastering five basic types of questions*, Retrived from https://thesecondprinciple.com/teaching-essentials/five-basic-types-questions/

교육공학에서의 평가

교육에서 평가는 필수적인 활동이지만 매우 광범위한 영역이기도 하다. 이 장에서는 교육방법 및 교육공학의 실천에 필요한 교수 프로그램 평가 및 학습자 평가에 대해 알아본다.

1절 교수 프로그램 평가

타일러(Tyler)의 목표성취모형

타일러의 목표성취모형(goal attainment model)은 목적중심모델(objectives centered model)로 불리기도 하며, 교육과정 설계, 개발, 평가에 있어 가장 많이 사용되는 평가모형 가운데 하나이다. 타일러 모형은 다음과 같은 네 가지 구성요소로 이루어진다.

그림 9-1 타일러의 목표성취모형

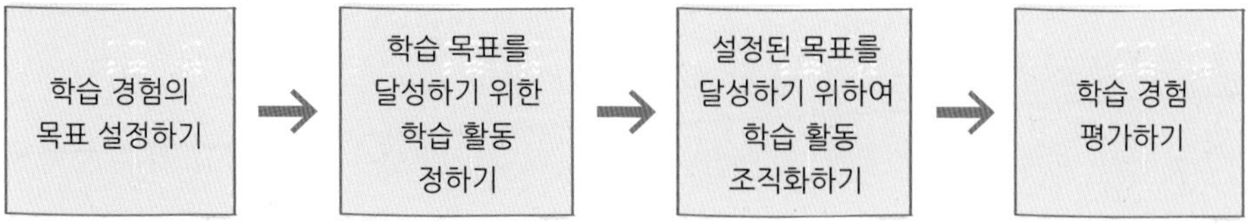

학습 경험의 목표 설정하기

타일러 모형은 학습 경험의 목적을 설정하는 것으로부터 시작한다. 이 목적은 세 가지 요소에 의해 결정될 수 있는데 첫째는 학생으로부터의 요구, 둘째는 지역 사회 공동체의 요구, 셋째는 교과목 내용이다.

학습 목표를 달성하기 위한 학습 활동 정하기

정해진 목표를 달성하기 위하여 학생들에게 어떤 학습 활동을 제공해야 할지를 결정하는 단계이다. 이 때 타일러는 학생들이 자신에게 유용하고 의미 있는 내용을 발견하게 하는 것이 중요하다고 강조했다(Meek, 1993).

설정된 목표를 달성하기 위하여 학습 활동 조직화하기

이 단계에서는 앞서 결정된 학습 활동을 학생들에게 어떻게 경험하게 할지 구조화하는 단계이다.

학습 경험 평가하기

설정된 학습 목표를 달성했는지를 평가하는 단계이다. 타일러 모형은 과정보다 결과를 중시한다. 즉, 사전에 설정된 학습 목표가 달성되었는지를 평가하는 것이 중요하다. 이것이 바로 타일러의 모형을 목표성취모형이라고 부르는 이유이다.

타일러의 목표성취모형은 가장 보편적으로 사용되는 교수 프로그램 평가 모형이지만 여러 가지 비판점도 불러왔다. 첫째, 행동적 목표를 설정하기가 어렵고 시간이 많이 걸린다는 점이다. 더구나 목표 설정에 있어서 학생, 지역사회 공동체의 요구 및 교과목 내용 간의 합의점을 찾아내는 것은 상당히 힘든 일이다. 둘째, 학습 목표의 범위가 제한적일 수 있다. 실제로 학생들의 지식이나 기술 가운데는 행동적 목표로 진술하기 힘든 부분도 많다. 즉, 비판적 사고나 문제 해결 혹은 가치를 획득하기 위한 활동 등은 행동적 목표로 설정하기 힘들므로 목표의 범위가 제한적일 수 있다는 것이다. 셋째, 목표 설정 이후에는 수정이 힘들다. 타일러 모형은 목표 설정 이후 순차적으로 진행되므로 중간에 목표를 수정할 수 있는 여지가 별로 없다. 타일러 모형은 비교적 단순하고 평가의 기본적인 절차를 따르고 있다는 점에서 가장 많이 사용되어 왔지만 이런 비판점들도 있음을 알아 두자.

커크패트릭(Kirkpatrick)의 4수준 평가모형

커크패트릭의 4수준 평가모형은 1950년대에 개발되었으며 주로 기업에서의 훈련 성과를 평가하는 데 효과적인 것으로 알려져 있다. 이 모형은 훈련의 전, 중, 후에 그 훈련이 비즈니스에 얼마나 효과적인지를 평가하기 위해 실행될 수 있다는 특징이 있다. 4수준이란 [그림 9-2]와 같다.

그림 9-2 커크패트릭의 4수준 모형

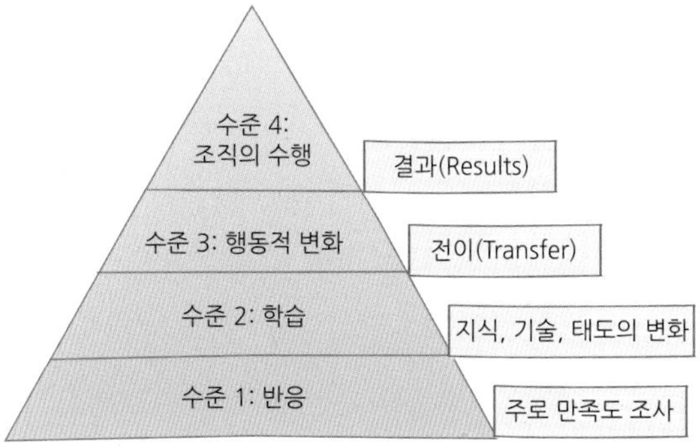

1단계는 반응(Reaction)을 보는 단계이다

이 때 반응이란 교육훈련에 참여한 참여자들의 교육 프로그램에 대한 반응이다. 이 반응은 주로 학습자들의 교육 프로그램 만족도로 측정된다. 즉, 학습자들의 입장에서 교육 프로그램이 자신에게 유익했는지를 평가하는 것이다. 이 반응 평가를 가지고 학습이 실제로 일어났는지는 알 수 없다. 그러나 이 반응 단계에서 학습자들의 우호적인 평가를 얻지 못한다면 다음 단계의 교육훈련이 효과적이기 힘들기 때문에 학습자들의 교육 프로그램에 대한 긍정적인 반응은 중요하다고 할 수 있다.

2단계는 학습(Learning)이 얼마나 일어났는지를 보는 단계이다

즉, 학습자들이 교육훈련의 결과로 전문지식 혹은 마음자세나 태도 등에 변화가 일어났는지를 측정하는 단계이다. 따라서 이 단계는 1단계에서 반응을 보는 단계보다 훨씬 측정하기 힘들고 시간이 많이 소요된다. 학습 결과를 측정하는 방법은 공식적 혹은 비공식적 테스트부터 자기 평가에서 팀 평가까지 다양할 수 있다. 학습 평가가 제대로 이루어지기 위해서는 훈련 전에 참여자들에게 사전 평가를 하고 훈련 후에 사후 평가를 하는 방법을 고려하는 것이 좋다.

3단계는 행동변화(Behavioral Change)가 얼마나 일어났는지를 보는 단계이다

따라서 이 단계를 전이(Transfer) 단계로 부르기도 한다. 전이란 교육훈련에서 배운 내용이 실제 업무 현장에서 적용되는 것을 말한다. 학습을 했다고 해서 학습자의 행동에 바로 변화가 생기기는 쉽지 않다. 그러나 기업에서 교육훈련의 진정한 효과는 학습 후 업무에 있어서 생산적인 방식으로 행동이 변화되는 것이므로 이 단계의 평가는 프로그램의 유용성을 평가하는데 아주 중요하다고 할 수 있다. 이 단계는 주로 교육훈련 후 3-6개월 후에 실시된다. 그러나 훈련 참여자들의 사후 평가를 언제, 얼마나 자주, 어떤 방식으로 해야 할지를 결정하는 것은 상당히 어려운 일이다.

4단계는 조직의 수행(Organisational performance)을 보는 차원이다

이 단계는 교육훈련 프로그램의 최종 결과를 평가하는 단계이므로 결과(Results)

단계로 불리기도 한다. 기업의 입장에서는 교육훈련에 투자를 하는 명확한 이유가 있다. 원가절감, 투자대비 수익 높이기, 생산품의 질 향상시키기, 작업장에서 사고 줄이기, 생산 시간 효율적으로 만들기, 판매량 높이기 등이 조직의 수행을 보여줄 수 있는 지표가 될 수 있다.

스터플빔(Stufflebeam)의 CIPP 모형

CIPP는 Context(맥락), Input(투입), Process(과정), Product(결과물)의 앞 글자를 따서 만든 용어이다. 즉, CIPP 모형은 프로그램의 가치를 결정하는 데 있어 맥락, 투입, 과정 그리고 결과물에 대한 평가를 요구한다. CIPP는 각 단계에서의 의사결정을 연결시키는 모형이므로 의사결정에 초점을 둔다는 점이 특징이다. 좀 더 구체적으로 보면 CIPP는 프로그램의 기획, 조직화, 실행, 그리고 결정을 재검토하고 수정하는 일련의 사이클에 기반을 둔다. 이 과정에서 CIPP는 프로그램 관리와 운영을 위한 체계적인 정보의 제공을 강조한다.

CIPP 모형은 프로그램, 프로젝트, 인력, 결과물, 기관 그리고 평가 시스템의 평가를 가이드할 수 있는 종합적인 프레임이다. 1960년대 말 미국 학교 프로그램의 책무성을 개선시키는 것을 돕기 위하여 개발되었다. 최근에는 미국 안팎에서 비즈니스, 군대, 건설, 건강 및 의료, 사회복지 단체 등 다양한 분야에서 응용되고 있다. 이 평가 모형은 외부 평가자들, 개인 교사들, 교육행정가들 그리고 자신의 서비스를 평가하고 개선하고자 하는 전문가들에 의해서 사용될 수 있으며 학교, 학군, 대학, 자선 단체,

그림 9-3 스터플빔의 CIPP 모형

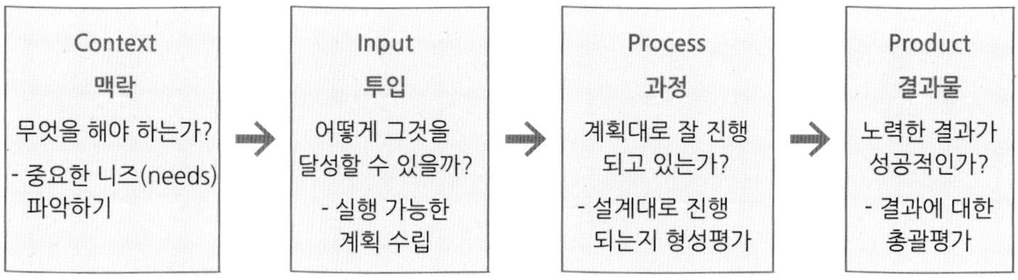

비즈니스, 정부 기관들 그리고 기타 조직들에 의해 활용되어 왔다. 스터플빔은 자신의 모델을 설명하면서 평가의 가장 중요한 목적은 증명하는 것이 아니라 개선하는 데 있다고 밝히고 있다(Stufflebeam, 2003).

CIPP는 평가를 프로그램의 각 단계에서 의사 결정자의 요구와 직접적으로 관련이 있도록 만드는 접근이다. 즉, CIPP 평가 모형은 프로젝트의 개념화, 설계, 수행 그리고 평가를 체계적으로 관리하고, 프로젝트의 효과성을 판단하며 지속적인 개선을 위해 피드백을 제공할 수 있는 모형이다. CIPP 모형이 교육 프로그램 평가에 적용될 때는 교육 전에 요구 분석을, 중간에는 형성평가를, 그리고 교육 후에는 총괄평가를 하도록 하는 종합적인 가이드라인을 제시할 수 있다. 각 단계에서 고려해야 할 질문과 수행해야 할 일을 알아보자.

맥락

이 단계에서 던져야 할 질문은 '무엇을 해야 하는가'이다. 즉, 이 단계에서는 목표를 결정하기 위하여 요구 분석 자료를 수집하고 분석한다.

투입

이 단계에서는 앞서 결정된 목표를 '어떻게 달성할 수 있을까'라는 질문에 답해야 한다. 이를 위해서는 목표를 달성하기 위해 필요한 단계와 자원들을 파악해야 한다. 때로는 성공적인 외부 프로그램이나 교재들을 활용할 수도 있다.

과정

이 단계에서는 '계획대로 잘 진행되고 있는가'를 점검해 보아야 한다. 즉, 프로그램이 계획대로 실행되고 있는지를 점검하는 모니터링이 실시되어야 한다.

결과물

이 단계에서는 '노력한 결과가 성공적인가'를 평가한다. 즉, 프로그램 진행 후 실제 결과물과 기대했었던 결과물을 비교해봄으로써 그 프로그램이 계속되어야 할지, 수정되어야 할지, 아예 중단되어야 할지를 결정할 수 있다.

2절 학습자 평가

준거지향 평가와 규준지향 평가

'준거지향', '규준지향'이라는 용어는 로버트 글레이저(Robert Glaser)에 의해 고안되었다고 한다(Glaser, 1963). 준거지향 평가는 학생들의 교과목 이해에 있어 '달성 수준'을 정확하게 측정하는 것이 목표이고, 규준지향 평가는 학생들의 '상대적인 순위'를 가늠하는 것이 목표이다.

준거지향 평가(Criterion-referenced evaluation)

준거지향 평가는 준거를 기준으로 평가하는 방식이며, '절대평가'라고도 알려져 있다. 준거란 학생이 어느 정도의 내용을 배웠는지를 나타내 줄 수 있는 표준, 혹은 기준점수(cut-off score)로 나타낼 수 있다. 즉, 준거지향 평가는 학생들이 사전에 설정된 학습 목표를 달성했는지를 그 기준에 비추어 평가하는 것이다. 미국 초·중등교육에서 가장 많이 사용되는 평가이며 특정 지식이나 기술을 학생들이 습득했는지를 평가하는 데 사용된다. 준거지향 평가에 따르면, 모든 학생이 그 기준을 달성했으면 모두 시험을 패스할 수도 있고, 모든 학생이 그 기준을 달성하지 못했으면 모두 탈락할 수도 있다.

준거지향 평가의 목적

시험을 보는 사람이 그 교재의 일정한 수준을 달성했는가를 평가하는 것이다. 이 평가의 대표적인 예로 운전면허 시험을 들 수 있다. 이 시험은 사람들이 운전하기에 충분한 기술을 습득했는지 아닌지를 평가하는 것이 목표이지, 다른 사람보다 얼마나 더 운전을 잘 하는지를 보는 것이 아니다. 또한 각종 학교의 졸업 시험 그리고 의사, 변호사와 같은 전문직에서 일할 수 있는 자격시험도 주로 준거지향 평가의 형태를 띤다. 예를 들어, 고등학교 졸업시험 같은 경우는 이 학생이 고등학생으로서의 학력을 갖추고 있는지를 평가하여 패스하면 졸업이고 탈락하면 유급을 해야 하는 것이다.

준거지향 평가의 강점

학생들의 학습 진행 상황에 대한 정보를 줄 수 있다.

- 어떤 학생이 다음 단계의 수업이나 학년으로 가거나 학위를 받기에 적합한 능력을 갖추었는지를 판단해 준다.
- 학교가 학생들의 수행 능력에 대한 책무성을 얼마나 지고 있는지에 대한 지표를 줄 수 있다.
- 학교 행정가들은 표준화된 테스트를 통하여 의도된 교육 목표가 얼마나 달성되고 있는지를 평가할 수 있다.

준거지향 평가에 대한 비판

- 준거 설정이 정확하지 못할 경우에는 학생들을 평가하기가 너무 어려울 수도 있고 너무 쉬울 수도 있다.
- 목표 달성 수준이나 점수를 결정하는 것이 지나치게 주관적일 수도 있다. 왜냐하면 수준을 너무 높게 설정하면 많은 학생이 패스하지 못하므로 그 교사나 학교의 평판이 안 좋아진다. 따라서 이런 우려 때문에 수준을 낮게 설정할 수 있는데 이 또한 그리 바람직한 것은 아니다.
- 교사들이 다른 중요한 주제나 기술보다는 표준화된 테스트에 의해 평가되는 내용에만 치중할 수 있어 시험을 위해 가르친다는 현상을 조장할 수 있다.

규준지향 평가(Norm-referenced evaluation)

규준지향 평가란 평가에 참여한 사람들의 상대적인 위치를 파악해 주는 평가이며, '상대평가'라고도 불린다. 이 평가에서는 내용 습득을 어느 정도 달성했는가보다는 다른 사람보다 더 잘 했는지, 못 했는지가 중요하다. 이러한 비교는 보통 규준의 분포에 근거해 이루어지는데 보통 규준은 종을 뒤집어 놓은 모양의 벨 커브(bell curve) 모양의 정상분포 곡선을 가정한다. 이 곡선은 보통 상위의 소수 아주 뛰어난 학생들, 중간의 다수 평균에 가까운 학생들, 그리고 하위의 소수 뒤처지는 학생들의 분포를 가정한다. 따라서 평가 결과도 패스(pass), 탈락(fail)이 아니라 보통 상위 몇 %, 하위 몇 % 등 퍼센트로 주어진다. 자신의 위치를 아는 것이 중요하기 때문이다.

이 평가의 대표적인 예로는 IQ 테스트가 있다. 이 테스트는 중앙치를 100으로 정하고 시험 보는 사람이 이 점수보다 얼마나 높은지 혹은 낮은지로 자신의 위치를 가늠할 수 있다. 극장 오디션, 취업 인터뷰도 규준지향 평가의 예가 될 수 있다. 왜냐하면 이 평가의 목적은 정해진 표준에 부합하는 사람을 뽑는 것이 아니라 다른 후보자들과 비교하여 최고의 후보자를 뽑는 것이기 때문이다.

규준지향 평가의 강점

- 규준 집단에서 개인의 수행이 타인과 비교해서 어느 정도인지를 알려준다.
- 특정인에 대한 편견이나 선호를 줄일 수 있는 객관적인 평가이다. 여기서 객관적이라는 말은 모두에게 기회를 공정하게 주고 가장 높은 점수를 받은 사람에게 우선권을 준다는 의미이다.

규준지향 평가에 대한 비판

- 이 평가는 기본적으로 순위에 기반하므로 어떤 학생이 다른 학생보다 얼마나 나은지 그렇지 못한지는 보여줄 수 있지만, 미래 취업이나 교육에 필요한 과제를 해낼 수 있는지에 대한 정보는 주지 못한다.
- 규준 집단이 현재의 관심 집단을 대표하지 않을 수 있다. 즉, 비교되는 집단이 잘못 설정될 수도 있다.
- 이 평가는 개인이 한 집단 내에서 어디에 위치하는지만 보여줄 뿐 학급이나 학교와 같은 집단의 학습 과정을 측정하기는 힘들다.
- 고등정신 능력이나 비판적 사고보다는 채점이 용이한 평가 문제들을 사용하기 쉽다.

형성평가와 총괄평가

'형성평가', '총괄평가'라는 용어는 1967년 마이클 스크리븐(Michael Scriven)이라는 학자에 의해 고안되었다(Typler, Gagne & Scriven, 1967). 이 두 평가는 평가의 시기와 목적에 있어서 차이점이 있다. 아래에서 더 자세히 알아보자.

형성평가(formative evaluation)

형성평가는 주로 수업이나 프로젝트 진행 중에 실시되며, 그 목적은 교수-학습 활동이 계획한 대로 잘 이루어지고 있는지를 모니터링하여 교수-학습의 질을 향상시키기 위한 것이다. 따라서 형성평가는 학습교재, 학생 학습, 교사 효과성 등을 분석하는데 유용하며 교육 프로그램 개발 시 의사결정에 도움을 줄 수 있다. 예를 들어, 세서미 스트리트(Sesame Street) 같은 미국의 어린이 대상 교육 프로그램을 만들 때도 프로그램 디자인이 주 시청 대상 어린이들에게 적합한지를 파악하고 디자인을 결정하기 위하여 형성평가를 실시한다(Saettler, 1990).

총괄평가(summative evaluation)

총괄평가는 교육 프로그램 실시 이후에 그것의 가치를 종합적으로 판단하는 평가이다. 따라서 이 평가의 목적은 마지막 결과물이 무엇이며 그것의 수준이 어느 정도인지를 파악하는 데 있다. 학교교육에서는 주로 학기 말에 보는 시험이 총괄평가에 해당된다. 수업 설계의 관점에서 보았을 때, 총괄 평가는 교육이나 수업 활동의 효과성을 총체적으로 평가하는 것이라고 할 수 있다. 따라서 총괄평가는 학교나 학군이 교사의 책무성에 대한 요구를 충족시키고 있는지를 평가하는 것이 된다. 구체적인 방법으로는 질문지, 설문지, 인터뷰, 관찰, 시험, 프로젝트 등이 될 수 있다. 이들 방법은 형성평가에서도 사용될 수 있지만 두 평가의 목적이 다르므로 평가 결과를 활용하는 방법에서 차이가 난다. 이 차이점을 표로 정리하면 다음과 같다.

표 9-1 형성평가와 총괄평가

	형성평가	총괄평가
시기	학습 활동 과정 중	학습 활동이 끝났을 때
목적	교수-학습을 향상시키기 위해	교수-학습의 효과성을 결정하기 위해
피드백	교재나 학습 활동을 수정하는데 활용	최종적인 판단으로 활용
평가방식	준거지향 평가를 주로 사용	준거지향 평가나 규준지향 평가 둘 다 사용 가능

지필평가와 수행평가

학생 학습을 평가함에 있어 지필평가는 일반적으로 시험지를 통해 이루어지고 수행 평가는 학생들의 수행이나 학습 결과물의 질을 평가함으로써 이루어진다.

지필평가

지필평가에 사용되는 문제의 유형 및 특징은 다음과 같다.

선다형(Multiple choice)

선다형은 하나의 질문에 대하여 몇 가지 가능한 답 가운데 하나를 고르는 형식이다. 흔히 4지선다라고 하면 4개의 답 가운데 정답 하나를 고르는 방식을 말한다. 선다형은 정답 이외에 그럴듯한 오답을 만들어야 한다는 점에서 출제 시간이 많이 걸린다는 단점이 있지만 채점은 매우 빨리 할 수 있다는 장점이 있다.

예시: 다음 중 스페인어를 사용하지 않는 나라는?
① 멕시코 ② 브라질 ③ 칠레 ④ 아르헨티나

진위형(True/False)

진위형 문항은 보통 하나의 문장으로 진술되고 학생들이 그 문장이 참인지 거짓인지를 선택하게 된다. 이 시험 문항은 정답을 몰라도 추측할 확률이 항상 50%나 된다는 단점이 있다. 그러나 중요한 사실적 정보를 주는 문장을 제시하면 학생들이 평가를 통해 학습을 심화할 수 있다는 장점이 있다.

예시: 브라질은 스페인어를 사용하는 나라이다. (T/F)

결합형(Matching)

결합형은 짝짓기, 즉 양쪽에 정보를 나열하고 관련되는 것을 연결시키도록 하는 테스트 방법이다. 이 방법은 상세한 지식 습득과 이것의 인지와 회상이 중요한 과목에서 주로 사용된다. 결합형 문항은 비교적 짧은 시간에 쉽게 만들 수 있다는 장점이 있지만 학생들 입장에서는 선다형이나 진위형에 비해 푸는데 시간이 많이 걸릴 수 있다.

예시: 각 문항 유형에 맞는 특성을 서로 연결시켜 보시오.

1. 선다형	a) 답이 둘 중 하나
2. 진위형	b) 같은 수의 문항과 선택지가 제시
3. 짝짓기	c) 하나의 정답과 적어도 3개의 다른 오답들 제시

단답형

단답형은 짧게는 단어 한두 개 길게는 몇 개의 문장까지 쓰도록 유도하는 문제 형식이다. 이 방식은 학생들에게 기본 지식이나 주요 사실 혹은 용어들을 테스트하기 위해 주로 사용된다. 단답형은 선다형보다 출제하기가 비교적 쉽고 빠르다는 장점이 있다. 그러나 채점은 비교적 시간이 많이 걸리고 때로는 주관적일 수도 있다. 아주 간단한 예시는 다음과 같다. 예시 2를 완성형이라고 부르기도 한다.

예시: 1. 삼각형의 세 각의 합은 몇 도인가?
2. 삼각형의 세 각의 합은 (   )도이다.

논술형

논술형은 학생들의 창의성, 분석, 종합, 평가를 포괄하는 고등정신 능력을 평가할 수 있는 평가 방법이다. 보통 몇 개의 단락으로 이루어진 글로 구성되며 학생들이 창의적인 방식으로 내용을 구성할 수 있다. 이런 점들이 논술형 문항의 장점이 될 수 있는 반면 채점에 시간과 노력이 많이 든다는 점은 단점이 될 수 있다. 논술형은 지나치게 광범위해서 깊이 있는 답을 하기 힘든 질문을 피하고 '비교하라', '설명하라', '기술하라', '논의하라' 등과 같은 동사를 사용하여 응답에서 기대하는 바를 정확하게 제시하는 것이 좋다.

예시:
인공지능이 가져올 미래에 대해 낙관론과 비관론을 설명하고 자신의 입장을 기술하시오.

수행 평가

수행 평가는 지필 평가와는 달리 학습자의 학습 과정을 드러낼 수 있는 자료들에 기반하며 다음과 같은 평가 방식이 있다.

포트폴리오(Portfolio) 평가

포트폴리오 평가란 학생들이 일정 기간 동안 학습 목표를 달성하기 위해 수행한 과제나 활동, 작품 등의 수집물인 포트폴리오를 통해 평가하는 것을 말한다. 이 수집물에는 과제, 시험 결과, 예술 작품, 보고서, 상, 수료증, 졸업장, 추천서, 학습에 대한 자기 평가 일지 등 학생의 학습 과정과 결과를 보여주는 다양한 자료들이 포함될 수 있다. 최근에는 학생들이 만든 동영상, 멀티미디어 발표 자료, 웹사이트, 사진 그리고 다른 디지털 형태의 작품도 포트폴리오에 포함되고 있으며 이를 디지털 포트폴리오 또는 e-포트폴리오라고 부른다.

포트폴리오 평가의 장점

- 일회적인 시험이 아니라 누적적, 종합적으로 학생들이 자신의 학습 과정과 성취를 자세하게 보여줄 수 있다.
- 학생들이 자신의 학습에 주인의식을 느끼고 책임감을 갖게 해 줄 수 있다.
- 교사들은 학생들의 학습 과정을 모니터링 하고 그들의 성장과 발달의 과정을 평가할 수 있다.
- 교사들은 포트폴리오를 통해 학부모들에게 그들의 자녀가 어떤 부분에서 얼마나 성장하고 있는지에 대한 구체적인 정보를 제시하면서 소통할 수 있다(McDonald, 2011).

포트폴리오 평가의 단점

- 포트폴리오는 학생들에 의해 지속적으로 작성, 유지되어야 하므로 학생들에게

부담이 될 수 있다.

- 평가하는 교사의 입장에서는 다른 표준화된 시험보다 시간이 많이 걸리므로 학생 수가 많을 때는 힘들 수도 있다.
- 교사는 포트폴리오 채점의 타당도과 신뢰도를 확보하기 위하여 따로 평가 도구를 구안하고 동료와 협의하는 등의 노력을 기울여야 한다.

이런 단점에도 불구하고 포트폴리오 평가는 시험 위주의 지필평가에 대한 대안적 평가로 자리 잡고 있다(김찬종, 윤선아, 2002).

포트폴리오 평가 활용 시 고려사항

- 학생들이 포트폴리오를 작성하기 전에 포트폴리오에서 요구되는 바를 분명히 알려주는 것이 좋다.
- 포트폴리오는 학생들의 활동이나 작품을 단순히 모아 놓은 것이 아니라 학교의 학습 프로그램에 의미 있게 통합되어야 한다.
- 교사는 충분한 시간을 갖고 포트폴리오를 검토하고 그 내용에 대해 학생과 논의하며 피드백을 줄 수 있어야 한다.
- 평가의 공정성을 위하여 해당 교사 이외의 교사에게도 학생 포트폴리오와 채점 기준을 제공하고 평가를 받아 반영할 수 있다.

포트폴리오 평가 시 사용할 수 있는 양식들

- 교육과정의 관점에서 포트폴리오를 평가할 때는 다음과 같은 평정 항목들을 사용할 수 있다(〈표 9-2〉 참고).
- 포트폴리오가 차시 학습 목표를 어느 정도 반영하는지 검토한다(〈표 9-3〉 참고).
- 학생 포트폴리오에서 파악할 수 있는 정보의 유형을 분석한다(〈표 9-4〉 참고).

이러한 체크리스트들은 포트폴리오 평가의 내용 타당도와 신뢰도를 확보하는 데 도움을 줄 수 있으므로 초, 중, 고 학교급과 교과의 맥락에 맞게 변형하여 사용할 수 있을 것이다.

표 9-2 포트폴리오 평정 항목의 예시

Item		구분	항목
1	내용	교과 목표와의 관련성	해당 단원의 지식을 대표한다.
2			해당 단원의 탐구요소를 대표한다.
3			과학에 대한 긍정적인 태도를 길러줄 수 있다.
4			학생들의 실제 생활과 관련 지어준다.
5		창의력	창의성을 발휘할 수 있는 기회를 준다.
6		사고력	학생들의 사고력을 증진시킨다.
7		자기 발전	자기 발전의 기회를 부여한다.
8	양식	수준	학생(4학년)의 수준에 적합하다.
9		공정성	남학생, 여학생 모두에게 공정하다.
10			도시나 농촌 학생 모두에게 공정하다.
11			능력이 있거나 없는 학생 모두에게 공정하다.
12		참여 유도 정도	학생들의 참여를 유도한다.
13		실행 가능성	일선 학교에서 활용하기 쉽다.
14		상호작용	본인의 친구나 교사 또는 부모 등의 상호작용을 유도한다.
15		동기 유발	학생들의 관심과 흥미를 끌 수 있다.
16		협동심	학생 상호간에 협동하도록 하며, 협동심을 기를 수 있다.

출처: 김찬종, 윤선아(2002; 203).

표 9-3 포트폴리오 내용 타당도 검증 양식 예시

차시	학습 목표	포트폴리오 쪽수	타당도				수정 · 보완할 내용
			1 (매우 낮음)	2 (낮음)	3 (높음)	4 (매우 높음)	
1	해당 차시 목표 제시	5~6					
2	〃	7					
3	〃	9					
	〃	9					
4	〃	10~11					
5	〃	12~13					
6	〃	14					

출처: 김찬종, 윤선아(2002; 201).

표 9-4 학생 포트폴리오에서 파악할 수 있는 정보의 유형(예시)

유형 / 차시	창의성			
	1 (거의 드러나지 않음)	2 (약간 드러남)	3 (잘 드러남)	4 (매우 잘 드러남)
1				
2				
3				
4				
5				
6				

출처: 김찬종, 윤선아(2002; 201).

루브릭(Rubric) 평가

루브릭 평가도 수행 평가를 위해 사용되는 방법 중의 하나이다. 루브릭 평가란 루브릭을 가지고 평가하는 것을 말한다. 원래 루브릭(rubric)이란 붉은 황토 혹은 분필을 뜻하는 라틴어 루브리카(rubrica)에서 유래하였다(https://en.wikipedia.org/wiki/Rubric). 교육학 용어로 루브릭이란 학생들의 과제를 평가할 준거, 즉 중요한 점들을 나열해 놓은 채점 도구를 말한다(Goodrich, 1997). 이러한 평가를 위해서 교사는 자신의 학생과 평가 목적에 맞게 루브릭을 개발하거나, 적절하게 개발된 루브릭을 사용할 수도 있다.

루브릭은 교사가 학생 평가를 위해 사용할 뿐만 아니라 학생들이 자신과 동료 학습자의 학습을 평가하고, 서로 피드백을 주고, 수정하여 최종적인 결과물의 질을 높이기 위해 사용하기도 한다. 따라서 루브릭 개발의 초기부터 학생들이 적극적으로 참여하게 한다. Goodrich(1997)는 교사가 참조할 수 있는 루브릭 개발의 7단계를 다음과 같이 설명한다.

표 9-5 루브릭 개발 과정

단계	수행	해야 할 일
1	예시를 본다	학생들에게 잘된 과제(숙제, 행동, 작품 등)와 그렇지 못한 것의 예를 보여준다.
2	준거를 나열한다	질적으로 잘된 작품을 잘된 것으로 그렇지 않은 것을 그렇지 않게 만드는 요인에 대해서 논의한다.
3	질의 정도를 명료화 한다	먼저 가장 잘한 과제와 가장 못한 과제의 수준을 정한다. 그리고 나서 위의 논의를 토대로 그 가운데의 질의 정도를 몇 단계로 나눈다.
4	예시로 만들어진 것을 적용해 본다	1단계에서 사용되었던 예시를 학생들에게 주고 루브릭을 사용해 보게 한다.
5	자기 평가와 동료 평가에 사용해 본다	학생들에게 루브릭을 주고 자신이나 동료의 과제를 평가하는데 사용해 보게 한다.
6	수정한다	5단계에서 받은 피드백을 바탕으로 학생들이 자신의 과제를 수정하게 한다.
7	교사가 평가에 사용한다	학생들에게 주었던 같은 루브릭을 교사가 사용한다.

출처: Goodrich(1997; 15-16) 재구성.

표 9-6 루브릭 개발의 예시

준거	질		
청중들의 주의를 끌었는가?	흥미롭게 시작한다	지루하게 시작한다	시작이 없다
어떤 종류의 책인지 말했는가?	어떤 종류의 책인지 정확하게 말한다	잘 모르겠다/분명하지 않다	언급하지 않았다
주인공에 대해 말했는가?	주인공에 대한 사실들을 포함했다	슬쩍 지나가며 언급했다	주인공에 대해 아무것도 언급하지 않았다
배경에 대해 말했는가?	언제 어디서 이야기가 전개되는지 이야기했다	잘 모르겠다/분명하지 않다	배경에 대해 말하지 않았다
흥미로운 부분을 말했는가?	흥미롭게 이야기했다—사람들이 그 책을 사고 싶게끔	부분적으로 이야기하고 다른 부분으로 넘어갔다	그렇게 하는 것을 잊어버렸다
어떤 사람이 흥미를 가질만한 책인지 이야기했는가?	이야기했다	슬쩍 이야기하듯이 넘어갔다	이야기하는 것을 잊어버렸다
발표하는 모습은 어떠했는가?	머리는 단정히 빗고, 깨끗하고 단정한 옷을 입고, 미소를 지으며, 바로 쳐다보고 행복한 표정	대충 입었다	침대에서 바로 나온듯한 모습, 머리는 숙이고
발표하는 소리는 어떻게 들렸나?	분명하고, 강하고, 명랑한 목소리	목소리에 표현이 없음	이해하기 어렵고, 듣기에 거슬리는 소리를 낸다

출처: Goodrich(1997; 16).

위와 같은 절차를 사용하여 미국의 한 교사가 학생들과 함께 개발한 루브릭 하나를 살펴보자. 이 루브릭은 학생들이 '책 소개' 하는 발표를 평가하기 위하여 고안되었다. 〈표 9-6〉과 같은 루브릭을 제시하면 학생들도 자신과 동료 학생들의 발표를 평가할 수 있게 되고 이를 바탕으로 자신의 수행 가운데 향상시켜야 할 점이 무엇인지를 알게 된다. 요약하자면, 루브릭 평가의 핵심은 질(quality)을 정의하고, 그 수준을 결정하여 학생, 교사, 학부모들이 학생의 학습 과정과 결과물의 질을 향상시키는 데 도움을 주는 것이다. 따라서 형성평가의 기능으로 사용될 수 있고 총괄평가의 기능도 할 수 있다.

루브릭의 질을 평정하는 방식은 Goodrich의 7단계 개발 모형 가운데 3단계에서 진행되어야 할 작업이다. 실제 채점 기준을 정하는 것으로써 다음과 같은 몇 가지 방식이 있다.

- 수준으로 표기하는 방법: 상/중/하
- 숫자로 표기하는 방법: 1/2/3/4
- 설명으로 표기하는 방법: 미흡/기본/수준달성/수준이상

루브릭은 관찰을 통한 평가 방식에서도 채점표로 많이 활용된다. 루브릭은 일반 교과의 평가에서도 활용되지만(예: 김찬종, 윤선아, 2002), 지필 평가에 어려움이 있을 수 있는 유아교육(예: 변윤희, 2009)이나 특수교육(예: 이은정, 이소현, 2005) 분야에서 상당히 유용한 평가도구가 될 수 있다. 〈표 9-7〉은 국내 초등학교 교사들이 배드민턴 수업 수행평가를 위해 개발한 루브릭의 예이다.

표 9-7 초등학생 배드민턴 수행 평가를 위한 루브릭의 예시

수준	평가내용
상	1. 교사에게 배운대로 모든 샷을 좋은 자세로 민첩하게 구사한다. 2. 코트의 모든 부분을 지키며 움직이고 원래 위치로 일관되게 돌아온다. 3. 서브순서와 교체에 대한 규칙을 정확히 알고 적용하며 다른 사람의 좋은 플레이를 시종 칭찬한다.
중	1. 배드민턴의 샷과 서브에서 실수가 가끔 엿보인다. 2. 코트를 지키고 대개 원래 위치로 되돌아온다. 3. 배드민턴 경기 규칙을 알고 즐겁게 참여하나 동료와 조화롭게 하는 것보다는 동료에 앞서 처리하려는 모습이 가끔 나타난다.
하	1. 자세가 흐트러져 셔틀콕을 정확히 라켓에 맞추지 못하는 일이 많다. 2. 샷을 하기 위해 움직이고 그 곳에 남아있다. 3. 배드민턴 경기 규칙에 어긋나는 행동이 발견되고, 제자리를 지키지 못하여 동료와의 팀워크가 자주 어긋난다.

출처: 곽태근, 조한무(2012; 5).

객관식평가와 주관식평가

'객관식평가', '주관식평가'도 평가 방식을 구분하는 하나의 분류 기준이다. 이 구분은 채점자의 주관이 개입되느냐 아니냐에 달려 있다. 즉, 채점자의 주관과 관계없이 정답이 정해져 있는 문항은 객관식 문항이다. 앞에서 학습한 선다형, 진위형, 결합형, 단답형은 모두 객관식 문항이다. 흔히 단답형과 같이 학생이 직접 답을 작성하는 문항을 모두 주관식으로 생각하기 쉬운데 채점 기준으로는 답이 정해져 있으므로 객관식 문항이라고 할 수 있다. 괄호를 놓고 완성하는 완성형 문항도 객관식에 해당한다. 논술형은 대표적인 주관식 문항이라고 할 수 있다. 이 경우 채점의 공정성을 위하여 모범답안을 참조하여 2인 이상의 채점자가 채점하여 평균값을 내기도 한다.

그림 9-4 **평가 문항의 분류**

출처: 한정선 외(2014; 311).

이판사판 질문하기

Q. 이건 교육공학과 상관없는 건데요. 시험 불안은 어떻게 하면 좋을까요?

A. 아, 괜찮아요. 충분히 이해가 가는 질문입니다. 누구나 시험 보기 전에는 불안하지요. 그런데 이 불안이 도를 지나치면 성적에 나쁜 영향을 주지만 어느 정도 있는 것은 오히려 좋은 성과로 연결되기도 한답니다. 그래도 불안한 건 불쾌하지요. 그럴 때는 명상을 해보세요. 유발 하라리가 쓴 「21세기를 위한 21가지 제언」이라는 책을 보면 마지막 21번째가 명상입니다. 치열한 자아성찰이 필요한 시대에 자기의 내면을 돌아보는 힘은 몸과 마음의 회복을 위해 아주 중요하답니다. 시험불안도 그 원인이 무엇인지, 어떻게 하면 극복할 수 있는지, 실제로 자신이 그 답을 알고 있어요. 조용히 자신의 내면을 들여다 보고 명상을 해보면 답이 나올겁니다. 안 나오면… 흠, 저한테 연락하세요. 하하…

참고문헌

- 곽태근, 조한무(2012). 루브릭(rubric)을 활용한 관찰평가 도구의 적용 경험. **홀리스틱교육연구**, 16(3), 1-21.
- 김찬종, 윤선아(2002). 초등학교 과학과 포트폴리오 평가의 내용 타당도 검증 및 학생 포트폴리오에서 파악할 수 있는 정보의 유형. **한국과학교육학회지, 22**(1), 190-203.
- 변윤희(2009). 루브릭을 활용한 유아문학교육의 평가방법에 관한 연구. **어린이 문학교육 연구, 10**(2), 1-22.
- 이은정, 이소현(2005). 통합교육 현장의 장애 학생을 위한 기준중심 수행평가 방안: 루브릭(rubric)의 고안 및 실행을 중심으로. **특수교육학연구, 40**(1), 153-178.
- 한정선 외(2014). **21세기 교사를 위한 교육방법 및 교육공학**. 교육과학사.
- Cunningham, G.K. (1998). *Assessment in the Classroom*. PA: Falmer Press.
- Glaser, R. (1963). Instructional technology and the measurement of learning outcomes, *American Psychologist*, 18 (8), 519-522.
- Goodrich, H. (1997). Understanding rubrics. *Educational Leadership*, 14-17.
- Kirkpatrick, D. (1994), *Evaluating training programs: the four levels*. San Francisco: Berrett-Koehler.
- Kirkpatrick, D. (1996). Revisiting Kirkpatrick's four-level-model. *Training & Development*, 1, 54-57.
- McDonald, E. (2011). Student portfolios as an assessment tool, Education World. https://www.educationworld.com/a_curr/columnists/mcdonald/mcdonald025.shtml
- Stufflebeam, D.(2003). CIPP model, in T. Kellaghan & D.L. Stufflebeam (eds.)., *International Handbook of Educational Evaluation*, 31-62. Dordrecht: Kluwer Academic Publishers.
- Saettler, P. (1990). *The evolution of American Educational Technology*, Englewood, Colorado: Libraries Unlimited, Inc.

수업지도안

1절 수업지도안의 개념 및 의의

수업지도안은 조직된 수업내용에 따라 단위시간 안에 효율적으로 지식을 전달할 수 있도록 하는 전반적인 수업계획으로 학습의 내용과 이에 따른 교사의 전략을 제시한 것이다. 수업지도안은 교수–학습 과정안 혹은 학습지도안이라고도 불리는데 최소 기본단위시간(예를 들면, 50분) 수업을 중심으로 계획을 수립하기 때문에 이를 단시수업(단위시간수업) 혹은 차시수업안이라고도 한다. 이러한 수업지도안은 건축에서의 설계도나 항해사의 나침반과 같은 역할을 수행하므로 수업 목표와 이를 달성할 수 있는 내용과 방법으로 구성되어야 한다. 수업지도안은 수업설계 원리를 바탕으로 자세하게 작성하는 세안(細案)과 간략히 작성하는 약안(略案)으로 구분할 수 있다.

수업지도안은 수업목표를 달성하기 위한 교사의 전략을 정리한 것이다. 처음부터 완벽할 수는 없다. 수업을 진행하다 보면 처음 계획한 대로 진행되지 않는 경우도 발생하고 실제 수업 진행은 이론과 다른 경우도 많다. 이러한 경험을 바탕으로 수업지도안을 개선하면서 점점 더 좋은 수업을 위한 수업지도안을 완성해 갈 수 있다. 교수자에게 수업지도안은 다음과 같은 의의를 갖는다.

첫째, 수업지도안은 누군가에게 보여주기 위해서 작성하는 것이 아니라 교수자 본인의 수업을 위해 작성하는 것이다. 따라서 형식에 너무 얽매일 필요는 없다. 교수자 본인에게 가장 효과적인 양식을 활용하면 된다. 교재에 나온 양식은 여러 가지 양식 중 일부에 불과하다.

둘째, 새로운 교수방법을 적용하고자 할 때 수업지도안을 미리 작성해 봄으로써 실수를 줄일 수 있다. 수업지도안을 작성하는 과정은 수업을 시뮬레이션 해보는 과정이기 때문이다. 즉, 교수자는 수업지도안을 작성하면서 미리 학습자들의 행동과 반응을 예상하고 주어진 시간 내에 내용과 활동들을 구성해 보는 과정을 거치는 것이다. 또한 시연을 통해 동료교사와 함께 수업지도안을 미리 점검해볼 수 있다.

셋째, 수업지도안을 바탕으로 수업을 진행하면 강의의 질에 있어 편차를 줄일 수 있다. 지도안이 없다면 교수자의 컨디션에 따라 강의내용과 운영방법이 달라질 수도 있고 중요한 부분을 다루지 못하는 경우도 발생할 수 있다. 교수자는 수업지도안 작성과 활용을 통해 강의의 질을 관리할 수 있다.

2절 수업지도안의 구성

교실 수업에서 사용되는 수업지도안은 보통 수업설계를 기반으로 도입, 전개, 정리로 구성하는 것이 일반적이다(조용개, 신정한, 2011). 도입, 전개, 정리로 수업지도안을 작성할 때, 이 책의 1장에서부터 지금까지 배운 내용을 총체적으로 적용하려는 노력이 필요하다.

도입

도입은 수업이 시작되는 단계로 5~10분 정도가 적절하다. 학습자가 수업에 집중할 수 있도록 학습동기를 유발하고, 수업목표를 알리고, 이전 학습내용과 관련시켜주는 활동으로 구성한다. 수업목표는 성취목표 혹은 수행목표라고도 하며 학습자가 단시수업을 마쳤을 때 무엇을 할 수 있는지를 진술하는 것이다. 수업목표 진술은 학습의 결과로 학습자가 행동으로 보여줄 수 있는 것이 무엇인지를 구체적으로 진술하는 것이며, 차후의 평가를 위한 준거가 된다. 수업목표는 '학습자가 (내용)을 (행동)할 수 있다'라고 진술하는 것이 일반적이다. 제7장에서 배운 메이거의 교육목표 진술 ABCD도 참고하기 바란다.

전개

전개단계는 수업의 중심활동으로 전체 수업의 60~70%를 차지한다. 학습내용과 자료를 제시하고 학습 목표 달성을 위해 다양한 교수방법을 활용한다. 학습내용과 자료를 효과적으로 제시하기 위해 학습자의 수준, 특성 등을 고려하여 학습내용 및 분량을 정한다. 그리고 학습내용을 어떤 순서로 제시할 것인지를 결정하고 학습내용의 이해를 도울 수 있는 적절한 예시들을 미리 준비한다. 또한 학습 목표 달성을 도울 수 있는 교수매체를 선정하고 수업방법에 적절한 자료를 준비한다. 이런 준비 사항들을 모두 반영하여 수업지도안을 작성해야 하며 학습자들의 참여와 연습할 수 있는 기회, 이에 따른 피드백을 줄 수 있는 시간들도 고려하여야 한다.

정리

정리단계는 학습 활동을 마무리하는 과정으로 파지와 전이를 촉진시킬 수 있도록 구성한다. 파지란 관찰자가 모델의 행동을 학습한 다음 모델이 없는 상황에서도 그 행동을 할 수 있도록 관찰한 것을 기억하는 것이다. 전이는 특정 장면의 학습이 새로운 학습 장면에 영향을 미치는 현상으로 개인의 선행경험이나 지식이 새로운 장면에서의 학습이나 문제해결에 영향을 미칠 때 발생한다. 또한 정리단계에서는 학습 내용의 주요 사항을 요약해 주고 전체적인 맥락에서 이해할 수 있도록 종합해주는 활동을 포함한다. 그리고 수업의 성과를 확인하기 위해 형성평가를 실시하고, 수업목표의 달성 여부를 판단할 수 있도록 한다. 마지막으로 차시 학습을 예고하면서 마무리한다. <표 10-1>은 수업지도안 작성 시 꼭 고려해야 할 단계와 요소들을 포함하고 있다. 수업지도안 작성 시 다음 체크리스트를 통해 점검하는 과정이 필요하다.

표 10-1 수업지도안 작성 점검 체크리스트

① 학습자가 도달해야 할 학습 목표가 분명하게 진술되어 있는가?
- 학습 목표 달성의 결과에 대하여 설명 여부
- 학습 목표의 달성가능성 및 학습가치 고려
- 적절한 목표를 선택하고 목표답게 진술

② 학습자의 학습동기를 유발하고 능동적인 참여를 유도하는 방안들을 마련했는가?

③ 수업내용은 적절한가?
- 단원별 주요 학습내용 영역의 포괄 여부
- 시간배당의 적절성, 학습내용 조직의 계열성과 적절성
- 학습내용의 깊이와 난이도 수준의 적절성
- 학습자의 능력 및 흥미를 고려한 학습량과 속도의 적절성

④ 적절한 학습자료를 사용하는가?
- 교과서에 있는 자료에 대하여 충분히 연구
- 자료의 수집과 활용의 적절성
- 이용할 수 있는 최선의 실례 준비

⑤ 교과의 특성에 맞는 수업방법을 사용하는가?
- 학습자의 수업참여 유도를 위해 활용한 방법의 적절성
- 매체 및 기자재 활용의 적절성
- 실험실습의 활용 정도

⑥ 학습자의 개인차를 고려하는가?
- 개인차를 고려하기 위한 계획과 실천의 일치 정도
- 수준별 교육과정의 실천 정도(학습량과 학습속도 조정 등)
- 우수 학생 및 부진 학생에 대한 특별지도 여부

⑦ 평가방법은 적절한가?
- 목표달성 여부를 확인할 수 있는 평가 방법의 적절성

⑧ 마무리는 적절한가?
- 학습내용에 대한 적절한 요약 준비

3절 수업지도안의 양식

수업지도안은 단위 학교마다 사용되는 양식이 정해져 있을 수도 있고 작성자가 직접 제작해야 하는 경우도 있다. 아래에서는 일반적으로 사용될 수 있는 두 가지의 수업지도안 양식을 살펴본다.

그림 10-1 수업지도안 양식 1

일시:
대상:
지도교사:
실습교생:

1. 단원명
2. 단원 설정 이유
3. 지도방침
4. 학습지도안

차시	소단원	학습내용	수입방법	교재 및 교구	유의사항

5. 평가방법
6. 본시학습지도

본시의 주안점

<table>
<tr><th rowspan="2">차시</th><th colspan="2">학습내용 및 학습 활동</th><th rowspan="2">교재 및 교구</th><th rowspan="2">학생의 준비물</th><th rowspan="2">시간</th></tr>
<tr><th>교사</th><th>학생</th></tr>
<tr><td></td><td></td><td></td><td></td><td></td><td></td></tr>
<tr><td></td><td></td><td></td><td></td><td></td><td></td></tr>
</table>

출처: 한정선 외(2008; 245).

그림 10-2 수업지도안 양식 2

수업제목:
적용학년:
학습목표:
소요시간:

수업절차		활동	내용	전략 및 기법	학습 자료	시간
도입	1) 동기부여 2) 목표제시 3) 평가기준 및 방법 4) 선수학습TEST					
학습 활동 (전개)	5) 정보제시 6) 예 7) 실습 8) 피드백 9) 내재 Test					
정리	10) 사후 Test 11) 요약 및 Follow-up					

출처: 한정선 외(2008; 246).

4절 수업지도안의 예

수업지도안의 구성과 전개는 유사할 수 있지만 실제 수업지도안은 교과목마다 많은 차이가 있을 수 있다. 따라서 자신의 교과목 분야의 선배 교사나 교생 실습생들이 작성한 수업지도안의 예를 많이 보는 것이 실제로 수업지도안을 작성하는 데 가장 큰 도움이 될 것이다. 다음으로는 수업지도안 약안과 세안의 작성 예를 각각 살펴 볼 것이다.

1. 약안: 과학 수업지도안(예)

같은 주제와 같은 학습목표를 가진 수업을 강의식 방법과 TGT(팀경쟁협동학습모형) 방법을 각각 적용하여 수업지도안을 작성한 사례이다.

강의식을 적용한 수업지도안

<table>
<tr><td>단원명</td><td>5. 물질 변화의 규칙성
5-1. 물질 변화의 규칙성</td><td>차시</td><td>3/15</td><td>지도교사</td><td>***</td></tr>
<tr><td>본시 주제</td><td colspan="5">2) 화학 변화와 물리 변화는 어떻게 다른가?</td></tr>
<tr><td>학습 목표</td><td colspan="5">1. 화학 변화와 물리 변화의 차이점을 찾아낼 수 있다.
2. 물질 변화의 예를 화학 변화와 물리 변화로 구분할 수 있다.</td></tr>
<tr><td>학습 자료</td><td colspan="5">PPT자료, 인터넷 동영상, 학습지, 형성평가지</td></tr>
<tr><td>수업 형태</td><td colspan="5">강의식 수업</td></tr>
<tr><td rowspan="2">수업 단계</td><td colspan="3">교수 · 학습 활동</td><td rowspan="2" colspan="2">유의점</td></tr>
<tr><td></td><td>교사활동</td><td>학생활동</td></tr>
<tr><td>도입
(5분)</td><td>전시학습 파악
학습 목표 제시</td><td>◎ 전시학습 상기
• 물질 변화란 무엇인가?
◎ 학습 목표 제시
• 학습 목표를 제시한다.</td><td>• 전시 내용을 상기한 후 대답한다.
• 학습 목표를 확인한다.</td><td colspan="2"></td></tr>
<tr><td>전개
(35분)</td><td>본론</td><td>◎ 학습지 배부
• 학생들에게 오늘 학습할 내용이 담긴 학습지를 나누어 준다.
◎ PPT 자료와 인터넷 동영상을 통해 오늘 학습할 내용을 자세히 설명한다.
• 물리 변화란 무엇인가?
• 물리 변화의 예에는 어떤 것들이 있는가?
• 화학 변화란 무엇인가?
• 화학 변화의 예에는 어떤 것들이 있는가?
• 물리 변화의 모형과 화학 변화의 모형 비교
• 화학 반응식은 어떤 방법으로 나타내는가?
◎ 학생들과 함께 수업한 내용을 학습지에 정리하여 기록한다</td><td>• 학습지를 나눠 갖는다.
• 강의를 집중하여 잘 듣는다
• 주변에서 물리 변화와 화학 변화의 예를 찾아 본다.
• 학습지에 기록한다.</td><td colspan="2">물리변화와 화학변화를 잘 구분할 수 있도록 지도한다.</td></tr>
<tr><td>정리 및 형성 평가
(5분)</td><td>형성 평가
및
차시예고</td><td>◎ 형성평가를 위한 문제를 잘 풀도록 하여 그 결과 학습 목표에 잘 도달했는지 확인한다.
◎ 차시 학습을 예고한다.</td><td>• 각자 문제를 풀어본다.
• 차시 학습을 확인한다.</td><td colspan="2">학생 스스로 풀도록 지도한다.</td></tr>
</table>

출처: 김은숙(2011; 37).

TGT(팀경쟁 협동학습모형)를 적용한 수업지도안

단원명	5. 물질 변화의 규칙성 5-1. 물질 변화의 규칙성	차시	3/15	지도교사	***
본시 주제	2) 화학 변화와 물리 변화는 어떻게 다른가?				
학습 목표	1. 화학 변화와 물리 변화의 차이점을 찾아낼 수 있다. 2. 물질 변화의 예를 화학 변화와 물리 변화로 구분할 수 있다.				
학습 자료	PPT자료, 학습지, 문제카드, 답카드, 클립, 토너먼트 게임 점수표, 팀 점수표				
수업 형태	TGT 협동 학습				

수업 단계	교수 · 학습 활동			유의점
		교사활동	학생활동	
도입 (5분)	전시학습 파악 학습 목표 제시	◎ 전시학습 상기 • 물질 변화란 무엇인가? ◎ 학습 목표 제시 • 학습 목표를 제시한다.	• 전시내용을상기한후대답한다. • 학습 목표를 확인한다.	
	강의 및 팀별활동 (20분)	◎ 팀별로 기록할 학습지 배부 ◎ PPT 자료와 인터넷 동영상 자료를 통해 오늘 학습할 내용을 설명한다. • 물리변화와 화학변화의 정의와 예 • 화학 반응식 나타내는 방법 ◎ 팀원끼리 토의해 가며 학습지에 주어진 문제들을 해결하게 한다.	• 학습지를 나눠 갖는다. • 강의를 집중하여 잘 듣는다. • 팀끼리 토의하며 학습지에 주어진 문제들을 해결한다.	팀원이 모두 참여하도록 지도한다.
	TGT게임 (15분)	◎ 학생 모두 TGT 게임을 위한 자리로 옮기도록 지도한다. ◎ 문제카드와 답카드, 클립, 점수 기록표를 나누어 준다. ◎ TGT 게임을 실시함을 알린다. ◎ 게임이 모두 끝나면 클립의 수를 센 후 점수 기록표에 기록하도록 지도한다. ◎ 점수기록표, 문제카드, 답카드, 클립을 수거한다. ◎ 다시 팀별로 앉도록 한다. ◎ 팀장에게 팀 점수표를 배부한다.	• 모두 TGT 게임을 위한 자리로 옮긴다. • 문제카드, 답카드와 기본 클립을 각자 나누어 갖는다. • TGT 게임을 실시한다. • 클립의 수를 세서 점수 기록표에 기록한 후, 문제 카드, 답카드, 클립과 함께 제출한다. • 다시 팀별 자리로 돌아온다. • 팀장은 팀원의 점수를 팀 점수표에 기록한 후 교사에게 제출한다.	반칙없이 게임할 수 있도록 지도한다.
정리 (5분)	팀점수 확인 및 차시예고	◎ 팀 점수표를 수거하여 각 팀의 점수를 확인한 후 순위를 알려준다. ◎ 차시 학습을 예고한다.	• 자기 팀의 순위를 확인한다. • 차시 학습을 확인한다.	칭찬과 격려를 해준다

출처: 김은숙(2011; 38).

2. 세안: 국어과 수업지도안(예)

국어과 교육과정에 제시된 목표달성을 위해 국어과와 사회과의 통합 교육을 적용한 수업지도안이다. 총 4차시로 구성되었으며 그 중 1차시 수업지도안이다.

<table>
<tr><td rowspan="2">학년:
고1-1</td><td rowspan="2">교과:
국어 I</td><td>대단원명 : 1. 문학에서 삶을 찾다</td><td rowspan="2">차시: 1/4</td><td rowspan="2">교과서:
42-57쪽</td></tr>
<tr><td>소단원명 : (3) 문학과 삶의 다양성</td></tr>
</table>

<table>
<tr><td colspan="3">학습 목표</td><td colspan="3">• 작품에 나타난 인물들의 갈등의 원인을 파악하여 인물들이 지니고 있는 다양한 가치관을 이해한다.
• 작품에 나타난 인물의 말과 행동을 통해 시대적 상황에 대한 작가의 비판적 시각을 이해한다.</td></tr>
<tr><td colspan="3">교수-학습 모형</td><td>역할 놀이 학습, 문제 해결 학습</td><td>준비물</td><td>교과서, ppt,
유인물</td></tr>
<tr><td>과정</td><td colspan="2">단계</td><td>교수-학습 활동</td><td>시간</td><td>자료 및 유의점</td></tr>
<tr><td>도입</td><td colspan="2">동기유발</td><td>□ 전시학습 내용 확인
• 과제로 미리 읽어온 〈허생전〉의 줄거리에 대한 간단한 O, X 퀴즈를 진행한다.

□ 학습 목표 확인하기
• 작품 속 인물들이 지니고 있는 가치관을 파악하고, 그들이 어떻게 대립 · 갈등하고 있는지 살펴본다.
• 작품에 드러나는 당대의 사회적 모순과 그 대안에 대해 살펴본다.</td><td>3</td><td></td></tr>
<tr><td rowspan="2">전개
①</td><td colspan="2">설명하기</td><td>□ 배경지식 설명하기
• 작가가 살았던 시대와 작가의 사상, 작품 경향에 대해 소개하고, 이것이 '허생전'에 어떻게 반영되었는지 생각해 보도록 한다.</td><td>5</td><td>[부록 1]
학습
자료
배부</td></tr>
<tr><td>역할
놀이
학습</td><td>역할놀이 상황설정 및 준비</td><td>□ 인물의 성격 알기
• 작품의 내용을 바탕으로 허생, 허생의 처, 변씨, 이완의 성격 및 가치관을 정리한다.

□ 역할놀이 준비 및 연습
• 2인 1조인 세 개의 조가 모인 6명이 한 모둠이 된다.
• 조당 '허생과 허생의 처의 대화', '허생과 변씨의 대화', '허생과 이완의 대화' 중 하나를 고른다.
• 등장인물의 가치관이 잘 드러날 수 있도록 대사를 만들어 짝과 역할극 연습을 한다.</td><td>10</td><td>[부록 2]
역할
놀이
활동지</td></tr>
</table>

<table>
<tr><td></td><td>역할
놀이
학습</td><td>역할놀이 실연 및 감상</td><td>□ 모둠별 역할놀이 실연 및 감상하기
• 모둠별 세 개의 팀이 돌아가며 역할극을 한다.
• 다른 팀의 역할 중 본인이 맡지 않았던 등장인물의 가치관이 잘 드러나는지 주의 깊게 감상한다.

□ 상호 평가하기</td><td>10</td><td></td></tr>
<tr><td rowspan="3">전개
②</td><td rowspan="3">문제해결학습</td><td>문제 확인하기</td><td>□ 작가가 인물 간 갈등을 통해 드러내고자 하는 바를 생각해보기
• 허생과 허생의 처의 갈등: 현실과 동떨어진 선비, 사대부의 허위적인 삶과 무능함 비판
• 허생과 이완의 갈등: 사대부 지배층의 무능과 허례허식, 북벌론의 허구성 비판

□ 작품에 드러난 사회의 문제점과 작가가 제시하는 대안 살펴보기
• 모둠별 활동 '작품 속에서 작가의 의도 알아내기'</td><td rowspan="3">20</td><td rowspan="3">[부록 3]
문제
해결
활동지</td></tr>
<tr><td>문제해결방법 찾기</td><td>① 작품 속에서 당대 현실 문제를 알 수 있는 부분을 찾는다.
② 주인공 허생이 취하는 태도를 살펴본다.
③ 허생의 말과 행동을 통해 작가가 제시한 대안을 파악한다.</td></tr>
<tr><td>문제해결하기</td><td><table>
<tr><th colspan="3">작품에 드러난 사회상</th></tr>
<tr><td>만 냥 정도의 돈으로 나라 경제를 좌지우지 함.</td><td>궁핍한 생활을 견디다 못해 도둑이 된 백성들이 많음.</td><td>사대부들이 예법을 중시하여 넓은 소매의 복식과 상투머리를 고집함.</td></tr>
<tr><th colspan="3">당대의 현실 문제</th></tr>
<tr><td colspan="3">경제 구조가 취약하고 민생이 불안정함. 그러나 지배층은 이를 해결할 능력을 갖추지 못하고 무모한 북벌론을 주장하며 허례허식을 일삼음.</td></tr>
<tr><th colspan="3">작가가 제시한 대안</th></tr>
<tr><td colspan="3">• 올바른 정책의 실행을 위하여 인재를 등용해야 한다는 것을 제시함.
• 명나라 후손을 대우할 것을 제시하여 대의명분만 내세우는 북벌론을 비판함.
• 진정한 북벌론을 위해서는 청나라와 교류를 함으로써 실리를 추구할 것을 제시함.</td></tr>
</table></td></tr>
</table>

정리	학습 내용 정리 다음 차시 예고	□ 본시 학습 내용 정리하기 □ 이어질 제재의 제목과 학습 내용 안내하기 • 다음 차시에는 작품과 관련된 기사를 읽고 '문학 작품을 비판적으로 수용하고 재생산하는 활동'을 할 것임을 안내한다.	2	

출처: 김은미(2017; 54-56).

[부록 1] 1차시 교수-학습 지도안 학습자료

학습 자료

18세기 조선의 사회 · 문화적 배경

〈허생전〉의 배경인 18세기 후반의 조선 사회는 중세에서 근대로 이행해가는 사회상이 도처에 나타나고 있던 이른바 역사적 전환기였다. 정치적으로는 당쟁이 극심하였고, 경제적으로는 화폐의 유통, 수공업의 발달, 농업 생산력의 향상 등에 의해 부의 축적과 집중화 현상이 가속화되면서 새로운 신분계층이 등장하는 등 사회 변동이 심화되고 있었던 시기이다. 이러한 사회 현상은 조선 봉건 사회를 굳건하게 지탱해 왔던 신분제의 붕괴를 초래하게 되었고, 궁극적으로는 조선 봉건사회의 해체를 가속화하는 계기를 마련하게 된다.

이 시기의 정치 질서인 양반 지배 세력의 결속을 강화하려는 데에 그 의도가 있었던 붕당정치는 붕당 사이에 대립이 격화되면서 변질되어 갔다. 극단적인 정쟁과 일당 전제화의 추세가 나타나자, 붕당끼리의 세력 균형 위에서 안정될 수 있었던 왕권 자체가 불안하게 되었다. 18세기 영 · 정조 시대에 와서 이러한 붕당 정치의 문제를 해결하기 위한 방안으로서 탕평론이 제기되었다. 영조 시기에는 그를 지지하는 새로운 정치 세력은 탕평파를 육성하여 그들로 하여금 정국을 주도하게 하여 치열하던 정쟁이 다소 억제되었다. 그리고 균역법을 시행하여 군역의 폐단이 다소 시정되었고 신문고 제도를 부활시켰다. 정조에 이르러서는 장용영을 서리하고 군권을 장악하고 규장각을 두어 국왕 직속의 학술 및 정책 연구 기관으로 육성하였다.

실학의 등장

한편 사상적으로는 일부 선구적 지식인들에 의해, 조선 사회를 지배해 온 성리학의 비현실성이 극복되고 현실문제에 눈을 돌린 실학이 꽃을 피우고 있을 때였다. 이 실학은 17세기 후반에 이르러 '명분'만을 강조하여 전쟁이 일어남을 그냥 보고만 있어야 했던 성리학자들에 반발하여 나타났다. 실학은 성리학에 대한 반성과 비판을 하면서 몰락 양반과 서민층의 생존문제에 대해 고민한다. 실학은 청의 고증학에서 사실을 바탕으로 실증적 객관적 방법으로 진리를 탐구하는 점을 본받고 서학에서 과학적 합리적 사고를 가져왔다.

17세기 후반 유형원에서 비롯된 것으로서 18세기 전반에 이르러서는 이익 등에 의해 토지제도 및 행정기구 기타 제도상의 개혁에 관심을 두게 된다. 이러한 실생활에 관심을 두는 학풍은 18세기 후반에 와서는 연암 박지원을 비롯한 일군의 학자들에 의해 상공업의 유통 및 생산기구 전반의 기술혁신 쪽으로 관심을 돌리게 되는데, 농업 생산력 증대에 관심을 가지고 기술과 선박의 이용, 화폐유통의 필요성, 양반문벌제도의 비생산성을 비판한다. 이 18세기 후반의 실학 학풍을 일컬어 이른바 이용후생학파라고 하며, 연암을 중심으로 모였다고 해서 연암학파라고도 했다. 또한 이들은 당시 우리보다 발달한 청나라의 문물을 받아들일 것을 적극 주장하였기 때문에 북학파라고 불리기도 하였다. 이들 실학파 학자들의 학문적 관심은 농민, 수공업자, 상인 등 서민층의 생활을 어떻게 하면 풍요롭게 할 수 있는가에 있었다.

[부록 2] 1차시 역할놀이 활동지

1-1반	1. 문학에서 삶을 찾다 (3) 문학과 삶의 다양성			
	모둠명		모둠원	

역할놀이–〈허생전〉 등장인물

〈허생전〉 역할놀이 하기

1. 작품에 나타난 인물들의 행동과 말을 통해 각 인물들의 성격 및 가치관에 대해 유추해봅시다.
2. 각 모둠별로 자신의 모둠이 맡은 인물(허생, 허생의 처, 변씨, 이완)의 성격을 어떠한 행동이나 말에서 유추했는지 그 이유를 적어봅시다.

역할	인물의 성격 및 가치관
허생	
허생의 처	
변씨	
이완	

3. 2인 1조로 허생전의 장면(허생과 허생의 처, 허생과 변씨, 허생와 이완) 중 하나를 택하여 등장인물의 가치관이 뚜렷이 드러나도록 역할놀이를 해봅시다.

시간과 장소		등장인물	
짧은 상황 설명			
역할놀이 대본			

[부록 3] 1차시 문제해결 활동지

1-1반	1. 문학에서 삶을 찾다 (3) 문학과 삶의 다양성			
	모둠명		모둠원	

모둠별 문제 해결 학습 활동

작품 속 작가의 의도 알아보기

4. 작가가 이러한 갈등을 통해 드러내고자 하는 바가 무엇인지 생각해 보자.

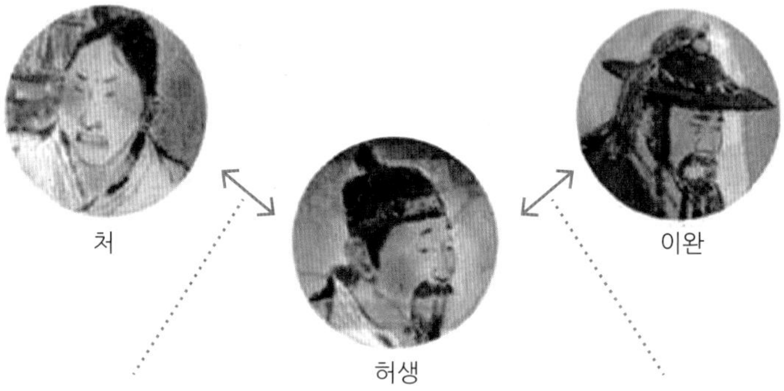

갈등의 원인:	갈등의 원인:
작가의 의도:	작가의 의도:

5. 이 작품의 배경을 바탕으로 당대의 현실 문제를 파악하고 이에 대해 작가가 작품 속에서 어떠한 대안을 제시하고 있는지 찾아보자.

만 냥 정도의 돈으로 나라 경제를 좌지우지할 수 있음.	궁핍한 생활을 견디다 못해 도둑이 된 백성들이 많음.	사대부들이 예법을 중시하여 넓은 소매의 복식과 상투머리를 고집함.
당대의 현실 문제		
작가가 제시한 대안		

출처: 김은미(2017; 88-90).

이판사판 질문하기

Q. 이대로 수업이 되나요?

A. 물론 안 될 가능성이 더 많지요. 수업이란 살아 있는 유기체 같이 움직이는 것이고 돌발 변수도 등장하지요. 그래도 수업지도안 작성은 수업하는 교사에게 많은 도움이 됩니다. 일단 자신의 수업을 처음부터 끝까지 디자인해 보는 작업 자체가 중요하구요. 그걸 일정한 양식에 맞춰 쓰다보면 성찰을 하게 되고 수정도 하게 됩니다. 이 과정이 예비교사에게는 학습이 되고 현장 교사에게는 좋은 실천을 위한 가이드가 됩니다. 특히 교생 실습 나가기 전에는 꼭 수업지도안 작성 해보시구요. 연습, 연습, 연습! 연습 많이 하시고 수업 하시면 훨씬 좋은 결과를 얻으실 거예요. 교생실습 다녀온 선배들이 모두 하는 조언입니다.

참고문헌

- 김은미(2017). 국어과와 사회과의 통합교육을 적용한 교수학습 지도안 개발 - 〈허생전〉을 대상으로 -. 경희대학교 교육대학원 석사학위논문.
- 김은숙(2011). 중학교 과학수업에서 TGT 협동학습의 적용 효과. 아주대학교 교육대학원 석사학위논문.
- 조용개, 신재한(2011). **(교육실습, 수업시연, 수업연구를 위한) 교실 수업 전략**. 서울: 학지사.
- 한정선, 김영수, 주영주, 강명희, 정재삼, 박성희(2008). **(미래사회를 위한) 교육방법 및 교육공학**. 파주: 교육과학사.

원격교육과 이러닝

이 장에서는 원격교육과 온라인 형태의 학습 유형인 이러닝에 대해 살펴본다. 1절에서는 원격교육의 특징과 장·단점 그리고 원격교육 운영 기관 및 ACTIONS 모델에 대해 학습한다. 2절에서는 이러닝의 개념 및 이러닝과 관련된 유관개념에 대해 살펴본다. 또한 이러닝이 초·중·고등교육뿐만 아니라 비교적 최근에 등장한 MOOC에 대해서도 살펴본다.

1절 원격교육

개념 및 특징

원격교육은 교수자와 학습자 간에 물리적으로 분리되어 있는 것을 전제로 하며 그 관점에 따라 다양한 정의가 존재한다. 예를 들어, 홈버그(Holmberg)는 '일반적인 교실수업에서 이루어지는 학생에 대한 교사의 지속적, 즉각적 지도는 없으나 일정한 교육 조직에 의해 계획과 지도, 교수 등이 이루어지는 모든 형태의 교수–학습형태'라고 정의하였다(Homberg, 1977). 또한 무어와 키어슬리(Moore & Kearsley, 1996)는 원격

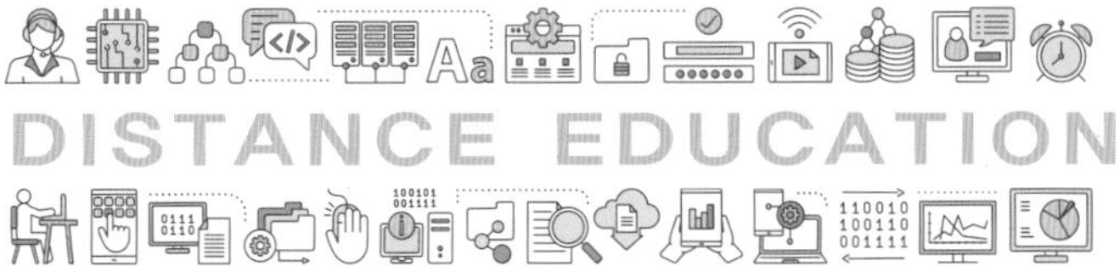

교육을 '교수자와 학습자가 다른 시공간에 존재하면서 사전에 준비된 인쇄 혹은 전자 형태의 의사소통 매체를 통해 교수를 제공하는 모든 형태'로 정의하였다. 이 둘 모두 각 시대 배경을 반영한 정의라고 할 수 있다. 핵심만 말한다면, 원격교육 혹은 원격학습은 "교수자와 학습자가 시·공간적으로 분리되어 있는 상황에서 매체를 통해 중재되는 교수–학습 활동"으로 정의할 수 있다(신나민, 2007; 23).

> "교수자와 학습자가 시·공간적으로 분리되어 있는 상황에서
> 매체를 통해 중재되는 교수-학습 활동"

원격교육의 가장 큰 특징은 교수자와 학습자가 다른 시공간에 존재한다는 '물리적인 분리'이다. 즉, 원격교육에서 학습자는 시공간적 제약에서 벗어나 언제 어디서든 학습할 수 있는 자율성을 제공받는다. 따라서 오랫동안 원격교육은 집단보다는 개인 중심의 학습형태로 이루어져 왔다. 그러나 물리적인 분리는 학습자의 소외감과 자율적인 학습을 수행하기 어려운 상황을 초래할 수 있다. 따라서 물리적 분리를 극복하여 교수자와 학습자 간 그리고 학습자 간의 상호작용을 활성화할 수 있는 방법에 대한 요구를 낳게 되었다. 이와 같은 상호작용에 대한 요구는 테크놀로지의 발달과 함께 원격교육 형태의 변화를 가져왔고, 온라인교육, 가상교육, 사이버교육, ICT 활용교육, 웹기반 학습 등의 등장을 초래하였다. 여기서 분명히 해야 할 것은 이들이 모두 원격교육의 한 형태는 될 수 있지만, 원격교육과 동의어는 아니라는 점이다.

이러닝, 온라인교육, 가상교육, 사이버교육, ICT 활용교육, 웹기반 학습, 이들은 모두 원격교육의 한 형태는 될 수 있지만 원격교육과 동의어는 아니다.

키건은 원격교육을 특징짓는 핵심적인 요소를 다음과 같이 제시하고 있다(Keegan, 1996, 신나민, 2007; 21).

교수자와 학습자의 분리

면대면 교육과 구분된다.

기관에 의해 조직된 형태의 교육에 참여

개인적으로 매체를 통해 수행하는 학습과 구분된다. 원격교육에 적합한 교재개발과 학생지원 서비스 등을 제공하는 기관에 의해 조직화된 형태의 교육을 의미한다.

기술매체의 이용

교수자와 학습자 그리고 교육내용 간의 상호작용을 위해 필요하다.

쌍방향 커뮤니케이션

효과적인 피드백을 위해 쌍방향 커뮤니케이션의 기회도 열려 있어야 한다.

간헐적 모임의 가능성

교수적 혹은 사회적 상호작용을 위해서 필요하다.

산업화된 형태의 교육

원격교육과 다른 형태의 교육을 구분하는 가장 큰 특징이다.

원격교육의 역사

원격교육은 100여 년의 역사를 가지고 있으며 통신기술의 발달과 함께 여러 단계 또는 세대를 통하여 발전되었다. 예를 들어, 1800년대 미국의 시카고 대학에서는 전일제로 대학 교육에 참여할 수 없는 학생들을 위하여 통신교육(Correspondence Study) 프로그램을 개설하였다. 일부 교수와 학생들은 통신교육을 열등한 교육으로 취급하였으나 이를 지지하는 교육자들은 교육의 기회균등에 기여한다는 의미에서 그 정당성을 찾았다. 이렇듯 원격교육은 교육기회의 확대 및 민주화라는 명분에 봉사하며 발전해 왔다.

신나민(2007)은 원격교육의 역사를 제 3세대 혹은 제 5세대로 구분하기도 했는데 이 책에서는 무어(Moore)와 키어슬리(Kearsley)의 제 5세대론을 살펴보고자 한다.

제 1세대: 통신교육

여기서 통신이란 주로 우편통신을 의미한다. 학습자는 교수자로부터 과제물을 우편으로 받고 보내는 형태로 학습을 수행하였다. 따라서 통신교육은 비용-효과 측면에서 매우 우수하였고 학습의 시공간적 측면에서 학습자는 자율성을 가질 수 있었다. 그러나 교수자와 학습자 간의 상호작용이 매우 제한적이었으므로 학습의 동기나 자율성이 높은 학습자가 아니면 지속하기 힘든 어려움이 있었다.

제 2세대: 라디오, 텔레비전 방송

제 2세대는 우편을 통한 통신강의와 함께 방송과 녹음매체, 특히 라디오, 텔레비전, 오디오테이프 등을 통해 학습자들에게 강의를 전달하는 방식을 사용하였다. 라디오는 아직도 아프리카에서는 가장 많이 사용되는 원격교육 매체이다.

제 3세대: Open University 등장

1969년에 설립된 영국의 오픈 유니버시티(Open University)는 원격교육의 역사에 큰 의의를 갖는다. 오픈 유니버시티는 원격교육만으로 학위과정을 제공하는 최초의 대학으로써 일방향 매체(인쇄, 라디오, 텔레비전 방송 등)와 쌍방향 매체를 결합시킴으로써 원격교육에 복합매체적 접근을 최초로 도입하였다. 영국 OU의 등장으로 인하여 유럽, 아시아, 아프리카, 중남미 등 거의 모든 대륙의 개별 국가에서 오픈 유니버시티를 설립하기 시작하였다. 한국의 방송통신대학(Korea National Open University: KNOU)도 이 가운데 하나이다.

제 4세대: 텔레컨퍼런싱

1970년대 초 등장한 텔레컨퍼런싱(teleconferencing)은 다른 공간에 위치한 둘 혹은 더 많은 집단 간에 오디오, 비디오, 컴퓨터시스템 등을 활용하여 쌍방향 의사소통을 할 수 있게 해주었다. 텔레컨퍼런싱의 원격교육에의 도입은 다른 시공간에 있는 학습자들 간에 집단학습을 가능하게 한다는 점에서 매우 획기적이었다. 즉, 텔레컨퍼런싱이 소개되기 전 원격교육의 형태는 통신교육과 같이 주로 개인학습으로 간주되었다. 그러나 텔레컨퍼런싱은 학습자가 교수자뿐만 아니라 동료학습자와 의사소통이 가능하게 되었고 쌍방향 의사소통을 통한 즉각적인 피드백은 학습과정에서의 소외감을 극복하는 데 기여하였다. 제 4세대는 학습자 간 실시간 의사소통도 포함한다. 텔레비전이나 비디오테이프로 교육 내용을 전달하고 전화, 인공위성, 케이블 등을 이용하여 상호작용을 유지하는 방법을 사용하게 되었다.

제 5세대: 인터넷과 웹

1990년대는 인터넷과 웹 등의 정보통신기술의 발달과 함께 원격교육의 새로운 시대가 시작되었다. 제 5세대는 컴퓨터 컨퍼런싱 네트워크와 컴퓨터기반 멀티미디어를 통한 실시간, 비실시간 의사소통을 포함한다. 모든 통신 메시지들은 주컴퓨터에 저장되기 때문에 교수자와 학습자는 편의에 따라 의사소통을 할 수 있다. 특히 컴퓨터와 인터넷 망을 이용한 학습을 원격교육에서는 보통 비동시적 온라인 학습(Asynchronous Online Learning: AOL)이라고 한다. AOL 수업에서는 수업 구성원들 간 의사소통뿐만 아니라, 학습내용의 제시나 수업에 필요한 자료의 제공도 인터넷 망을 통해 이루어진다(신나민, 2007). 이러한 인터넷 망이 정교화된 것이 학습관리시스템(Learning Management System: LMS)이라고 할 수 있다.

원격교육의 장단점

전통적인 교육에 비해 원격교육이 갖는 강점, 즉 교육적 효과는 다음과 같다.

학습자 자율성

학습자가 원하는 시공간에서 학습을 가능하게 하여 학습자 자율성이 증대된다.

대규모 수업 가능

학습자 수에 비교적 자유롭다. 따라서 무크(Massive Open Online Course: MOOC)와 같은 대규모 수업이 가능한 것이다.

학습기회 확대

학습자의 재택수업을 가능하게 하여 비용-효과 면에서 경제적이다. 바로 이점 때문에 직장을 가진 성인들이 원격교육을 이용하여 계속교육이나 평생교육에 참여하는 경우가 많다.

자료 공유의 용이성

최신의 정보를 빠른 시간에 업데이트해야 하는 교육 분야에서 유용하게 사용할 수 있다. 또한 원격교육 플랫폼을 사용하면 전 세계에서 개발된 다양하고 질 좋은 학습 자료들을 공유하기에 용이하다.

높아진 상호작용성

테크놀로지의 발달로 인하여 상호작용성은 계속 높아지고 있다. 예를 들어, 온라인 협력학습의 경우, 생동감 있고 상호작용적인 학습 환경을 조성할 수 있다. 특히 SNS가 발달한 요즈음에는 모바일과 컴퓨터를 함께 사용할 경우 교실 환경보다 더 활발한 상호작용 환경을 제공할 수 있다.

그러나 원격교육의 단점은 다음과 같다.

초기비용

원격교육 시스템 구축을 위한 초기비용이 많이 든다. 따라서 교육기관에서는 장기적인 전망으로 원격교육 프로그램을 운영해야 하며 단기간에 수익을 위해 시작하는 것은 좋지 않다.

지속적인 학습자 지원 시스템

원격교육이 성공적이기 위해서는 원격학습자 지원시스템이 필수적이다. 이러한 시스템을 운영하기 위해서는 다양하고 지속적인 기술적, 인적 자원이 요구된다. 이 또한 비용과 관련된다.

질관리의 어려움

원격교육은 코스 개발부터 전달까지 다양한 전문가들이 개입하므로 결과에 대한 책임 소재를 분명히 하기 힘들고 질관리가 쉽지 않다.

지연된 피드백

교수자와 학습자 간, 학습자 간의 심리적 거리감과 지연된 피드백은 학습효과를 감소시킬 수 있다.

원격교육의 운영 형태 및 기관

원격교육의 운영 형태는 주로 운영 기관에 의해 다르게 나타난다. 원격교육만을 제공하는 기관도 있고 원격교육과 전통적 면대면 교육을 함께 제공하는 기관도 있다. 국내에서는 1977년 삼성 SDS가 '유니텔 가상대학'을 운영함과 동시에 우리나라에서 가상교육이 시작되었다. 그리고 2001년도 평생교육법에 의거하여 9개의 원격대학이 설립된 이후 대학의 약 60%가 사이버교육을 진행하기 위한 별도의 센터를 설립, 운영하여 대학 내에서 활용하고 있다(이지연, 2008).

기관별 원격교육 운영 형태는 다음과 같다(이지연, 2008).

산업기관 또는 공공기관에서의 운영

크레듀, 삼성 SDS 멀티캠퍼스, LG 사이버아카데미, UNext 코리아, 산업정책연구원의 e-MBA, 전경련 국제교육원의 eMBA 등

독립된 원격대학이나 가상대학에서의 운영

한국방송통신대학교, 국내의 사이버 대학 등

현존하고 있는 교육기관의 독립된 전담 부서에서의 운영

미국 피닉스대학의 온라인 캠퍼스, 아주대학교의 CyberMBA, 숙명여자대학교 원격대학원, 중부대학교 등

컨소시엄 형태의 운영

미국의 전자캠퍼스(Electronic Campus), 캐나다 가상대학(Canadian Virtual University), 한국 가상캠퍼스 등

교실수업과 원격 교육방식을 병행하는 유형

듀크대학의 GEMBA(MBA for Global Executive) 과정, 코넬대학의 e-Cornell 등

원격대학 · 사이버대학

원격대학은 방송통신대학과 사이버대학 등과 같이 원격으로 수업이 이루어지는 고등교육기관을 통칭하는 용어이다. 이는 정보통신매체를 통해 교수자가 제공한 교육 서비스를 학습자가 시간과 공간의 제약을 받지 않고 학습함으로써 전문학사 학위 또는 학사학위를 수여할 수 있는 고등교육기관을 의미한다. 국내 유일의 국립 원격대학으로는 한국방송통신대학교를 꼽을 수 있다. 이 외에도 2001년 원격대학 형태의 평생교육시설로 9개의 사이버대학교가 설립되었고, 현재까지 21개로 증가하였으며 2개교를 제외한 모든 대학이 고등교육법상의 대학으로 정식 인가를 받았다. 2010년과 2011년에는 8개의 사이버대학이 특수대학원을 설립하는 등, 이러닝이 고등교육시장에 성공적으로 진입하고 있다.

표 11-1 사이버대학(특수대학원) 및 개교 현황

<table>
<tr><th>구분</th><th colspan="3">사이버대(21개)</th></tr>
<tr><td>학사</td><td>건양사이버대(대전)
경희사이버대(서울)
고려사이버대(서울)
국제사이버대(수원)
글로벌사이버대(천안)
대구사이버대(경산)</td><td>디지털서울문화예술대(서울)
부산디지털대(부산)
사이버한국외대(서울)
숭실사이버대(서울)
서울디지털대(서울)</td><td>서울사이버대(서울)
세종사이버대(서울)
열린사이버대(서울)
영남사이버대(경산)
원광디지털대(익산)
한양사이버대(서울)
화신사이버대(부산)</td></tr>
<tr><td>전문학사</td><td colspan="3">세계사이버대(광주), 영진사이버대(대구), 한국복지사이버대(경산)</td></tr>
<tr><td rowspan="5">대학원</td><td>대학(4개)</td><td colspan="2">학과</td></tr>
<tr><td>한양사이버대</td><td colspan="2">MBA 클러스터대학원
휴먼서비스 클러스터대학원
부동산 크러스터대학원</td></tr>
<tr><td>경희사이버대</td><td colspan="2">호텔관광대학원
창조산업대학원</td></tr>
<tr><td>원광디지털대</td><td colspan="2">웰빙문화대학원</td></tr>
<tr><td>서울사이버대</td><td colspan="2">휴먼서비스대학원
상담심리대학원</td></tr>
</table>

출처: 권성연 외(2018; 71).

사이버대학은 고등학교 졸업자나 동등 이상의 학력을 가진 사람이라면 국내외 어디서나 강의를 수강할 수 있고, 정해진 학점(140학점, 2년제의 경우 70학점)을 이수하면 학위를 취득할 수 있다. 모든 학사 시스템을 온라인화하여 입학 지원이나 수업 등록, 수업 진행 사항, 강의, 시험, 증명서 발급 등을 모두 원격으로 온라인에서 제공받을 수 있다.

ACTIONS 모델

원격교육은 매체로 중재되는 교수–학습 활동이므로 학습 내용 전달뿐만 아니라 소통을 위해서는 매체 사용이 필수적이다. 따라서 매체와 테크놀로지의 선택은 원격교육 설계에 있어 매우 중요한 문제이다. 베이츠(Bates, 1995)는 원격교육에서의 매체 선정과 관련하여 ACTIONS 모델을 제시하였다.

표 11-2 ACTIONS 모델

용어	의미
Access: 접근성	• 특정한 테크놀로지가 학습자에게 얼마나 접근 가능한 것인가? • 그것이 특정한 목표 집단에 얼마나 융통성이 있는가?
Cost: 비용	• 각 테크놀로지의 비용 구성은 어떠한가? • 학습자당 단위비용은 얼마인가?
Teaching and Learning: 교수-학습	• 어떤 유형의 학습이 필요한가? • 어떠한 교수적 접근이 이 요구에 가장 부합할 것인가? • 이러한 교수와 학습을 지원해주는 최상의 테크놀로지는 무엇인가?
Interactivity and User-Friendliness: 상호작용과 사용자 친화성	• 이 테크놀로지는 어떤 유형의 상호작용을 가능하게 하는가? • 그것을 사용하기가 얼마나 용이한가?
Organizational Issue: 조직의 문제	• 이 테크놀로지가 성공적으로 사용되려면 사전에 조직이 갖추어야 할 필요조건은 무엇이며, 제거해야 할 장애물은 무엇인가? • 조직 내에 어떠한 변화가 이루어져야 하는가?
Novelty: 참신성	• 얼마나 새로운 테크놀로지인가?
Speed: 신속성	• 이 테크놀로지가 얼마나 빨리 교과에 부합될 수 있는가? • 얼마나 빨리 자료들이 수행될 수 있는가?

2절 이러닝

관련 개념들

이러닝(e-learning)은 컴퓨터를 기반으로 하여 인터넷, 인트라넷, 네트워크 등의 정보통신기술을 활용하는 학습을 말한다. 테크놀로지가 발달하고 브라우저를 이용한 웹(web)이 급속히 보급되면서 웹기반 수업의 설계, 개발, 활용에 대한 관심과 연구가 활발해졌다. 이와 함께 전자학습(electronic learning)이라는 용어가 출현하게 되었고 교육현장에서는 '이러닝'으로 알려지게 되었다. 또한 국내에서는 2004년 초 '공공부문의 이러닝 의무시행, 인력양성 지원 시 이러닝 활용'을 포함하고 있는 '이러닝 산업발전법'이 국회에서 통과되면서 이러닝에 대한 관심이 높아졌다. 현재 이러닝과 함께 사용되는 용어로는 ICT 활용교육, m-러닝, u-러닝, 스마트 러닝 등이 있다. 이 용어들이 실제 사용되는 맥락, 즉 실천 양태를 살펴보면 이들 간의 유사성과 차별성을 파악할 수 있다.

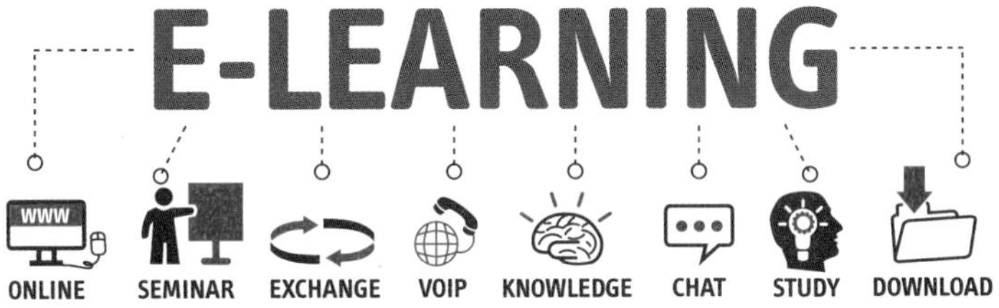

ICT 활용교육

ICT(Information and Communications Technology)는 컴퓨터, 네트워크, 하드웨어, 소프트웨어 등을 아우르는 정보통신기술을 의미한다. 우리나라를 비롯한 세계 각국에서는 1990년대 들어서면서부터 인터넷 등 정보통신기술의 혁명적 발전과 더불어 이를 교육적으로 활용하기 위한 교육정보화 정책이 국가 단위로 수행되었다. ICT 활용교육은 오늘날 디지털 학습을 위한 초석을 마련한 것이라고 할 수 있다. ICT 활용교육은 기본적인 정보소양 능력을 바탕으로 학습 및 일상생활의 문제해결에 정보통신기술을 적극적으로 활용할 수 있도록 하는 교육으로 정의된다. 따라서 각 교과시간에 정보통신 기기를 활용하여 교과의 목표를 가장 효과적으로 달성하기 위한 교육활동, 즉 정보통신기술을 도구적으로 활용하여 학습자의 학습동기를 유발하고 자기주도적인 학습능력을 신장시키려는 교육활동을 의미한다.

2001년 한국교육학술정보원(KERIS)에서 발표한 자료에 따르면, ICT 활용수업은 다음과 같은 8개의 유형으로 나누어 볼 수 있다(이지연, 2008).

- 첫째, 인터넷 검색엔진, 웹사이트, CD-ROM, 인쇄자료 등의 활용을 통한 자료탐색 및 정보교환 형태이다.
- 둘째, 수집한 자료를 비교, 분류, 조합 등을 통해 정보를 분석하는 활동이다.
- 셋째, 교수자가 수업과정에서 교육용 CD-ROM을 제공하거나, 프레젠테이션 자료 또는 홈페이지를 통해 수업내용을 안내하는 것이다.
- 넷째, 채팅이나 게시판, 전자우편 등을 활용하여 일부 참여자 혹은 불특정 다수가 비실시간 혹은 실시간으로 의견을 게시하는 유형이다.
- 다섯째, 학습의 공간을 초월하여 다양한 학습자 간에 공동 관심 사항에 대해 협동적으로 자료를 검색하고 취합하여 결과물을 공유하는 유형이다.
- 여섯째, 인터넷을 통해 특정 분야의 전문가, 학부모, 교수자들이 의사소통 하면서 전문지식을 활용하는 유형이다. 전문가의 교류는 전자우편, 화상카메라, 영상회의 시스템 등을 활용할 수 있다.
- 일곱째, 전자우편을 통해 세계 여러 나라의 친구들과 교류하여 다른 지역, 국가의 언어, 문화, 역사, 지리 등을 이해하는 유형이다.
- 여덟째, 문제해결과정에서 산출된 다양한 결과물들을 보고서나 프레젠테이션 자료, 홈페이지 형태 등을 통해 정보를 만들어내는 유형이다.

m-러닝

m-러닝은 e-러닝의 한 유형으로 모바일(mobile) 인터넷 기반 환경 하에서 PDA, 휴대폰 등 모바일 기기를 활용하여 학습자들이 시간과 공간을 초월하여 상호작용 및 자기주도적 학습을 통해 다양한 형태의 학습경험을 수행하는 학습체제라고 정의할

수 있다(임정훈, 2007). m-러닝 환경에서는 모바일 출석 체크를 통해 진도를 확인하고, 퀴즈를 보며 복습하거나 동영상 강의를 반복 수강하는 것도 가능하다. 어학 콘텐츠의 경우 단어를 따로 저장하고, 수시로 연습 테스트를 통해 자신의 실력을 확인해 볼 수도 있다. m-러닝의 가장 큰 장점 중 하나는 필요한 순간에 바로 그 자리에서 학습이 가능하다는 '즉시성'이다. 예를 들어, 학습을 하던 도중 특정 내용이 모호하다면, 그 자리에서 바로 단말기나 스마트폰에 접속해 해당 내용에 대한 콘텐츠 및 강좌를 들을 수 있는 것이다.

u-러닝

u는 유비쿼터스(ubiquitous)를 의미하는 것으로, 유비쿼터스란 '언제 어디에나 존재한다'는 뜻의 라틴어에서 유래한다. 기존의 e-러닝이 인터넷이 접속된 기기에서만 진행되었다면, u-러닝은 인터넷에 연결되지 않은 기기라도 학습에 도움 되는 콘텐츠만 가지고 있다면 이를 통해 시간과 장소에 구애받지 않고 학습을 할 수 있다. 굳이 비교를 하자면, e러닝은 주로 PC 기반의 전자기기를 통해 인터넷 환경에 접속하여 학습을 해야 하기 때문에 외부에서는 학습이 어렵다는 단점이 있다. 하지만 u러닝은 인터넷에 연결된 PC뿐만 아니라 인터넷에 연결되지 않아도 학습콘텐츠가 내재된 디바이스만 있다면 장소에 관계 없이 외부에서도 학습이 가능하다는 것이 특징이다. 또한 u-러닝에서는 매체의 특성에 따라 학습 방법이 달라지며 맞춤형 교육이 가능하다. u-러닝 환경에서 학습자는 컴퓨터 등의 매체를 통해 자신의 정보와 주변의 상황적 정보를 결합하여 자신에게 필요한 학습상황과 내용을 추정하고 그에 적합한 학습을 할 수 있다.

스마트러닝

스마트러닝(smart-learning)이란 일반적으로 스마트 기기, 즉 스마트폰, 태블릿, PC, e-Book 단말기 등을 활용하는 모든 형태의 학습을 의미한다. 좀 더 광의의 의미에서는 스마트러닝을 이러닝의 연장선상에서 보다 지능화된 디지털 기술을 바탕으로 학습의 지원, 형태, 양적·질적 측면에서 발전된 지능형 학습으로 규정하고 있다. 즉, 스마트기기를 이용한다고 해서 모두 스마트러닝이라고 볼 수는 없다. 학습의 형태가

표 11-3 스마트러닝

용어	의미
Self-Directed 자기주도적	• 온라인 성취도 진단 및 처방을 통한 자기주도적 학습 체제이다.
Motivated 동기화	• 흥미를 기반으로 지식을 재구성할 수 있는 교수-학습방법이다.
Adaptive 적응적	• 수준과 적성에 맞는 개별화된 학습을 지향한다.
Resource Free 풍부한 자료	• 클라우드 교육서비스를 기반으로 공공기관, 민간 및 개인이 개발한 풍부한 콘텐츠를 교육에 자유롭게 활용한다.
Technology Embedded 정보통신기술 활용	• 정보통신기술을 통해 언제, 어디서나 원하는 학습을 할 수 있고, 수업 방식이 다양해져 학습 선택원이 최대한 보장되는 교육환경을 제공한다.

출처: 손은주, 추성경, 임희수(2015; 244).

스마트하게 디자인 되어야 한다는 뜻이다. 보통 스마트러닝의 요소들을 <표 11-3>과 같이 제시한다.

이러닝의 구성영역

이러닝 산업을 이해하기 위해서는 그 구성영역들을 살펴보는 것이 필요하다. 이러닝은 크게 콘텐츠영역, 시스템영역, 서비스영역으로 나누어 볼 수 있다(〈표 11-4〉 참고). 이러닝 콘텐츠영역은 콘텐츠를 기획, 설계하고 개발하는 영역이다. 이러닝 시스템영역은 주로 하드웨어, 소프트웨어 등의 인프라와 관련되고 학습관리시스템과 저작도구에 관한 영역도 이에 해당한다. 이러닝 서비스영역은 이러닝 과정의 운영 및 관리 그리고 행정적 지원에 관한 영역이다.

이러한 구성 요소 가운데 이러닝 시스템의 하위요소인 학습관리시스템(LMS)과 학습콘텐츠관리시스템(LCMS) 그리고 이러닝 인력에 대해서는 좀 더 알아둘 필요가 있다.

표 11-4 이러닝의 구성영역 및 하위요소들

구성 영역	구성 요소	하위 요소	관련 인력
이러닝 콘텐츠	콘텐츠 기획 및 설계	학습자 분석 목표 분석 환경 분석 설계 전략	이러닝 기획자 컨설턴트 내용전문가 교수설계자
	콘텐츠 개발	UI 개발 프로토타입 개발 UI 개발	콘텐츠 개발자 시스템 개발자
이러닝 시스템	이러닝 시스템 인프라	하드웨어 소프트웨어 네트워크	시스템 관리자
	이러닝 솔루션	학습관리시스템(LMS) 학습콘텐츠관리시스템(LCMS) 저작도구 평가시스템(e-test) e-portfolio 등	시스템 개발자
이러닝 서비스	이러닝 과정의 운영	과정 개설 및 운영 학습촉진활동 학습 평가 및 피드백 LMS 시스템 운영 및 관리	서비스 운영자
	행정적 지원	학사관리법, 제도 관리	과정 관리자

출처: 노혜란, 박선희, 최미나(2012; 387).

학습관리시스템(LMS)

학습관리시스템(Learning Management System: LMS)은 '학습 지원 시스템', '학습 운영 시스템', '학습 관리 체제'로도 불리는데 이러닝 운영을 지원하는 가장 기본적인 기술 시스템을 의미한다. 초기에는 학생들의 성적 관리, 학적 관리를 지원하는 시스템으로 출발했으나 인터넷의 보급과 함께 이러닝이 도입되면서 전자 게시판, 전자 칠판, 채팅방, 메모판, 메일 등 교수자와 학습자 혹은 학습자 간의 상호작용을 지원하는 기능을 포함하게 되었다. LMS는 기본적으로 수강생 등록, 수강 신청, 학습 과정 제공, 학습자 로그 추적, 테스트 기능 등을 갖추고 있으며 대부분 웹브라우저를 통해 작동한다.

학습콘텐츠관리시스템(LCMS)

학습콘텐츠관리시스템(Learning Contents Management System: LCMS)은 학습콘텐츠를 효율적으로 관리하고 운영하기 위해 필요한 기능을 모두 모아 놓은 시스템이다. 즉, LCMS는 개별화된 이러닝 콘텐츠를 학습객체(learning object)의 형태로 만들어 이를 저장하고 조합하여 학습자에게 전달하는 일련의 시스템이라고 정의할 수 있다. LCMS는 기능상 학습과정을 모니터링하고 그 결과에 따라 적절한 피드백을 하는 데 도움을 주는 LMS와 학습콘텐츠를 만들고 수정, 보완하기 위한 CMS(Contents Management System)로 구성된다.

LMS와 LCMS의 역할은 다르나 이러닝의 학습 효율성과 수월성을 위한 수단이라는 점에서는 목적을 같이 한다. LMS가 학습자와 최종 학습 콘텐츠를 관리하고 학습자, 교수자, 과정 운영자를 위한 시스템이라면, LCMS는 최종 학습 콘텐츠를 포함하는 모든 단계의 산출물 및 개발 과정을 관리하는 설계자, 개발자 등을 위한 시스템이다. LCMS는 일반적으로 LMS보다 훨씬 복잡한 내부 프로세스를 가지고 있고 많은 경우 LMS의 기능들을 포함하고 있다. LMS가 학습이 잘 일어날 수 있도록 지원하는 역할을 하는 학습프로세스 관리 위주의 플랫폼이라면 LCMS는 개별 학습자들이 어떤 학습 객체에 접근했는지 또 어떻게 학습을 하는지, 어떤 콘텐츠들이 많이 사용되고 어떤 것들이 사용되지 않는지를 분석할 수 있게 해준다.

이러닝 인력

이러닝 인력이란 '이러닝 사업 관련 업무를 행하는 자'로서 이러닝 기획 및 컨설턴트, 내용 전문가, 교수 설계자, 콘텐츠 개발자, 시스템 개발자, 서비스 운영자를 포괄한다. 각 이러닝 인력의 역할은 다음과 같다(이지연, 2008).

이러닝 기획자 및 컨설턴트

기업 또는 조직의 경영철학 및 이념에 따른 교육의 기획, 교육목적을 이룰 수 있는 교육과정 및 시스템 개발을 기획한다.

내용 전문가(Subject Matter Expert: SME)

흔히 교수, 교사, 강사들이 이 그룹에 속한다. 교육과목(과정)에 대한 전문가, 예를 들면, 영어 과목의 내용 전문가는 영어교사, 경영학 과목의 내용 전문가는 경영학 교수 등이 될 수 있다.

교수 설계자

교육 과목을 이러닝 과정으로 만드는 과정에서 사용자 편의를 고려하여 교육목적을 달성할 수 있도록 내용과 방법을 설계하는 인력이다.

콘텐츠 개발자

교육자료를 이러닝 구조에 맞도록 개발하는 자로서 이러닝 교재 제작참여자, 멀티미티어 콘텐츠 제작자 등이 이에 해당한다.

시스템 개발자

이러닝을 위한 LMS, LCMS 또는 솔루션 및 그 부분의 개발을 위해 컴퓨터 프로그래밍에 참여한 기술 인력으로 하드웨어, 소프트웨어 및 네트워크 등 모든 분야의 컴퓨팅 응용기술을 다루는 인력이다.

서비스 운영자

이러닝 시스템의 운영과 유지보수에 참여하는 자로서, 하드웨어, 소프트웨어, 네트워크 등 이러닝의 모든 컴퓨터 환경을 운영, 유지보수, 관리하는 자와 교육서비스 과정의 운영관리 요원을 모두 포함한다.

이러닝의 유형

이러닝은 아주 다양한 형태로 개발될 수 있다. 이러닝의 유형을 분류하는 방법으로는 크게 수업 운영을 위해 개발된 유형과 멀티미디어 활용에 초점을 두고 개발된 유형의 두 가지로 나누어 볼 수 있다.

수업 운영에 의한 유형

웹 의존형 이러닝

일반적인 이러닝 형태로 교사와 학생이 시공간적으로 분리된 상태에서 전적으로 인터넷을 기반으로 웹상에서 학습이 일어나는 형태를 말한다. 보통 학습자가 이러닝 콘텐츠로 학습을 진행하는 동안 교수자는 학습자와 전자메일, 게시판, 토론방, 채팅, SMS 등 다양한 채널을 통해 긴밀하고 적극적인 상호작용을 하여 학습자가 중도탈락하거나 학습에 흥미를 잃지 않도록 학습을 촉진하고 지원해야 한다.

블렌디드 러닝

블렌디드 러닝(blended learning)은 온라인으로 진행되는 이러닝과 전통 교실수업과 같이 교수자와 학습자가 면대면으로 만나 직접 상호작용하는 오프라인 학습이 혼합되어 운영되는 형태이다. 학기가 진행되는 동안 격주별로 혹은 몇 주 단위로 온라인과 오프라인을 혼합하여 운영할 수도 있고, 한 주차 내에 시간별로 온라인과 오프라인을 혼합하여 운영할 수도 있다. 일반적으로 온라인 수업에서는 학습 내용과 관련된 주요 개념 및 원리 등 인지적 측면을 학습자가 습득할 수 있도록 하고, 오프라인 수업을 통해서는 학습자간 상호 토론 및 협력 학습, 교수자의 코칭 활동 등을 통해 고차원적 사고를 증진 시킬 수 있다. 최근 전적으로 웹상에서만 이루어지는 이러닝의 제한점을 극복할 수 있는 대안적 학습 형태로 부각되고 있다.

웹 보조형

웹 보조형은 정규 수업 이외에 웹상에 또 하나의 교실, 즉 이클래스(e-class)를 만들어 정규 수업을 보다 효과적이고 효율적으로 운영할 수 있도록 보조하는 형태이다. 정규 수업은 교실 수업에서 이루어지고, 웹 보조형 이러닝은 보충 및 심화자료를 제공하고, 학습자 간 그리고 교수자와 학습자 간의 소통을 위한 장이 될 수 있다.

멀티미디어 활용에 의한 유형

텍스트 기반 오디오 중심형

기본적으로 PPT 화면과 같은 텍스트를 제시하고 이를 교수자가 설명하는 오디오가 결합되어 학습자가 수강할 수 있도록 제시되는 이러닝 형태이다. 이 유형은 다양한 저작 도구를 사용하여 교수자가 직접 제작하여 제공하거나 수업의 보충자료로 활용할 수 있다는 장점이 있다. 그러나 텍스트 중심의 화면에 교수자의 음성만을 기반으로 강의가 제공되기 때문에 학습자의 흥미와 몰입을 유지하기가 쉽지 않다는 단점이 있다.

동영상 중심형

교수자가 강의를 동영상으로 촬영하여 학습자에게 제공하는 형태이다. EBS에서 제공하는 수능강의 인터넷 서비스나 수능을 대비해 사설학원에서 과목별로 제공하는 인터넷 강의가 대표적인 예이다. 이는 칠판을 기반으로 교실에서 수업하는 교수자의 강의를 그대로 촬영해 웹상에서 서비스 하고 있어 이러닝의 다양한 특장점을 적용하지 못한다는 한계가 있다. 그러나 최근 스마트폰을 기반으로 한 m-러닝이 확산되면서 학습자가 시공간을 초월하여 손쉽게 접근해 학습할 수 있는 콘텐츠로 유용하게 활용되고 있다.

플래시 애니메이션 중심형

플래시 기반의 애니메이션을 중심으로 콘텐츠를 제공하는 형태이다. 애니메이션을 통해 학습자의 흥미를 유발하고 플래시 기능을 활용하여 콘텐츠를 보다 매력적으로 디자인할 수 있다.

멀티미디어 통합형

플래시 애니메이션과 동영상 등 다양한 유형을 혼합한 형태이다. 플래시 애니메이션 형태를 기반으로 학습을 진행하고 교수학습 전략에 따라 적절하게 인터뷰나 실제 사례 등을 동영상이나 오디오 형태로 제공할 수 있다. 교수–학습 설계를 좀 더 창의적으로 하여 다양한 멀티미디어를 통합적으로 활용하면 이러닝의 장점을 최대한 활용한 우수한 품질의 콘텐츠를 개발할 수 있다.

이러닝의 실천

초 · 중등교육에서의 이러닝

에듀넷

에듀넷은 한국교육학술정보원에서 제공하는 교육정보 종합서비스 시스템으로 국내 초·중등 교육에서의 이러닝 실천에 지대한 공헌을 하였다. 1996년 개통된 이후 교육정책과 학교 현장을 연계하는 매개체로서 국가 교육정보화를 담당해 왔다. 특히 2005년부터는 교사 대상의 묻고 답하기(수업 컨설팅) 서비스를 강화함으로써 기존의 교과 전문 상담 서비스와 더불어 체계적인 지식 교류 서비스를 제공하고 있다. 2006년 개편으로 교육정보의 연계범위를 국가지식 정보포털 등으로 확대시켰으며, 학생 서비스의 경우 시·도 사이버가정학습이 통합, 연계될 수 있는 서비스 기반을 마련함으로써 교사, 학생 서비스 모두 국가 단위 교육정보 통합 서비스로서의 기반을 공고히 하였다(이지연, 2008).

사이버가정학습체제

사이버가정학습은 교육과학기술부가 2004년 7월에 발표한 '교육정상화를 통한 사교육비 경감대책' 발표에 따라 이러닝을 통해 가정에까지 보충학습용 콘텐츠를 서비스하고, 학교 교사들이 온라인으로 학습 상담과 컨설팅을 해 주도록 하는 목적으로 출발하였다. 사이버가정학습을 통해 공부하고자 하는 학생은 자기 소속의 시·도 교육청이 운용하는 사이버가정학습 홈페이지에 접속, 등록하여 이용할 수 있다(이지연, 2008).

EBS 수능강의 인터넷 서비스

교육인적자원부는 사교육비를 경감하고 공교육을 내실화하기 위한 방편으로

EBS 수능강의 인터넷 서비스를 실시하였다. 2004년 2월 EBS(한국교육방송공사)의 방송 및 인터넷 수능강의 확대 실시를 통한 공교육 학습체계 구축을 주요 내용으로 하는 '공교육 정상화를 통한 사교육비 절감 대책'을 발표하고, 2004년 4월 1일부터 EBS 인터넷 수능강의(EBSi) 서비스를 본격적으로 시작하였다. 강의의 질적 수준 제고 및 공교육 지원을 강화하기 위해 학생들이 선호하는 우수 강사를 대폭 영입하고, 영역별로 수준과 학습 단계별로 다양한 맞춤형 강좌를 개발하여 제공하였으며 한국교육과정평가원과 교류 협력협정을 체결하여 대학수학능력시험과의 연계를 강화시켰다(권성연 외, 2018).

고등교육에서의 이러닝

대학 이러닝지원센터

우리나라 고등교육 정보화는 고도화된 정보통신기술을 기반으로 지식기반사회에서 대학교육의 경쟁력 향상을 목표로 추진되어 왔다. 특히 대학 이러닝지원센터는 권역별로 주관대학 1개를 선정하여 이러닝 기반 시설 및 기술을 확보하고 권역 내 대학들의 학습 콘텐츠 공동 기획, 제작, 활용 및 이러닝에 필요한 지원 서비스 등을 제공하고 있다. 권역별 대학 이러닝지원센터는 2003년부터 제주대학교(제주권역)를 시작으로 구축, 운영되기 시작하여 2007년까지 전국에 걸쳐 총 10개 권역의 센터가 구축되었다(권성연 외, 2018).

KOCW

KOCW(Korea Open CourseWare)(http://www.kocw.net)는 고등교육의 기회 확대 및 대학의 교육경쟁력 제고 방안의 일환으로 구축된 교수·학습자료 공동 활용 서비스이다. 이는 글로벌 수준에서 진행되고 있는 교육자료 공개(Open Educational Resources: OER)의 한 방법인 OCW(Open CourseWare)의 한국형이라고 할 수 있다. KOCW는 인터넷을 통해 국내 대학의 우수한 공개 강의 동영상뿐만 아니라 강의에 필요한 각종 관련 자료, 즉 강의 노트, 강의 계획서 등을 통합적으로 제공해서 누구나 접속하여 자료를 활용할 수 있도록 되어 있다. KOCW의 특징은 첫째, 공개 강의

자료를 교육정보 메타데이터 국가 표준인 KEM(Korea Educational Metadata)을 기반으로 구축하였고, CCL(Creative Commons License)을 도입하여 보다 많은 이용자가 활용할 수 있도록 하였다. 둘째, 강의 자료를 공개하는 대학 사이트에 직접 연계하여 제공하는 방식과 대학으로부터 공개 강의 자료를 받아 직접 구축하는 스트리밍 방식으로 서비스하고 있다. 셋째, 공개강의 및 강의 자료는 주제별, 제공처별, 키워드 등 다양한 방식으로 검색이 가능하다. 넷째, 대표적인 전 세계적 공개강의자료 공동 활용 서비스와 연계하여 강의 자료의 통합 검색 및 활용을 지원하고 있다(권성연 외, 2018).

MOOC

무크(Massive Open Online Course)는 수강인원에 제한 없이(Massive), 대개의 경우 무료로 수강 가능하며(Open), 웹 기반으로(Online) 미리 정의된 학습 목표를 위해 구성된 강좌(Course)를 말한다. 쉽게 말해, 무크는 2012년 스탠퍼드 대학 출신의 교수들이 주도가 되어 설립한 코세라(Coursera), 하버드대학교와 MIT(Massachusetts Institute of Technology)가 주도하여 설립한 에드엑스(edX) 등의 온라인 플랫폼에 의하여 세상에 알려지기 시작한 새로운 방식의 이러닝이라고 할 수 있다.

K-MOOC

K-MOOC(http://www.kmooc.kr)는 한국형 MOOC로 모든 강의를 무료로 제공함으로써 대학 간 교육 역량 격차에 따른 제약을 완화하는 데 기여하고자 2015년 10월에 출범하였다. K-MOOC은 서울대, KAIST 등 10개 국내 유수대학의 총 27개 강좌를 시작으로 2016년에는 140개 강좌를 서비스하고 있으며 2018년도까지 총 500개 이상의 강좌 운영을 목표로 매년 강좌수를 확대해 나갈 전망이다. 또한 K-MOOC는 고등 교육의 실질적인 기회 균등의 실현과 아울러 궁극적으로 평생 학습 체제의 확대라는 비전을 가지고 있다(권성연 외, 2018).

MOOC의 유래

MOOC의 기원은 우수한 강좌를 많은 사람들에게 공개한다는 측면만은 아니었다. 원래 MOOC이라는 용어는 2008년 캐나다 마니토바(University of Manitoba)대학의 '연결주의와 연결적 지식' 강좌를 개설한 시멘스(Simens) 교수의 교육적 접근을 데이브 코미르(Dave Comir)와 브라이언 알렉산더(Bryan Alexander)가 MOOC으로 명명한 데서 시작한다(권성연 외, 2018). 연결주의(connectivism)라는 새로운 학습 이론을 다루면서 실제로 시멘스 교수가 구현한 교육 방법은 2,200명에 이르는 무료 수강생들 간의 연결을 강조한 것이었다(Simens, 2012). 즉, 학습자 스스로 지식 구성에 주도성을 가지고 학습자 공동체 내에서 협력하면서 학습하도록 강좌가 설계된 것이다. 그리하여 학습자 간의 상호 피드백과 동료 평가가 이루어지면서 강좌를 넘어서서 점차 공동의 관심사에 대한 더 큰 규모의 공동체로 성장하는 것을 기대하게 되었다.

cMOOC과 xMOOC

온라인을 통한 이러한 이러닝을 MOOC로 명명하였는데 이는 이후 코세라와 에드엑스에 의한 무크와 구분되면서 시멘스 교수가 운영한 방식의 무크를 씨무크(cMOOC)로, 애드엑스와 코세라에 의한 무크를 엑스무크(xMOOC)로 구분하게 된다. 즉, cMOOC은 연결주의(connectivism)라는 교육적 관점을 표방하면서 이루어지는 온라인 공개강좌이며, xMOOC은 일반 강의실 수업을 확장하는 형태의 온라인 공개강좌이다.

MOOC 강좌 개발 및 운영

무크 강좌의 개발 및 운영에 있어서의 특징은 다음과 같다(권성연 외, 2018).

- 효과적 학습 원리를 반영하였다. 일방적인 전달 교육의 형태가 아닌 완전 학습의 구현을 위하여 세분화된 강의 자료가 제시되고, 매 자료마다 다양한 방식의 연습문제와 피드백이 제공되고 있다. 또한 학습자의 단계별 학습 과정을

이끄는 설계가 반영되어 있다.

- 온라인상에서 나타나는 학습자 인지 과정을 고려한 인터페이스 설계가 적용되어 있다. 각종 비디오 형태의 강의 자료의 크기를 가능한 한 작게 유지하여 학습자의 주의 집중을 최대한 고려하고 있다. 비디오 자료와 함께 자막을 제공하며 학습자들이 강의 재생 속도를 통제할 수 있는 기능을 포함하고 있다.
- 다수 학생을 대상으로 이루어지는 질적 평가를 효과적으로 실행하기 위하여 동료 평가를 시도하고 있다. 수강생 중에는 경험과 사전 지식수준이 높은 학습자들이 일정한 절차를 밟은 후 평가 과정에 참여하게 된다.
- 온라인 강좌 개발의 질 관리 차원에서 학습자들에게 일정한 수준의 교육내용과 학습 활동을 보장하고 있다.

MOOC의 활용 범위

MOOC의 활용방안은 다양하며 이러닝의 외연을 넓히는 데 기여하고 있다.

- 교수자들은 수업 중 무크 콘텐츠를 활용할 수 있으며 플립드 러닝 등 다양한 교수–학습법에 응용할 수 있다.
- 학습자들은 사전 수업준비 및 심화(보충)학습으로 활용이 가능하며, 관심 분야 학습에 활용할 수 있다.
- 대학 기관에서는 대학 내 미개설 과목에 대한 학습 기회를 제공할 수 있고, 콘텐츠 활용 학습데이터 분석을 통해 교수–학습 전략을 개발할 수 있다.
- 일반 학습자들은 자격시험 준비와 같은 개인 역량 강화뿐만 아니라 개인 취미 활동에도 활용 가능하다. 또한 평생학습 계좌제를 통한 학습이력을 관리할 수 있다.

- 기업은 직장 내 재직자 훈련에 활용할 수 있으며, 재직자들은 직업 업무 능력 개발 및 최신 지식 정보 트렌드와 관련된 강의를 수강할 수도 있다.

3절 기타 디지털 시대의 쟁점들

원격교육과 이러닝은 그 특성상 필수적으로 다양한 미디어를 활용하게 된다. 따라서 학습자들의 미디어 리터러시 역량은 학습에 큰 역량을 미친다. 뿐만 아니라 인터넷 등장 이후 디지털 미디어, 소셜 미디어, 모바일 등 새로운 미디어가 빠른 속도로 등장하면서 미디어 리터러시는 청소년들의 생활 전반에서도 그 중요성이 더해지고 있다(신나민, 안화실, 2013). 코딩교육은 비교적 최근에 중요성이 부각되어 그 실천에 비해 아직 연구가 많이 축적되지 못한 상태이다. 그러나 코딩교육의 기본적인 개요는 알아둘 필요가 있다. 가상현실과 증강현실 기술은 인터넷 다음으로 큰 영향을 가져올 미래 기술로 거론된다. 교수-학습 분야를 다루는 교육공학에서도 활용 가능성이 풍부한 영역이라고 할 수 있다.

미디어 리터러시 교육

리터러시(literacy)란 문해, 즉 문자를 읽고 쓰는 역량을 말한다. 따라서 미디어 리터러시란 미디어 혹은 미디어가 담고 있는 내용을 이해하고 미디어를 통해 자기를 표현하는 역량을 말한다. 미디어 리터러시(media literacy) 교육은 다양한 종류의 미디어에 대한 접근과 활용 능력, 미디어에 대한 비판적 이해 능력, 미디어를 통한 자기표현 능력, 그리고 미디어를 통한 정보공유와 참여 능력을 학습자가 갖추도록 하는 데 초점을 둔다(윤세민, 2017). 즉, 미디어 리터러시는 미디어에 접근하여 사용할 수 있는 능력에서 나아가 미디어를 통해 얻은 정보를 분석, 평가하고 이러한 분석과 평가를 기초로 자신의 의견이나 사고를 표현할 수 있는 능력으로 정의된다.

미디어 리터러시 교육에서 미디어가 어떤 역할을 수행하는가는 오랫동안 중요한 논의가 되어왔다(정현선, 2007). 기본적으로 미디어 리터러시 교육은 미디어에 '대한' 교육(teaching about media)이며 미디어를 '통한' 교육(teaching through media)과는 구별되어야 한다는 인식이 확고했다. 이는 미디어가 교육의 대상이지 교육의 도구가 아니며, 미디어 활용 교육(Media in Education: MIE)과 혼동되어서는 안 된다는 입장이었다(Buckingham, 2004). 그러나 디지털 미디어 환경에서는 미디어를 제대로 이해하는 것만으로 미디어 리터러시 교육이 이루어졌다고 보기 힘들다. 미디어 활용의 개념이 미디어에 대한 비판적 이해뿐만 아니라 미디어를 통해 지식, 정보를 습득하고 관계를 맺으며 이를 통해 세상과 교류하는 행위까지를 아우르는 광범위한 의미로 확장되었기 때문이다(안정임, 서윤경, 김성미, 2017). 사이버 폭력 예방이나 SNS에서의 댓글달기 시 지켜야 할 네티켓 등도 모두 미디어 리터러시 교육에서 다루어야 할 주제라는 주장도 바로 이런 관점에서 나오는 것이다. 최근 부각되고 있는 유튜브 제작과 시청 같은 영역은 영상 리터러시라고 할 수 있다. 미디어 발달에 따른 리터러시 개념을 살펴보면 [그림 11-1]과 같다.

국내 미디어 리터러시 교육은 초등학교의 경우 재량활동 시간에, 중학교는 교과

그림 11-1 미디어 발달에 따른 리터러시 개념의 변화

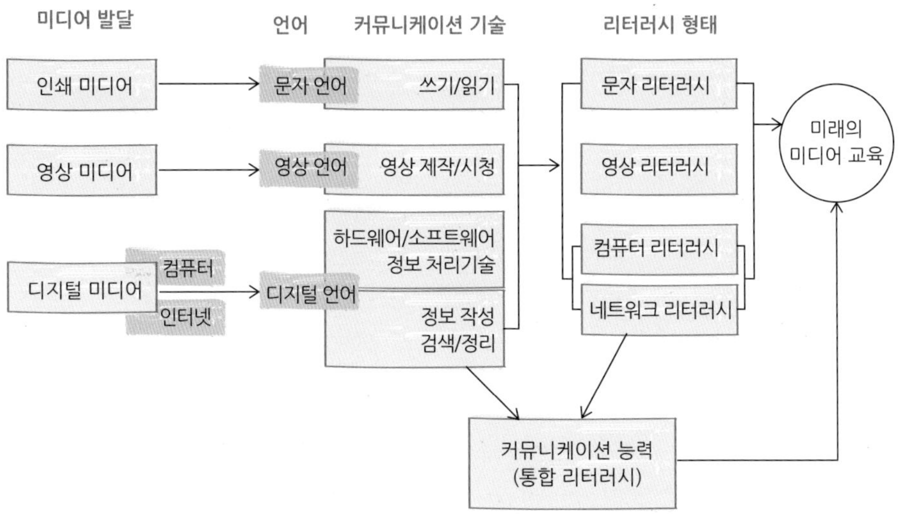

출처: 김양은(2009; 123).

수업시간에 이루어지고 있다. 그러나 실제 정규수업 과목으로 진행되는 곳은 적은 편이고 수행 과목도 제한적이다(윤세민, 2017). 즉, 미디어 교육이 정규 수업에서 부분적으로 등장하기 시작한 것은 2004년 7차 교육과정 때부터이나 2015년 9월에 공시된 개정 교육과정에 이르기까지 기존의 미디어 교육과 관련해 그 내용이나 영역이 크게 확장되지 못한 편이다(양정애, 최숙, 김경보, 2015). 교육 주체도 학교가 중심이 되어 정규 프로그램으로 운영하기보다는 학교 밖 청소년 기관이나 미디어 단체가 중심이 되거나 외부 기관과 학교가 비정기적으로 연결하여 수행하는 실정이다. 미디어 교육에 참여하는 교사들도 학교 단위 차원에서 활동을 하기보다는 평소 미디어 교육에 관심이 있는 교사들이 비공식적 형태의 모임에 참여하는 수준에 머물러 있다(윤세민, 2017).

코딩교육

코딩교육은 21세기 디지털 시대에 필요한 컴퓨터 사고력을 함양하기 위한 교육의 한 종류이며, 세계적인 교육의 변화를 이끌고 있는 교육의 한 형태이다(최숙영, 2011). 코드는 정보를 전달하는 언어이며, 코딩은 정보가 매체 간에 옮겨질 때 이를 그 매체가 이해할 수 있는 규칙으로 기술하는 과정을 뜻한다(Von Baeyer, 2004). 코드는 컴퓨터 프로그램을 수행하는 언어이고 이 코드를 입력하는 행위를 코딩이라고 할 수 있다. 코딩교육은 소프트웨어 교육, 프로그래밍 교육과 비슷한 맥락에서 이해될 수 있으나 코딩 스킬을 가르치는 것에 중점을 두고 전문 개발자를 양성한다는 목적을 지닌 기존의 전통적인 프로그래밍 교육과는 구분된다. 코딩교육은 학생들에게 컴퓨터 과학에서 사용하는 논리, 패턴화, 모듈화 개념을 가르치며 궁극적으로 컴퓨팅 사고력(computation thinking) 향상에 그 목적을 두고 있다(임용택, 2017).

표 11-5 컴퓨팅 사고력의 아홉 가지 개념

개념	정의
자료수집	문제의 이해와 분석을 토대로 문제를 해결하기 위한 자료를 모으는 단계
자료분석	수집된 자료와 문제에 주어진 자료를 세심히 분류하고 분석하는 단계
자료표현	문제의 자료 내용을 그래프, 차트, 단어, 이미지 등으로 표현하는 단계
문제분해	문제를 해결해 나가기 위해 문제를 분석한 후 나누는 단계
추상화	문제의 복잡도를 줄이기 위해 기본 주요 개념의 정의를 설정하는 단계
알고리즘과 절차	문제를 해결하기 위한 과정을 순서적 단계로 표현하는 단계
자동화	순서적으로 나열하고 표현한 내용을 컴퓨팅 기기를 이용하여 해결과정의 최선책을 선택하는 단계
시뮬레이션	복잡하고 어려운 해결책이나 현실적으로 실행이 불가능한 해결책을 선택하기 위해 모의 실험하는 단계
병렬화	문제를 해결하기 위한 공동의 목표를 달성하기 위한 작업을 수행하는 단계

출처: CSTA & ISTE(2011; 14-15).
한글화 출처: 김재현, 권정인, 한옥영(2017; 93).

코딩교육은 전 세계의 여러 나라들이 소프트웨어 중심사회로의 변화를 목표로 공교육에서 소프트웨어 교육을 확산시키는 움직임과 그 맥락을 같이 한다. 국내에서는 2014년에 정부에서 코딩교육의 초중등학교 적용을 공표하고, 2014년부터 시범학교를 운영하고 있다(김수환, 2015). 미래창조과학부와 교육부(2015)는 이르면 2018년부터 초중고교에서 코딩교육을 정식 교육과정으로 채택하며 학생들은 정보 과목에 알고리즘, 프로그램 설계개발, 다른 분야와의 융합 기술 등 다양한 코딩교육을 받게 된다는 내용을 담은 '소프트웨어 중심사회를 위한 인재 양성 추진계획'을 보고하였다. 이는 많은 전문가들이 미래사회의 인재에 필요한 역량으로 컴퓨터 사고력 역량을 꼽고 있으며, 이 역량을 키우기 위해 가장 적합한 교육으로 코딩교육을 보고 있기 때문이다. 따라서 2015년 개정 교육과정에 따라 학생들을 위한 다양한 소프트웨어 교육 방안이 제안되었지만 2018년부터 실시될 코딩교육에서는 일선 학교에서 무엇을, 어떻게 가르쳐야 하는지에 대한 지침은 상당히 부족한 실정이다(임용택, 2017).

가상현실(VR)과 증강현실(AR)

가상현실과 증강현실은 교육 분야에서 주목하고 있는 신기술로써 다양한 활용 가능성을 보여주고 있다. 기존의 경험학습 이론에서는 현장에서의 직접 경험과 책과 같은 매개체를 통한 간접 경험이라는 이분법적인 사고가 지배적이었다. 그러나 최근 가상현실(Virtual Reality: VR)이나 증강현실(Augmented Reality: AR)과 같은 가상환경기술의 발전으로 인해 미디어를 통한 시뮬레이션 경험이 보다 사실적이고 생생해지면서 직접 경험과 간접 경험의 구분이 모호해지고 있다. 예를 들어, 쉘튼과 해들리(Shelton & Hedley, 2002)는 학생들에게 지구와 태양의 관계를 가르치는데 증강현실 매체를 사용함으로써 이 매체의 가능성을 실험하였다. 이 연구에서 학생들은 지구의 공전과 자전에 대한 시뮬레이션을 통해 직접 눈으로 보고 조작해봄으로써 복잡한 3차원의 공간적 현상을 더 잘 이해했다고 한다.

가상현실이란 용어는 1986년 재론 레이니어(Jaron Lanier)가 처음으로 사용한 것으로 알려져 있으며 그는 가상현실을 "원초적 감각입력을 컴퓨터에 의해서 생성된 정보와 대체함으로써, 참여자로 하여금 실질적으로 다른 장소에 있다고 확신하도록 만드는 기술"이라고 정의했다. 즉, 가상현실은 '인공적으로 만들어내는 현실감'이다(이용수, 2015). 이에 반해 증강현실이란 실세계와 가상세계를 이음새 없이(seamless) 실시간으로 혼합하여 사용자에게 제공함으로써, 사용자에게 보다 향상된 몰입감과 현실감을 제공하는 기술이다. 톰 코델(Tom Caudell)이 만든 단어로 알려져 있으며 1990년 당시 보잉사의 연구원이었던 그는 항공기의 정비 작업을 하는 기술자 지원 프로그램으로 HMD(Head Mounted Display: 머리에 쓰고 보는 디스플레이 휴대용 장치)를 통해 현실 공간의 영상에 도형과 텍스트 등의 정보를 결합시킨 시스템을 고안하였다(고바야시 아키히토, 2011).

가상현실과 증강현실은 모두 가상환경에 바탕을 두고 있지만 현실세계와 가상세계를 연결하는 방식에서 차이가 난다. 즉, 가상현실은 현실세계와 구별되며 주로 컴퓨터나 다른 기계 장치에 의해 만들어진 공간에서 느껴지는 가짜 현실감이라는 특징을 가진다면, 증강현실은 현실의 이미지와 가상의 이미지가 섞여 있어 현실세계와 가상세계를 이음새 없이 실시간으로 혼합하여 사용자에게 보다 향상된 몰입감과 현실

그림 11-2 가상환경기술

출처: 권종산(2017; 73).

감을 제공한다. 즉, 가상현실의 대상이 내가 가상의 다른 세계로 가서 보는 것이라면, 증강현실의 대상은 내가 있는 현실로 소환되어 보여지는 것이다(이용수, 2015). 포켓몬스터 게임은 대표적인 증강현실 기술을 이용한 게임이다. 반면, 우리가 스페이스 체험 같은 곳에서 우주선을 타고 중력장을 벗어나 우주로 가는 체험을 해보는 것은 가상현실 기술을 활용한 것이라고 할 수 있다.

이처럼 가상현실과 증강현실은 뚜렷이 구분되지만 가상환경기술이 발달하면서 서로 독립된 매체로 작용하기도 하고 하나의 매체 안에서 공존하기도 한다. 가상환경기술의 교육적 활용 가능성은 다음과 같다(추강호, 2011).

상호 작용성(Interaction)

증강현실은 실제 세계의 공간 속에 가상 객체를 삽입하는 기술이다. 이는 학습자들이 증강현실 기술 기반 수업에서 가상객체들을 손으로 직접 다루면서 능동적으로 학습을 수행하며 흥미와 몰입감을 느낄 수 있도록 한다.

실재성(Substantiality)

과거에는 다른 매개체 없이 교과서의 텍스트를 위주로 지식을 전달하고 그것에 대한 실재적인 정보를 확인하기 어려운 방식이었다. 하지만 가상환경기술은 사용자와 시스템과의 대화가 실시간으로 이루어지고, 가상의 물체가 3D로 정확하게 구현됨으로써 학습의 몰입감과 현실감을 제공하여 교육의 효과와 질을 향상시킬 수 있다.

공간 확장성(Extensity)

최근의 교육환경은 언제, 어디서나, 누구나, 편리한 방식으로 원하는 학습을 할 수 있는 유비쿼터스 러닝과의 접목을 지향한다. 실제 환경에서 증강된 가상 객체와의 상호작용 기술은 이를 현실적으로 가능하게 하고 있다. 즉, 실내에서만 이루어졌던 학습 환경에서 벗어나 원하는 공간 및 장소에서의 교육을 가능하게 하는 것이다. 미래에는 가정과 학교의 연계교육 뿐만 아니라 필요할 경우 이동 중에도 학습이 가능할 것이다.

장점

가상현실과 증강현실에 의한 학습활동은 학습자의 능동적인 조작활동을 유발하여 학습자가 지식세계를 구축할 수 있도록 촉진시킨다는 점에서 다음과 같은 장점을 갖는다(Shelton, 2003).

- 능동적 학습의 유발
- 구성주의적 학습을 촉진
- 의도적 학습의 구현
- 실제적 학습의 제공
- 협동학습의 촉진

단점

앞서 두 기술은 다음과 같은 단점도 수반한다.

- 가상현실은 현전감 강화를 위해 실제 세계와의 관계를 완전히 단절시킴으로써 오히려 실제 세계와 격리된 현전감을 불러일으킬 수 있다(Heim, 1997). 현전감(Presence)이란 물리적 접촉이 배제된 가상환경에서 자신이 어떤 공간에 있는 듯한 느낌을 의미한다.
- 가상현실 경험은 멀미와 같은 신체적 부작용을 동반할 수 있다.
- 증강현실 경험은 현실 세계와의 혼돈으로 인하여 위험을 초래할 수 있다.
- 전통적인 교수–활동에 수반되어 왔던 사회적 상호작용이 제한될 수 있다.
- 현재 교육과정에 적용하기에는 비용이 많이 든다.

이판사판 질문하기

Q. 효과가 있나요?

A. 음… 이건 정말 뼈아픈 질문이네요. 원격교육이나 이러닝에 대해 가장 많이 갖는 의구심이죠. 그런데 원격교육의 역사는 거의 이 질문과 함께 시작했기 때문에 연구가 너무너무 많이 되었고 답도 오래 전에 나와 있어요. 즉, 면대면 교육과 비교해서 별 차이가 없다는 거예요. 문제는 어떤 학습자가 어떤 목적으로 원격교육이나 이러닝에 임하는가가 중요한거죠. 교육효과는 교육형태보다는 학습자의 동기와 목적에 더 큰 영향을 받습니다. 원격교육이나 이러닝을 아주 잘 활용하는 성공 사례들도 많구요. 특히, 미래에는 시공간의 제약을 극복하는 교육형태가 면대면 교육보다 더 보편적이 될 수도 있습니다. 어떤 형태가 되었건 공부하는 사람의 마음이 제일 중요하지요. 절실하면 효과도 올라가고요. 원래 원격교육은 면대면 교육을 받기 힘들었던 절실한 사람들을 위해 시작되었으니까요.

43:27 / 97:30

참고문헌

- 고바야시 아키히토, 이정아 역 (2011). **알기쉬운 증강현실**. e비즈북스.
- 교육부(2015). 실과(기술 · 가정)/정보과 교육과정.
- 권성연, 김혜정, 노혜란, 박선희, 박양주, 서희전, 양유정, 오상철, 오정숙, 윤현, 이동엽, 최미나(2018). **교육방법 및 교육공학.** 교육과학사.
- 권종산(2017). 실감가상현실을 활용한 경험학습 게임 콘텐츠의 개발 및 평가에 대한 연구. 서울대학교 대학원, 국내박사학위논문.
- 김대수(2017). **소프트웨어와 컴퓨팅 사고**. 생능출판사.
- 김수환(2015). Computational thinking 교육에서 나타난 컴퓨터 비전공 학습자들의 어려움 분석. **컴퓨터교육학회논문지, 18**(3), 49-57.
- 김양은(2009). **디지털 시대의 미디어 리터러시**. 커뮤니케이션북스.
- 김재현, 권정인, 한옥영(2017). **컴퓨팅사고력 향상을 위한 문제해결과 알고리즘**. 성균관대학교 출판부.
- 노혜란, 박선희, 최미나(2012). **교육방법 및 교육공학.** 제2판. 서울: 교육과학사.
- 박성익, 장선영, 김미경(2008). 'u-러닝'의 이론적 탐색과 실천적 발전과제 분석. **아시아교육연구, 9**(1), 149-173.
- 손은주, 추성경, 임희수(2015). **교육방법 및 교육공학.** 교육과학사 개정판.
- 신나민(2007). **원격교육입문: 기술복제시대 교육에 대한 이해.** 서현사.
- 신나민, 신하균, 장상현, 메루에르뜨 아쓸베코바, 박종향, 김수연, 김솔, 장다솜, 전명운(2018). **열린교육혁신을 위한 공개교육자료 OER.** 박영스토리.
- 신나민, 안화실(2013). 읽기, 쓰기, 향유 체험을 중심으로 본 청소년의 미디어 리터러시 분석, **한국산학기술학회 논문지, 14**(8), 3777-3785.
- 안정임, 서윤경, 김성미(2017). 국내 미디어 리터러시 연구 동향 분석. **한국방송학보, 31**(5), 5-49.
- 양정애, 최숙, 김경보(2015). **뉴스 리터러시 교육 I : 커리큘럼 및 지원체계.** 서울: 한국언론진흥재단.
- 윤세민(2017). 국내 미디어 리터러시에 관한 연구 분석: 중학교 교육 과정을 중심으로. **한국출판학연구, 48**(2), 39-67.
- 이용수(2015). 가상현실과 증강현실의 상호작용 특성 : 퍼어스의 기호학을 중심으로. 홍익대학교 대학원, 국내박사학위논문.

- 이지연(2008). **예비교사를 위한 실제적 교육방법 및 교육공학.** 서현사.
- 임병노, 이인숙, 한승연(2011). **교육방법 및 교육공학.** 서울: 문음사.
- 임용택(2017). 해외 코딩 교육 이러닝 분석. 서울대학교 석사학위논문.
- 임정훈(2007). 평생학습사회에서의 m-러닝: 개념적 논의와 미래교육에 주는 시사점. **평생학습사회, 3**(2), 1-26.
- 정현선(2007). **미디어 교육과 비판적 리터러시**, 커뮤니케이션북스.
- 최숙영(2011). 21st century skills와 computational thinking 관점에서의. **컴퓨터교육학회 논문지, 14**(6), 19-30.
- 추강호(2011). 증강 현실 기반 교육용 디바이스 디자인 연구 : 초등학교 교육 콘텐츠 활용을 중심으로. 홍익대학교 산업미술대학원, 국내석사학위논문.
- 한국교육공학회(2005). **교육공학 용어사전.** 서울: 교육과학사.
- B. E. Shelton(2003). *How augmented reality helps students learn dynamic spatial relationships*. Unpublished doctorial dissertation, University of Washington, Washington.
- Bates, A. (1995). *Technology: Open learning and distance education*. London. New York: Routledge.
- Buckingham, D. (2003). *Media education: Literacy, learning and contemporary culture, policy*. 기선정, 김아미(역) (2004). **미디어 교육: 학습, 리터러시 그리고 현대문화**. jNBook.
- CSTA & ISTE(2011), Computational Thinking Leadership Toolkit first edition. Retrieved from
- https://c.ymcdn.com/sites/www.csteachers.org/resource/resmgr/471.11CTLeadershiptToolkit-S.pdf
- Heim, M. (1997). **가상현실의 철학적 의미**. (여명숙 옮김). 서울: 책세상.
- Homberg, B. (1977). *Distance education: A survey and bibliography*. London: Kogan Page.
- Keegan, D. (1996). *Foundations of distance education* (3rd ed.). New York, NY: Routledge.
- Moore, M. G. & Kearsley, G. (1996). *Distance education: A systems view*. Boston, MA: Wadsworth. 양영선, 조은순(역) (1998). **원격교육의 이해와 적용**. 서울: 예지각.
- Moore, M. G. & Kearsley, G. (2005). *Distance education: A systems view*. Belmont, CA: Thomson Wadsworth.

- Shelton, B. E. & Hedley, N. (2002). *"Using Augmented Reality for Teaching Earth-sun Relationships to Undergraduate Geography Student"*, Proceeding of First IEEE International Augmented Reality Toolkit Workshop, Darmstadt, Germany.
- Simens, G. (2012). MOOCs are really a platform. Retrieved from http://www.elearnspace.org/blog/2012/25/moocs-are-really-a-platform.
- Von Baeyer, H. C. (2004). *Information: The new language of science*. Harvard University Press.

찾아보기

저자 소개

신나민

서울대학교 교육학과 졸업
미국 펜실베니아주립대학교 교육학 박사
현재: 동국대학교 교육학과 교수
저서: 원격교육입문(서현사)
공저: 열린교육혁신을 위한 공개교육자료 OER(박영스토리)
사이버불링의 이해와 대책(교육과학사)
이메일: naminshin@dgu.edu

하오선

동국대학교 가정교육과 졸업
동국대학교 일반대학원 이학박사
현재: 동국대학교 교수학습개발센터 교수법 연구초빙교수
공저: 톡(TALK), 톡(TALK), 찾아가는 교수법(박영스토리)
FASHION(양서원)
이메일: wffwff@nate.com

장연주

동국대학교 연극학과 졸업
동국대학교 일반대학원 교육학과 박사
현재: 동국대학교 교수학습개발센터 교수법 연구초빙교수
저서: 교사를 위한 교육연극의 이론과 실천(박영스토리)
공저: 교육연극학 제3집 한국교육연극의 현재(연극과 인간)
이메일: act0486@hotmail.com

박종향

서울여자대학교 사회사업학과 졸업
동국대학교 일반대학원 교육학과 박사
현재: 건국대학교 상허교양대학 연구원
공저: 열린교육혁신을 위한 공개교육자료OER(박영스토리)
이메일: jonghyangpark8@gmail.com

제2판
이판사판 교육방법 및 교육공학

초판발행 2019년 2월 28일
제2판발행 2019년 8월 30일

지은이 신나민·하오선·장연주·박종향
펴낸이 노 현

편 집 배근하
기획/마케팅 이영조
표지디자인 조아라
제 작 우인도·고철민

펴낸곳 (주) 피와이메이트
서울특별시 금천구 가산디지털2로 53 한라시그마밸리 210호(가산동)
등록 2014. 2. 12. 제2018－000080호
전 화 02)733－6771
f a x 02)736－4818
e-mail pys@pybook.co.kr
homepage www.pybook.co.kr
ISBN 979-11-90151-28-3 93370

정 가 19,000원